信托研究与年报分析
2020

百瑞信托博士后科研工作站 著

中国财经出版传媒集团
中国财政经济出版社

图书在版编目（CIP）数据

信托研究与年报分析.2020 / 百瑞信托博士后科研工作站著. --北京：中国财政经济出版社，2020.8

ISBN 978-7-5095-9924-2

Ⅰ.①信… Ⅱ.①百… Ⅲ.①信托-研究报告-中国-2020 Ⅳ.①F832.49

中国版本图书馆 CIP 数据核字（2020）第 132727 号

责任编辑：牛婧丽　　责任校对：李　丽
封面设计：楠竹文化　　责任印制：张　健

中国财政经济出版社 出版

URL：http：//www.cfeph.cn

E-mail：cfeph@cfeph.cn

社址：北京市海淀区阜成路甲 28 号　邮政编码：100142

营销中心电话：010-88191537

北京中兴印刷有限公司印刷　各地新华书店经销

710×1000 毫米　16 开　20.75 印张　340 000 字

2020 年 8 月第 1 版　2020 年 8 月北京第 1 次印刷

定价：72.00 元

ISBN 978-7-5095-9924-2

（图书出现印装问题，本社负责调换）

本社质量投诉电话：010-88190744

打击盗版举报热线：010-88191661　QQ：2242791300

前 言

FORWORD

2019年，全球经济复苏步伐放缓，我国面临的外部经济环境更加复杂，国内经济运行总体平稳，但实体经济结构性矛盾和金融市场不确定性愈发突出。在深化金融供给侧结构性改革的引领下，我国不断扩大对外开放，推动金融机构提升服务实体经济质效，经济运行继续保持总体平稳、稳中有进的发展态势。2019年规范资产管理市场的一系列配套制度和政策继续完善，信托行业的监管环境日趋完善，严监管依然是行业主旋律。面对持续趋严的监管环境和日益激烈的市场竞争，信托行业坚持回归本源、提质增效，服务实体经济能力继续提升，管理信托资产规模下降，经营业绩保持了稳定增长态势。

2020年年初，新冠肺炎疫情对中国经济造成较大冲击，这在很大程度上改变了信托行业运行的外部环境，对信托业务开展和风险管理带来较大挑战。2020年1月，中国银保监会发布的《关于推动银行业和保险业高质量发展的指导意见》指出，要培育非银行金融机构特色优势，信托公司要回归“受人之托、代人理财”的职能定位，积极发展服务信托、财富管理信托、慈善信托等本源业务。这为信托公司未来发展指明了方向。监管部门也出台了系列监管文件，引导行业回归本源、转型发展。在内部外环境影响下，信托业即将进入新的发展阶段。未来，信托业要认真研究环境变化带来的影响，持续优化业务结构，加快业务模式转型升级，推动信托业向高质量阶段发展。

为梳理近年来行业发展整体脉络，记录重大事件及其影响，自2009年以来，百瑞信托博士后科研工作站每年对信托公司的年报数据进行收集、整理和分析，以求从微观视角研究信托行业发展的新变化、新动态和新趋势。2019年仅有67家公司披露年报，但基本可以代表行业的发展趋势，因此，《信托研究与年报分析2020》主要分析了67家公司的年报数据，部分行业数据使用中国信托业协会披露数据。《信托研究与年报分析2020》分为两个部分。第一部分为信托公司2019年年报分析，包括六篇研究报告，分别从行业概况、信托业务、自营业务、人力资源、客户服务和创新业务六个角度对信托行业2019年的发展进行全方位描述和分析。第二部分为专题研究报告。《特殊资产信托业务研究》全面总结了特殊资产的行业发展现状，进而分析信托参与特殊资产业务的可行性和主要方式，并尝试对公司参与特殊资产业务提出建议。《城投企业资产证券化业务研究》讨论了城投企业资产证券化的业务模式，并就信托公司如何拓展城投企业资产证券化业务进行了分析。《我国上市公司可转债介绍及投资策略分析》梳理了市场中性策略的概念、起源和发展，并进一步探析了中性策略的中性机制。《决策树模型的原理、分类及量化应用》简述了决策树的基本原理和分类，并在此基础上介绍决策树模型的python实现方法及其在股票市场中的应用，以期为开展量化投资研究提供帮助。《FOF基金业绩筛选的基础——多元线性回归模型的标准化建立流程》介绍了多元线性回归模型的标准化建立流程，以便高效地分解基金业绩，准确度量后续的择股能力和择时能力。《区块链与信托应用场景研究》论述了区块链技术未来发展趋势、数字经济与金融业未来变革方向，提出区块链与信托业务未来可能的应用场景。

在本书的编写过程中，国家金融与发展实验室理事长李扬先生、中国银行业协会首席经济学家/香港交易所首席中国经济学家巴曙松教授、中央财经大学副校长史建平教授、对外经济贸易大学原副校长刘亚教授、南开大学经济学院财金研究所梁琪教授、复旦大学经济学院殷醒民教授从学术和实践角度对本书的整体框架和具体细节提出了许多宝贵意见和建议。在此，对他们的辛勤付出和专业指导表示衷心感谢！

本书的主要编写人员为：王振京、苏小军、罗靖、高志杰、陈进、张坤、谢运博、马琳、高阳、高智贤、谷晓明、李永辉。其中，王振京作为编委会主任负责本书的选题、整体结构策划和审稿。苏小军和张坤撰写了《行业概况篇》，罗靖和谢运博撰写了《信托业务篇》，高志杰和马琳撰写了《自营业务篇》，高阳撰写了《人力资源篇》，高智贤撰写了《客户服务篇》，陈进撰写了《创新业务篇》。谷晓明撰写了《特殊资产信托业务研究》，谢运博撰写了《城投企业资产证券化业务研究》，张坤撰写了《我国上市公司可转债介绍及投资策略分析》，高智贤撰写了《决策树模型的原理、分类及量化应用》，李永辉撰写了《FOF 基金业绩筛选的基础——多元线性回归模型的标准化建立流程》，高阳撰写了《区块链与信托应用场景研究》。

在编写过程中，由于编写人员的学识和能力经验有限，数据、资料有限，书中难免有疏漏和不足之处，恳请广大读者和专家不吝赐教。

百瑞信托博士后科研工作站

2020 年 6 月

目 录

CONTENT

第一部分 2019年信托公司年报分析

第二部分 信托研究

第一部分

2019年信托公司年报分析

2019年信托公司年报分析之一：行业概况篇

百瑞观点：

- 严监管仍是政策主旋律，信托业进入转型发展新阶段
- 规范资管市场系列政策落地，引导行业长期健康发展
- 信托公司整体资本实力提升，净资产收益率持续下降
- 营业收入和净利润指标趋好，信托行业整体经营稳健
- 信托公司业务规模与净资产规模相关度将进一步提高
- 央企背景信托公司整体经营稳健，增长有力
- 信托业务风险暴露增加，信托资产风险率明显上升
- 立足服务实体经济发展，主动管理业务规模占比提升
- 信托行业积极回归本源，服务信托发展前景可期
- 金融科技布局成效初显，信托文化建设任重道远

2019年，全球经济复苏步伐放缓，我国面临的外部经济环境更加复杂，国内实体经济结构性矛盾和金融市场不确定性愈发突出。在深化金融供给侧改革的引领下，我国不断扩大对外开放，推动金融机构提升服务实体经济质效，经济运行继续保持总体平稳、稳中有进的发展态势。金融监管紧紧围绕打好防范化解重大金融风险攻坚战的重点任务，着力补齐监管制度短板，稳妥推动重点领域风险化解和处置，保障金融市场和金融机构的平稳运行。中

国银行保险监督管理委员会（以下简称银保监会）深入推动信托行业市场乱象整治，严厉打击违法违规行为，加强信托金融消费者合法权益保护，引导行业更加主动服务实体经济。

2019年规范资管市场的一系列配套制度和政策继续完善，信托行业的监管环境日趋完善，市场竞争也更加激烈。从2019年信托公司年报来看，在去通道、降杠杆、提升主动管理能力的行业大环境下，信托业整体经营状况良好，风险水平总体可控，服务实体经济能力进一步提升，业务结构转型发展初见成效。

一、严监管防风险态势延续，规范资管市场系列政策加速落地

2019年以来，金融行业严监管的高压态势依旧持续，监管部门推动市场乱象整治，深入开展全行业风险排查，摸清风险底数，引导机构稳妥化解风险，促进行业合规建设。在监管政策持续收紧的作用下，信托业经历转型“阵痛”，行业短期内面临受托管理规模下降和业务转型压力。但是从长远来看，保持严监管态势、强化合规建设利好行业长期发展。

（一）行业严监管仍是政策主旋律

1. 信托公司开展传统房地产融资业务空间被大幅压缩

2019年中央经济工作会议强调不将房地产作为短期刺激经济的手段，银保监会根据房地产市场变化和信托业务发展情况于5月17日发布《关于开展“巩固治乱象成果 促进合规建设”工作的通知》（银保监发〔2019〕23号，以下简称23号文），重点关注违规向房地产行业领域放款、强化房地产宏观政策执行问题。23号文明确禁止信托公司向“四证”不全、开发商或其控股股东资质不达标、资本金未足额到位的房地产开发项目直接提供融资，或通过股权投资+股东借款、股权投资+债权认购劣后、应收账款、特定资产收益权等方式变相提供融资。另外，23号文还限制了资金通过各种方式违规流入房地产相关的市场领域。这一政策要求对近年来越来越多的信托公司尝试开展的房抵贷、消费金融等转型业务发展形成限制。7月以后，部分信托公司房地产信托业务开始施行余额管控，监管政策进一步收紧，信托公司房地产信托业务规模开始呈现逐步回落态势。

在未来较长一段时间内，中央及地方房地产宏观调控将坚持“房住不炒”的基调，稳妥推进房地产市场发展长效机制建设。23号文严格规范了

房地产信托业务，在房地产信托的前端融资阶段，目前只有股权投资模式符合相关规定，信托公司开展传统房地产信托融资业务的空间将被大幅压缩。我国房地产市场已经过渡到稳健发展时期，行业不再追求一味高速增长，而是随着业务多样化而延伸出更多元化的融资需求，这将促使信托公司加强主动管理，深入参与地产项目，加快推动房地产信托业务模式的转型创新，探索股权投资、房地产供应链融资、房地产投资信托（REITs）等多元化手段满足房地产企业融资需求。

2．保险资金投资集合信托业务受到严格规范

为进一步加强保险机构投资集合资金信托业务管理，规范投资行为，防范资金运用风险，2019 年 7 月 1 日银保监会发布《关于保险资金投资集合资金信托有关事项的通知》（银保监办发〔2019〕144 号，以下简称 144 号文）。144 号文放松了“近三年公司未受监管行政处罚”的条件，但是在信保合作内容方面有所收紧，主要表现在两个方面：一是提高集合资金信托计划风控要求，限制多层嵌套和通道业务，禁止保险资金投资结构化集合资金信托计划的劣后级受益权；二是设置了集中度要求，除信用等级为 AAA 级的集合资金信托外，保险集团（控股）公司或保险公司投资同一集合资金信托的投资金额不得高于该产品实收信托规模的 50%，保险集团（控股）公司、保险公司及其关联方投资同一集合资金信托的投资金额合计不得高于该产品实收信托规模的 80%。144 号文对于信保合作项目要求更加严格，明确保险资金去通道、去嵌套的监管导向，有利于限制违规投资业务的开展；也放宽了信托公司准入的主体资格，使几十家信托公司跨过信保合作的门槛，对于保险资管行业影响重大。信托公司可以在资金渠道受《关于规范金融机构资产管理业务的指导意见》（以下简称“资管新规”）影响逐渐收紧的情况下打通保险资金合作渠道，开拓业务范围。

3. 降通道、稳经营监管趋势不变，引导业务结构优化

2019 年 8 月初，银保监会下发《中国银保监会信托部关于进一步做好下半年信托监管工作的通知》（信托函〔2019〕64 号，以下简称 64 号文），进一步强调坚决遏制信托规模无序扩张、严厉打击信托市场违法违规行为及有力有效处置信托机构风险等。64 号文要求信托公司严格遏制违反“资管新规”要求，为其他金融机构的资产管理产品提供规避投资范围、杠杆约束等监管要求的信托通道业务。按照“一司一策”原则，结合信托部有关

监管工作要求，督导信托公司制订下半年信托通道业务压降计划，明确相应时间安排和压降任务，按月监测信托通道业务压降情况。

在房地产和通道业务“双压降”的背景下，信托业务转型迫在眉睫。信托行业要将去通道、控地产和优化信托业务结构作为主要转型方向，确保固有资产保持充分流动性和安全性，不能以短期滚动负债的方式变相加杠杆经营，切实增强风险防御能力。信托公司应根据金融服务供给侧结构性改革的需要，大力发展具有直接融资特点的资金信托，服从国家宏观调控要求，为实体经济提供针对性强、附加值高的金融服务。防止信托资金流入限制性或禁止性领域，破除无效信托供给，积极培育以直接融资为特点的资金信托、以受托管理为特点的服务信托以及体现社会责任的公益信托，推动信托在权益投资、财富管理、财富传承、慈善救济、社会稳定等方面发挥积极作用。

（二）行业基础设施建设进一步完善

1. 信托受益权账户系统上线对信托行业影响深远

2019年9月10日，全国统一信托受益权账户系统正式上线。信托业是资产管理规模仅次于银行业的第二大金融子行业，一直以来依托信托合同确认信托受益人身份，缺少统一的受益权账户管理平台，不仅信托公司无法进行统一的受益人管理，信托受益人管理自身受益权份额也极不便利。另外，由于信托受益人缺乏统一完善的行业风险缓释机制，导致信托受益权的流动性极低，行业风险无法得到及时有效缓释。信托受益权账户体系建设成为解决这一问题的重要途径。中国信托登记有限责任公司（以下简称中信登）作为信托业的重要平台，依法合规评估确定代理开户机构，本着自愿开户、账户实名、一人一户和信息保密的原则，对自然人账户、金融机构账户、金融产品账户和其他机构账户等信托受益权账户实施集中管理，忠实准确记录信托受益人的信托受益权及其变动情况。

信托受益权账户体系的建立有利于实现信托受益权的集中规范管理，有利于落实“资管新规”打破“刚性兑付”的监管要求，有利于切实保护受益人合法权益，有利于在更深层次构建规范化的信息披露平台与制度，助力行业信息安全和风险防控，对信托行业具有积极而深远的影响。未来，信托受益权账户及其相关的投资者综合服务平台、机构间信托产品发布平台、投资者受益权份额信息查询平台将持续赋能，更好地为信托业风险防范、回归本源营造生态体系。

2. 明确信托公司发展方向，引导迈入高质量发展阶段

随着我国经济由高速增长阶段转向高质量发展阶段，金融供给与需求之间不平衡不适应的矛盾日益凸显。2020年年初，银保监会发布《关于推动银行业和保险业高质量发展的指导意见》（银保监发〔2019〕52号，以下简称《指导意见》），提出银行业保险业要主动提升金融服务实体经济质效，有效防范化解金融风险。《指导意见》是在全面总结现有监管工作要点的基础上，对推动银行业保险业高质量发展提出明确要求和目标，也为信托公司今后较长时期的发展指明了总体方向。

根据《指导意见》，信托行业作为金融业的重要组成部分，要坚持服务实体经济，培育特色业务，提高风险管理能力，坚守合规底线。信托公司要回归“受人之托、代人理财”的职能定位，积极发展服务信托、财富管理信托、慈善信托等本源业务；银行保险机构要有效发挥理财、保险、信托等产品的直接融资功能，健全与直接融资发展相适应的服务体系，运用多种方式为直接融资提供配套支持，提高直接融资比重。《指导意见》提出有序化解影子银行风险，包括“逐步清理压缩不合规的表外理财非标资产投资、表内特定目的载体投资、同业理财等业务规模，严控银信类通道业务”等内容。总体上说，《指导意见》要求信托行业要有效防控金融风险，保证行业稳妥转型。信托公司要回归本源，积极发展直接融资业务，促进居民储蓄向资本市场长期资金的转化。

（三）规范资管市场的一系列政策加速落地

1. 标准化债权类资产的认定范围和认定条件得到明确

2019年10月12日，央行发布《标准化债权类资产认定规则（征求意见稿）》（以下简称《认定规则》）。作为“资管新规”的重要配套细则，《认定规则》对于非标和标准化债权资产进行了严格认定，明确了银行业理财登记托管中心有限公司的理财直接融资工具，银行业信贷资产登记流转中心有限公司的信贷资产流转和收益权转让相关产品，北京金融资产交易所有限公司的债权融资计划，中证机构间报价系统股份有限公司的收益凭证，上海保险交易所股份有限公司的债权投资计划、资产支持计划等均为非标资产。交易所和银行间市场的交易债权资产被认定为标准化债权资产，包括私募债、ABS，也包括可交债和可转债等。其他债权类资产若要被认定为标准化债权类资产，须符合《认定规则》的五项要求（见表1－1）。

表1－1　《认定规则》对于标准化债权类资产认定要求

五项要求	具体内容
等分化，可交易	以簿记建档或招标方式非公开发行，发行与存续期间有2个（含）以上合格投资者，以票面金额或其整数倍作为最小交易单位，具有标准化的交易合同文本
信息披露充分	投资者和发行人在发行文件中约定信息披露方式、内容、频率等具体安排，信息披露责任主体确保信息披露真实、准确、完整、及时。发行文件中明确发行人有义务通过提供现金或金融工具等偿付投资者，或以破产隔离的基础资产所产生的现金流偿付投资者，并至少包含发行金额、票面金额、发行价格或利率确定方式、期限、发行方式、承销方式等要素
集中登记，独立托管	在中国人民银行和金融监督管理部门认可的债券市场登记托管机构集中登记、独立托管
公允定价，流动性机制完善	采用询价、双边报价、竞价撮合等交易方式，有做市机构、承销商等积极提供做市、估值等服务。买卖双方优先依据历史成交价格或做市机构、承销商报价确定交易价格。若该资产无历史成交价格或报价，可参考其他第三方估值。提供估值服务的其他第三方估值机构具备完善的公司治理结构，能够有效处理利益冲突，同时通过合理的质量控制手段确保估值质量，并公开估值方法、估值流程，确保估值透明
在银行间市场、证券交易所市场等国务院同意设立的交易市场交易	为其提供登记托管、清算结算等基础设施的服务机构，已纳入银行间、交易所债券市场基础设施统筹监管，按照分层有序、有机互补、服务多元的原则与债券市场其他基础设施协调配合，相关业务遵循债券和资产支持证券统一规范安排

资料来源：中国人民银行。

非标资产与标准化债券资产最大的差异在于“资管新规”对于期限匹配的要求方面，即非标准化债权类资产的终止日不得晚于封闭式资产管理产品的到期日或者开放式资产管理产品的最近一次开放日，相比之下，标准化债券资产则不受期限错配限制要求。信托公司以往在主观上认为原有非标产品无论从市场需求还是资产端供给都有较大的发展前景，但是《认定规则》将加速信托行业转型的进程。《认定规则》一旦严格实行，符合“资管新规”的非标业务量将会大幅缩减，特别是过渡期之后，将严重影响信托资产配置，这就倒逼信托要加紧从非标为主的产品模式向净值化、标准化、基金化产品转型的步伐。另外，由于部分信托公司现金管理类产品投资非标资产，信托现金管理类产品也可能受到期限匹配的影响。为了符合监管要求，信托公司现金管理类产品投资策略需要在短期内进行调整，这可能影响产品的投资收益。同时，信托分司也要提前防范非标资产承接、处置过程中的风险。

2. “九民纪要”标志我国资管行业进入“全面信托化”的大格局

《全国法院民商事审判工作会议纪要》是2019年7月在黑龙江省哈尔滨市召开的全国法院民商事审判工作会议后印发的会议纪要（以下简称“九民纪要”），于2019年11月14日正式发布。“九民纪要”不是严格的规范性文件，也不是司法解释，不能直接引用于案例审判，但是可以对尚无法律明文规定或者没有司法解释的法律盲区和争议点，在进行自由裁量和法律适用时，提供思路指引。这种思路指引在当前的立法现状下有着极为重要的现实意义。特别是在金融领域，由于近年来金融行业新产品层出不穷，而法律法规的修改也需要严格的程序，因此对这些创新产品合法和违法的判断十分困难。

“资管新规”颁布后，资管业务的合规边界逐渐清晰，许多以往有争议的业务模式和做法都被认定为违规。但是在民事纠纷领域，监管机构划定的边界还没有法律上的支持，“九民纪要”以“资管新规”及相关配套政策为依托，加强了资管业务的司法管控力。“九民纪要”的出台说明我国资管行业进入“全面信托化”的大格局，所有资管产品都适用信托关系。另外，以会议纪要的形式确定司法裁判准则有利于统一司法裁判，促使资管机构真正回归“受人之托，代人理财”本源。

3. 信托公司治理机制建设进一步完善

为了加强信托公司股权管理，规范信托公司股东行为，保护信托公司、信托当事人等合法权益，维护股东的合法利益，促进信托公司持续健康发展，《信托公司股权管理暂行办法》（以下简称《暂行办法》）自2020年3月1日起正式施行。《暂行办法》是“资管新规”框架内的延续与细化，与“资管新规”的监管精神一脉相承。

《暂行办法》的出台明确信托公司股东职责要求，将有效推动信托公司完善公司治理机制建设。《暂行办法》采用“两参或一控”原则，建立了从股东、信托公司到监管部门的“三位一体”的穿透式监管框架。一方面，这意味着同一投资人及其关联方、一致行动人参股信托公司的数量不得超过两家，或控股信托公司的数量不得超过一家，这将对股东较为分散的信托公司尤其是民营控股的信托公司造成重大影响。另一方面，通过股东穿透监管、关联交易管理、金融产品入股等将有效提高信托公司股权透明度，规范隐形股东和股权代持现象，有效保护信托公司利益。另外，《暂行办法》取消了境外金融机构入股信托公司应具备的“总资产不少于十亿美元”的数量型限制门槛要求，金融对外开放进程进一步加速，这对尝试引入外资股东的信托公司构成利好。

4.《资金信托新规（征求意见稿）》加速行业转型步伐

2020年5月8日，银保监会发布《信托公司资金信托管理暂行办法（征求意见稿）》（以下简称《资金信托新规（征求意见稿）》），旨在推动资金信托回归“卖者尽责、买者自负”的私募资管产品本源，发展有直接融资特点的资金信托，促进资管市场监管标准统一和有序竞争。这是继《证券期货经营机构私募资产管理业务管理办法》、《证券期货经营机构私募资产管理计划运作管理规定》、《保险资产管理产品管理暂行办法》后，信托行业落实“资管新规”的又一配套细则，其重要性不言而喻。

《资金信托新规（征求意见稿）》肯定了资金信托在国民经济循环中长期扮演着以市场化方式汇聚社会资金投入实体经济领域的角色，同时也正视了近年来由于内外部环境变化，资金信托出现为其他金融机构监管套利提供便利、尽职管理不当引发赔付压力、违规多层嵌套、与同类资管业务监管规则不一等问题。在信托行业当前的业务结构中，融资类信托是信托业务收入的主要来源，服务信托与公益慈善信托短期内对信托公司收入贡献有限。未来，信托公司需要着力调整业务结构，加大单一资金信托业务和投资类集合资金信托业务的发展力度，提高服务信托和公益（慈善）信托业务规模，而非标债权融资的资金信托业务规模将持续压缩。

《资金信托新规（征求意见稿）》进一步加强控制信托公司的规模风险、集中度风险、错配风险、关联交易风险和信托业务向表内传递的风险，有助于信托公司长期持续提升专业投资能力、净值管理能力和服务能力。另外，《资金信托新规（征求意见稿）》还将资金信托业务规模与信托公司净资产挂钩，因此信托公司应加快建立和完善资本补充机制、增强资本实力。

5．银保监会持续深化“放管服”改革，信托业加快对外开放步伐

2020年4月14日，《中国银保监会信托公司行政许可事项实施办法（征求意见稿）》（以下简称《实施办法（征求意见稿）》）向社会公开征求

意见。《实施办法（征求意见稿）》明确进一步落实对外开放政策，强化监管导向，匹配行业发展实际，引导信托公司完善公司治理。除了取消外资金融机构入股信托公司总资产要求外，《实施办法（征求意见稿）》还对调整信托公司业务许可范围、发行金融债券及次级债券相关条件、增加以固有资产进行股权投资等方面作了重要修订。

继银行、保险公司后，信托业成为下一个对外开放的金融行业。目前中国信托业正经历“资管新规”后的行业转型阵痛，通过引入外资持股股东有助于增强信托业的全球配置能力、主动管理及投资能力以及风险管理能力。取消外资准入资金门槛或将提升国内信托吸引力，催生外资在国内市场布局，增强市场多元活力。《实施办法（征求意见稿）》针对多项行政审批工作明确审批细则及时长，意在持续深化“放管服”改革，优化监管内容。未来，信托公司、股东、监管部门三方的职责范围将进一步明晰与细化，《实施办法（征求意见稿）》有助于信托公司完善治理机制，开展本源业务，从而真正实现转型发展。

（四）合规建设风云再起，利剑高悬利于行业健康发展

监管部门强化信托业合规要求所带来的处罚亦层出不穷。2019年信托行业罚单数量和金额均呈现快速上升趋势。根据银保监会和中国人民银行处罚信息，2019年信托行业共有29家公司累计收到42张罚单，合计罚款金额达2,700万元。图1-1显示，2019年信托行业罚单数量超过2015~2018年罚单数量总和的50%，处罚金额也创出近年新高，无论从信托公司收到罚单的数量、还是处罚金额上都较上年出现了较快增长，可以预见2020年监管严处理仍将会是常态。

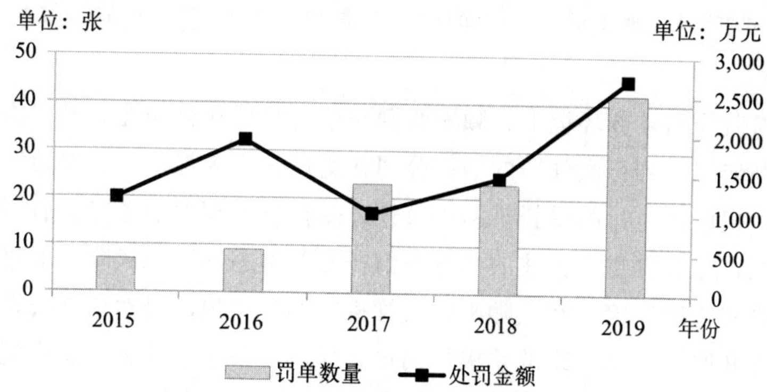

图1-1　2015~2019年信托行业罚单数量和金额

信托行业罚单的增多暴露了信托公司在合规问题上的一些短板。与往年不同的是，2019年的罚单内容主要集中在公司治理、贷后管理和信息披露（见图1-2），包括对信托财产管理不审慎、未经同意查询个人信息和企业信贷信息、承诺信托财产不受损失、未尽合规审查义务、投资者适当性审查不到位、高管人员在获得任职资格核准前履职以及个别信托产品销售过程未录音、录像等。在具体业务方面，违规发放信托贷款被用于入股金融机构和证券交易、银信理财资金违规投资于非上市公司股权、开展房地产业务不审慎、房地产和信保项目尽职调查不到位、信托项目资金来源不合规、结构化股票投资产品超监管规定杠杆比例等业务成为经营违规的"重灾区"。

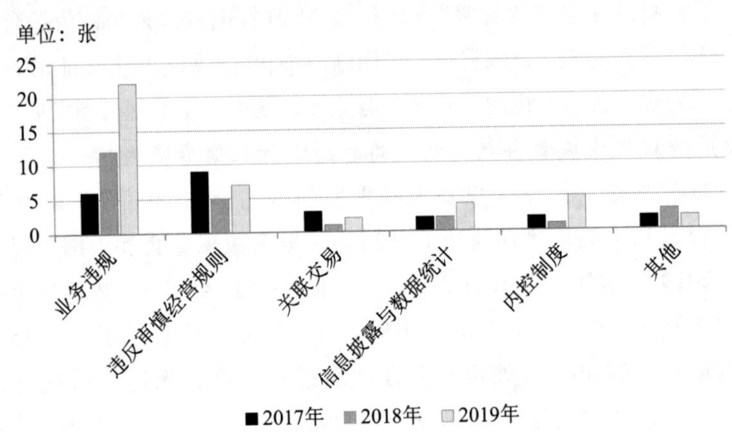

图1-2　2017~2019年信托行业罚单数量和原因统计*

*根据公开数据整理（由于一张罚单可以涉及多个违法事由，因此该图统计结果可能大于图1-1数据）。

在强监管的外部环境下，频繁收到罚单将给信托公司业务开展带来较大影响。例如，受到行政处罚的信托公司在受托管理社保基金、保险资金、企业年金、担任特定目的受托机构以及开办受托境外理财业务时会有限制。未来，信托行业监管重点关注的仍然是信托业务中的问题和风险，通过排查问题来解决和化解风险。在实际中，监管机构的严格执法是对信托公司运行的一种指导和警示，其带来的积极作用也在显现。多家信托公司将合规建设列为2020年的重点工作，行业整体谨慎经营能力将得到持续提升。

二、行业经营整体稳健，信托公司业绩分化趋势进一步凸显

我国信托行业整体经营稳健，但是信托公司分化趋势更加明显，在“牌照红利”、“政策红利”等的保护下，各信托公司齐涨共跌的时代已经成为历史。在业绩分化加剧、实力差距不断拉大的背景下，信托公司虽总体表现为强者恒强，亦有少数公司后来居上，行业洗牌一触即发。值得注意的是，继方正东亚信托更名为“国通信托”后，2019 年以来又有两家信托公司完成名称变更登记，分别是中江信托更名为“雪松信托”，湖南信托更名为“财信信托”。

（一）信托行业整体经营情况保持稳健

2019 年，信托行业经营情况整体较好，图 1－3 显示，根据中国信托业协会数据，全国 68 家信托公司固有资产规模 7,677.12 亿元，同比增加 6.73%；所有者权益规模 6,316.27 亿元，同比增加 9.86%；经营收入 1,200.12 亿元，同比增加 5.22%；利润总额 727.05 亿元，同比减少 0.65%。在面对诸多挑战的情况下，信托行业资产规模和经营收入稳步提高，利润总额下降幅度相比 2018 年大幅缩窄，资本实力获得一定程度提升。

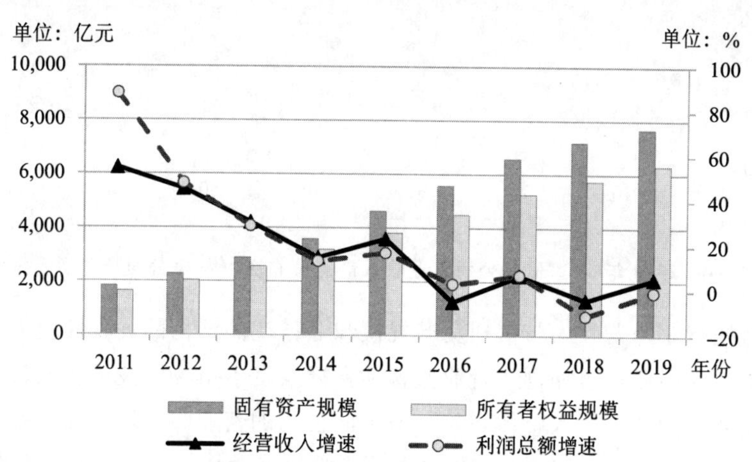

图 1－3　2011～2019 年信托行业固有资产规模、所有者权益规模等走势图

1. 营业收入同比增长，固有业务成为重要驱动力量

（1）行业大部分公司营收实现增长，光大信托、江苏信托业绩增长突出

2019年以来，信托行业集合资金信托业务占比持续增加，且主动管理类信托产品报酬率较高，相关业务收入实现企稳回升。根据中国信托业协会数据，信托公司共实现经营收入1,200.12亿元，较2018年的1,140.63亿元上升59.49亿元。根据已披露年报的67家信托公司数据，营业收入平均数为17.10亿元，超过平均数的公司有27家，中位数为12.82亿元。图1-4显示了2019年67家信托公司营业收入的分布情况，从具体公司来看，中信信托以63.78亿元位居第1，华能信托以50.46亿元成为营收超过50亿元的第2家信托公司。平安信托和中融信托分别以46.79亿元和45.19亿元列第3和第4位。营业收入CR4为18.00%，较2018年的18.62%下降0.62个百分点，CR8为31.32%，较2018年的30.75%上升0.57个百分点。

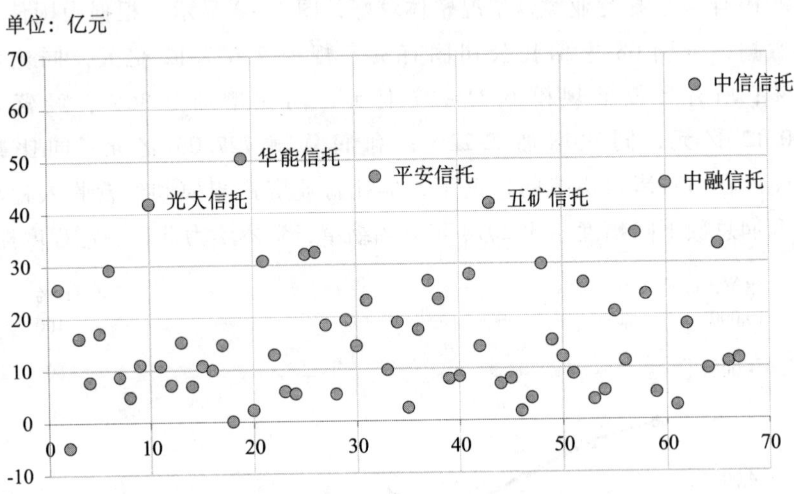

图1-4　2019年67家信托公司营业收入散点分布图（根据公司简称拼音排序）

信托行业经营收入与信托资产规模和业务产品结构的关联性较大，整体盈利能力受同业竞争加剧、行业监管加强以及资本市场的波动影响较大。尽管信托公司的营业收入整体增长，但不同公司的营业收入增量和增幅呈现分化的局面。与2018年相比，40家公司营业收入增加，其中，光大信托和华能信托分别增加20.56亿元和15.69亿元，五矿信托、江苏信托、渤海信托营业收入增量也超过8亿元；从增幅上看，15家公司超过30%，5家公司超过50%，5家分司分别是国联信托、光大信托、陕国投信托、西藏信托和苏州信托。27家公司营业收入下降，其中，6家公司下降超过3亿元，1家公司下降超过 10 亿元；从降幅上看，12 家公司超过 20%，4 家公司超过 50%。2019 年营业收入排名前 10 位的公司如表 1－2 所示。

表 1－2　　2019 年营业收入排名前 10 位的信托公司

2019 年排名	信托公司	营业收入（亿元）	增量（亿元）	增幅（%）	2018 年排名
1	中信信托	63.78	2.33	3.80	1
2	华能信托	50.46	15.69	45.11	4
3	平安信托	46.79	−2.99	−6.01	2
4	中融信托	45.19	−1.35	−2.91	3
5	光大信托	41.85	20.56	96.57	17
6	五矿信托	41.57	12.23	41.71	9
7	中航信托	35.72	1.72	5.04	5
8	重庆信托	33.43	1.33	4.14	6
9	江苏信托	32.35	9.65	42.52	15
10	建信信托	31.96	2.59	8.81	8
—	合计	423.10	61.76	—	—

如表 1－2 所示，与 2018 年相比，2019 年中信信托、华能信托、平安信托、中融信托、五矿信托、中航信托、重庆信托和建信信托的营业收入仍保持在行业前 10 位。中信信托和华能信托仍保持其头部优势，分别实现 3.80% 和 45.11% 的同比增长。部分公司面临业绩下降的压力，平安信托和中融信托营业收入出现一定程度下滑，2018 年位列第 7 和第 10 的外贸信托与中铁信托则跌出前 10 位。光大信托和江苏信托营业收入分别同比大幅增长 96.57% 和 42.52%，从而跻进行业前 10 位，这主要得益于 2 家公司明确的市场定位以及敏锐的业务反应能力。

（2）自营业务收入增长速度优于信托业务收入

从收入结构来看，信托公司经营收入来源于利息收入、信托业务收入和投资收益。2019 年，信托行业投资收益与信托业务收入均出现不同程度的增加，投资收益增长速度优于信托收入，构成营业收入的重要驱动力量。近年来，随着信托资产规模的下降，信托业务收入增速明显下滑，但是在经营收入中的占比仍然保持在较高水平。根据中国信托业协会数据，2019 年信托公司收入结构基本保持稳定，信托公司实现信托业务收入 833.82 亿元，相比2018年增长6.66%，占营业收入的69.48%；投资收益277.04亿元，相比2018年增加13.35%，占营业收入的23.08%；利息收入64.2亿元，相比2018年下降2.64%，占营业收入的5.35%。2019年信托业自营业务收入为314.1亿元，相比2018年大幅增长29.16%。[①] 以自营业务收入与净资产比值代表自营业务投资收益率，2019年信托行业自营投资收益率的均值为5.16%，较2018年的4.56%上升了0.6个百分点。

从具体公司看，信托业务收入突破40亿元的信托公司分别为中信信托和中融信托。从占比上看，19家公司信托业务收入占比超过80%，相比2018年减少4家；10家公司信托业务收入占比超过90%，相比2018年减少1家。自营业务收入最高的是江苏信托的20.82亿元，另外还有6家公司自营业务收入超过10亿元。从占比上看，自营业务收入占比超过40%的公司有18家，超过50%的公司有8家，8家公司分别是江苏信托、华润信托、国联信托、粤财信托、天津信托、吉林信托、中泰信托、安信信托。2019年信托业务收入和自营业务收入排名前10位的公司如表1-3所示。

表1-3　2019年信托业务收入和自营业务收入排名前10位的信托公司

排名	信托公司	信托业务收入（亿元）	信托业务收入占比（%）	信托公司	自营业务收入（亿元）	自营业务收入占比（%）
1	中信信托	47.88	75.08	江苏信托	20.82	64.36
2	中融信托	40.98	90.69	华能信托	18.71	37.08
3	光大信托	37.45	89.47	华润信托	17.54	57.05
4	中航信托	35.86	100.39	中信信托	15.89	24.92
5	平安信托	35.31	75.46	重庆信托	13.32	39.85
6	五矿信托	35.27	84.85	外贸信托	11.85	42.51
7	华能信托	31.75	62.92	平安信托	11.48	24.54
8	兴业信托	24.86	83.34	昆仑信托	9.16	47.24
9	建信信托	23.75	74.31	山东信托	8.49	44.99
10	长安信托	21.39	81.47	国联信托	8.44	77.94
—	合计	334.5	80.91	合计	135.71	40.57

注：表中信托业务收入占比和自营业务收入占比是指两者分别占营业收入的比重。

① 本书根据利润表数据计算信托业务收入和自营业务收入。其中，信托业务收入=手续费及佣金净收入+其他业务收入中计入信托业务收入部分；固有业务收入=利息净收入+投资收益+公允价值变动损益+资产处置收益+汇兑损益+其他收益+其他业务收入中未计入信托业务收入部分。

值得注意的是，部分信托公司2019年营业外收入较高，其中，16家信托公司营业外收入超过1,000万元，3家公司超过1亿元。营业外收入并非常态化的收入来源，不具有长期持续性。从数据来看，营业外收入排名前10位的信托公司相比2018年发生较大变化，合计金额减少了13亿元（见表1-4）。

表1-4　2019年营业外收入排名前10位的信托公司

排名	信托公司	营业外收入（万元）	营业外收入占营业收入比重（%）
1	重庆信托	18,216.44	5.45
2	西藏信托	16,183.19	20.32
3	华能信托	12,530.24	2.48
4	华宝信托	8,922.63	6.04
5	昆仑信托	7,354.39	3.79
6	国民信托	4,130.69	5.88
7	江苏信托	3,615.69	1.12
8	华融信托	3,467.41	15.80
9	紫金信托	2,989.40	2.71
10	大业信托	2,980.50	6.17
—	合计	80,390.58	4.38

受到整体经济环境、资产管理行业监管和资本市场波动等多重因素的影响，2019年营业收入增速下降最快的3家公司为安信信托（-467.67%）、华宸信托（-91.88%）、新华信托（-66.98%），信托行业业绩分化进一步加剧，信托公司差异化发展态势更加明显。

2. 净利润降幅减缓，半数以上公司呈现正增长

2019年，已披露年报的67家信托公司合计实现净利润541.75亿元，较2018年合计数减少0.78%，降幅有所减缓。67家信托公司平均净利润8.09亿元，有28家公司净利润超过行业平均数；行业中位数为6.44亿元，平均数明显高于中位数，说明净利润分布相对不均衡，集中度较为明显。相比2018年，38家信托公司净利润实现正增长，29家公司净利润呈现负增长。在净利润增长的信托公司中，有5家增幅在5亿元以上；9家增长幅度超过50%，其中，有4家超过100%。

从具体公司看，中信信托和华能信托分别实现净利润34.01亿元和31.58亿元，是行业内仅有的2家净利润突破30亿元的信托公司；此外，净利润超过20亿元的信托公司相比2018年的3家增长至6家，分别为华润信托、重庆信托、平安信托、江苏信托、五矿信托和光大信托；有4家公司净利润为负值，属于近年来首次出现的现象。从集中度来看，净利润CR4为22.49%，CR8为39.57%，均较2018年微升。相比2018年，部分信托公司创收能力有所上升，但是净利润却在下降，说明信托公司转型时期的营运成本支出相对提高，同时，由于风险项目充分暴露而大幅计提资产减值损失也是重要原因之一。

表1－5列示了2019年净利润排名前10位的信托公司及其2018年净利润和排名。与2018年相比，中信信托、华能信托、华润信托、重庆信托、平安信托、江苏信托、中航信托、建信信托仍保持头部优势。在上述公司中，除中信信托和平安信托净利润分别同比下降7.09%和16.47%外，其余信托公司净利润均实现正向增长。另外，2019年五矿信托和光大信托分别以22.37%和86.06%的高增长率强势增长，成功进入行业净利润排名前10位之列。

表1－5　2019年净利润排名前10位的信托公司

2019年排名	信托公司	净利润（亿元）	增量（亿元）	增幅（%）	2018年排名
1	中信信托	34.01	－2.59	－7.09	1
2	华能信托	31.58	7.50	31.16	4
3	华润信托	28.87	7.46	34.86	5
4	重庆信托	27.38	1.54	5.95	3
5	平安信托	26.52	－5.22	－16.47	2
6	江苏信托	24.19	5.62	30.21	7
7	五矿信托	21.05	3.85	22.37	11
8	光大信托	20.78	9.61	86.06	16
9	中航信托	19.39	0.91	4.93	8
10	建信信托	18.98	0.81	4.47	9
—	合计	252.75	20.89	9.01	—

2017～2019年，信托公司净利润分布区间如图1－5所示，可以看出

2019 年信托公司净利润整体呈现走低的趋势，收入在 10 亿元以上的信托公司较 2018 年明显减少，部分公司迈入 20 亿元行列，部分公司则出现下滑。在净利润下降的信托公司中，有 5 家公司下降幅度超过 5 亿元，其中，安信信托下降最多；7 家公司下降幅度超过 50 %，其中，有 2 家超过 100%。这也反映出在复杂经济环境下，信托公司传统业务面对强监管、严问责的高压政策表现出风险管理压力增大的情况。相比 2018 年，陷入亏损的信托公司增加至 4 家，分别为安信信托、华宸信托、华融信托和华信信托。具体来看，主业手续费及佣金收入大幅下滑导致营业收入锐减，而利息支出和资产减值损失增加使营业总支出远远高于营业收入，这是陷入亏损信托公司的共性。也有少数公司 2019 年的经营状况表现突出，例如，光大信托营业收入和净利润增幅均排名第 1，分别为 96.57% 和 86.06%，两项指标均实现连续两年快速增长，主要原因可能与其大力拓展主营信托业务的同时，进一步提高固有业务投资收益有关，使其在弱势周期下能顶住经济波动的压力，实现快速增长。

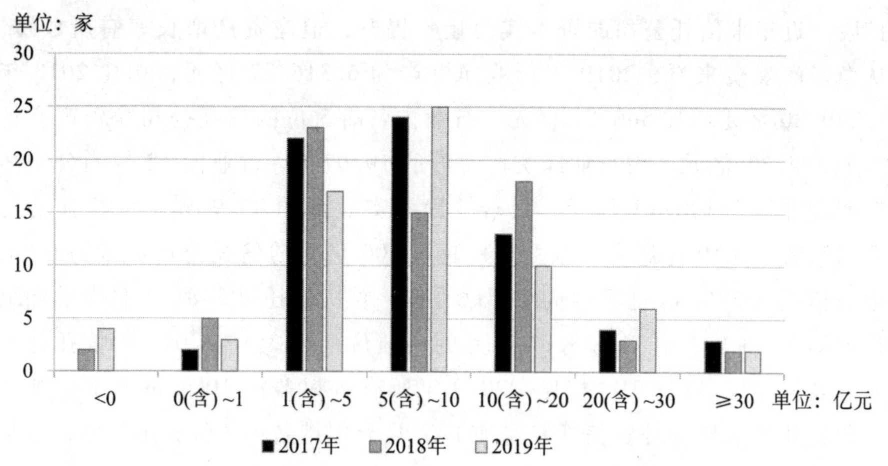

图 1－5　2017～2019 年信托公司净利润区间分布图

图 1－6 列示了 2010 年以来信托行业净利润走势情况，可以发现，2012 年以来，信托业净利润增长率呈现走低态势，2016 年净利润结束了过去两位数的增长。自 2018 年以来，信托行业的净利润已经连续两年负增长，2019 年净利润增速相比 2018 年下滑的速度有所减缓，净利润率也从 2016 年开始呈现缓慢下降的趋势。

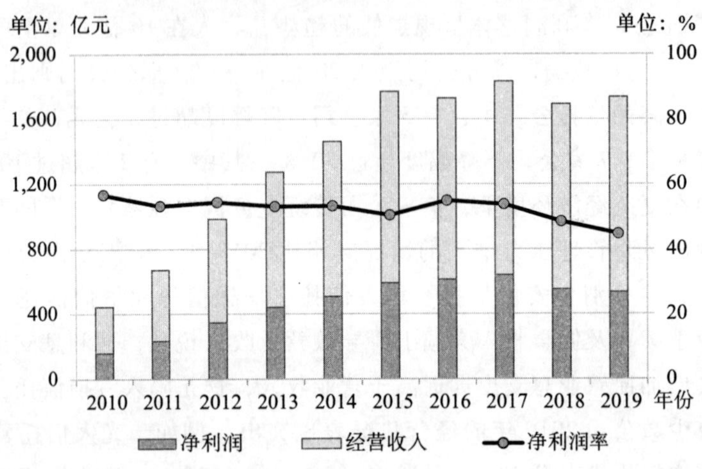

图1-6 2010~2019年信托行业经营收入、净利润及其占比走势图

（二）整体资本实力提升，净资产收益率持续下降

信托公司净资产规模的增长主要依靠资本内生增长机制和股东的增资扩股。近年来信托公司的资本实力逐年提升，但净资产增长率有所放缓。从净资产规模来看，2019年行业净资产为6,316.27亿元，相比2018年5,749.30亿元增加566.97亿元。行业排名前5位的信托公司净资产合计为1,204.32亿元，占行业净资产总额的19.07%。行业前10位的公司净资产合计为2,143.13亿元，占行业净资产总额的33.93%。从具体信托公司来看，2019年所有者权益规模超过200亿元的信托公司数量为6家，中信信托以296.83亿元的成绩蝉联首位、重庆信托以248.57亿元的业绩位列第2、平安信托以233.04亿元的成绩位列第3。与2018年信托行业所有者权益排名前10位相比，2019年所有者权益前10位也发生了细微变化，建信信托和外贸信托跻身前10，且分别排名第7位和第9位，进步明显。

2019年信托行业加权平均净资产收益率为9.09%，较2018年的10.07%下降0.98个百分点。由图1-7可以看出，2010~2013年加权平均净资产收益率持续上升，自2013年达到峰值19.3%之后，开始呈现持续下降的态势，2019年进一步下滑至近年来最低值。

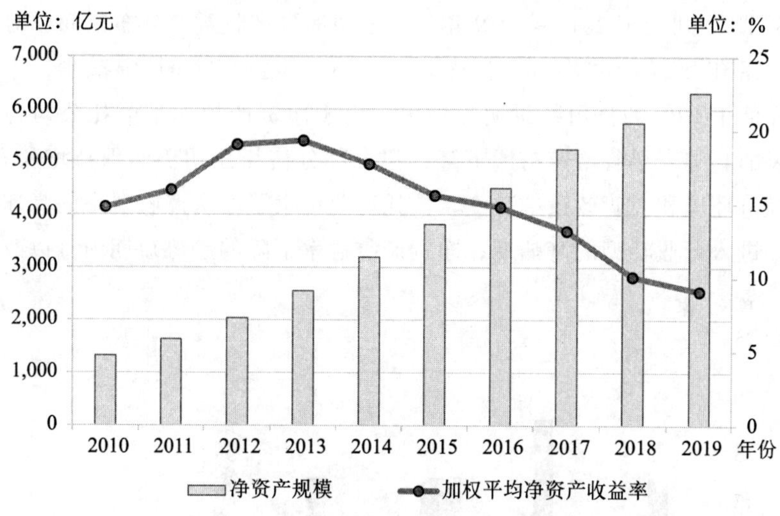

图1-7 2010~2019年信托行业净资产规模及收益率走势图

从具体公司看，38家信托公司净资产收益率超过行业加权平均值。净资产收益率超过20%的公司有3家，超过15%的公司有10家，超过13%的公司有14家。从排名表另一端看，有13公司净资产收益率不足5%，有5家公司净资产收益率不足1%，其中4家为负值。表1-6列示了2019年净资产收益率排名前10位的信托公司。

表1-6 2019年净资产收益率排名前10位的信托公司

2019年排名	信托公司	2019年净资产收益率（%）	2018年净资产收益率（%）	2018年排名
1	长城新盛信托	22.37	30.92	1
2	万向信托	21.24	18.82	4
3	光大信托	21.11	15.96	9
4	国联信托	18.41	4.16	60
5	爱建信托	17.77	20.30	3
6	华能信托	16.42	17.56	6
7	西藏信托	16.31	12.26	21
8	五矿信托	16.01	14.49	13
9	中航信托	15.76	17.16	7
10	国投泰康信托	15.13	11.81	26

图1－8列示了2017～2019年信托公司净资产收益率分布区间，对比来看，2018年和2019年净资产收益率超过15%的公司数量明显减少，净资产收益率低于10%的公司数量明显增多。由于净资产规模是信托公司各项业务发展的基础，尽管增速有所下降，但大部分信托公司仍然保持增长态势。随着经济环境和监管政策的改变，信托行业结束了净资产收益率的高速增长阶段，进入行业转型的阵痛期，净资产收益率下降的趋势短期内难以改变。

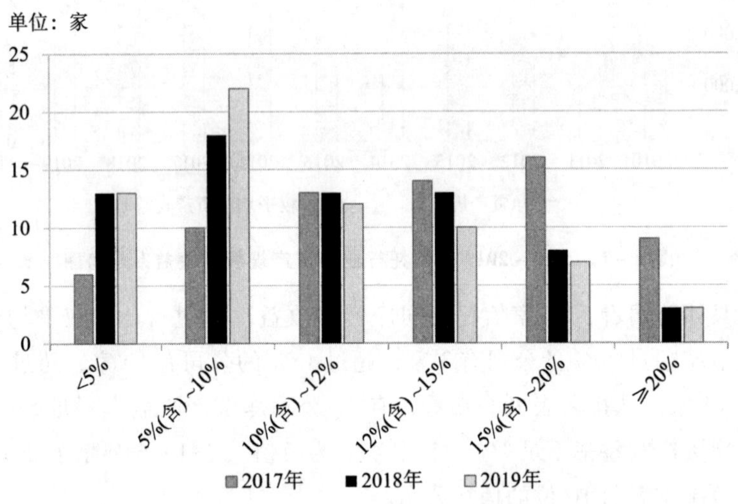

图1－8　2017～2019年信托公司净资产收益率区间分布图

（三）成本收入比率反映信托行业经营效率较高

成本收入比率是衡量经营效率的重要指标，反映出每一单位的收入需要支出多少成本，该值越低，说明单位收入的成本支出越低，获取收入的能力越强。财务上成本收入比率一般用营业费用÷营业收入表示，中国人民银行计算口径进一步精确，成本收入比率＝（业务管理费＋其他营业支出）÷（利息净收入＋手续费净收入＋其他业务收入＋投资收益）。信托公司的业务管理费主要是职工薪酬、办公费用和资产折旧费用等，因此，成本收入比率在一定程度上可以反映信托公司的用人成本。但是，由于部分公司计提的信托业务准备金等（资产负债表中显示为预计负债）也会纳入业务管理费项下，因此，成本收入比率可能只具有相对意义。此外，信托公司人数差异较大，也会对人均成本有所影响。不过总体来看，成本收入比率相对高的公司可以适当控制成本，提升收入获取能力；成本收入比率相对低的公司可以适当提升成本，以获得更大的业务发展空间。

为了更准确地计算信托公司的成本收入比率，本书采用中国人民银行的计算口径，对67家信托公司的成本收入比率进行了分析。总体上看，67家信托公司成本收入比率加权平均值为25.69%，超过平均值的公司有33家，行业中位数为26.01%。图1－9列示了65家信托公司成本入比率的分布情况。可以看出，信托公司的成本收入比率差别较大，有6家公司超过50%，有7家公司为40%~50%，34家公司为20%~40%，成本收入比率低于20%的公司有18家，包括渤海信托、华润信托、重庆信托等。

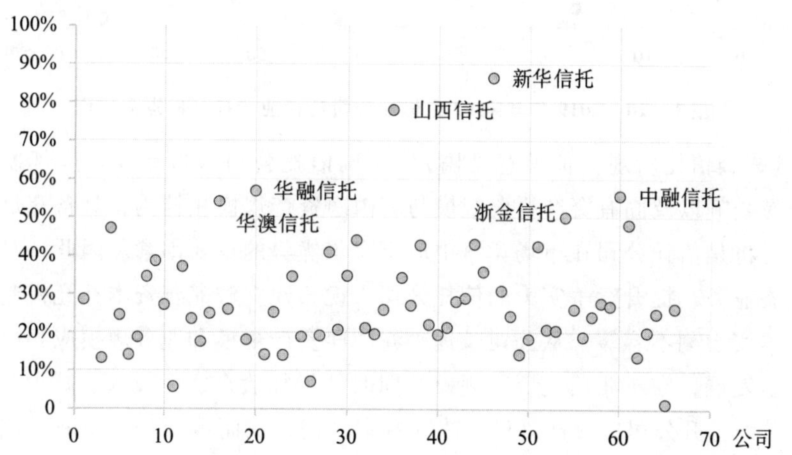

图1－9　2019年65家信托公司成本收入比率散点分布图（根据公司简称拼音排序）*

＊安信信托和华宸信托的成本收入比率分别为－125.30%和800.72%，未纳入图中。

（四）信托资产规模与净资产的关系

净资产是开展信托业务和实现信托资产规模增长的前提。截至2019年年末，全行业信托业务杠杆（信托资产规模与净资产的比值）为34.21倍，相比2018年下降5.42倍。受内外部环境影响，2019年信托资产规模呈现明显下降态势，信托业务杠杆进一步下降，但不同公司由于差异性的经营风格和业务思路，信托业务杠杆之间差别仍然较大。如图1－10所示，信托业力杠杆超过70倍的信托公司有国民信托、光大信托和建信信托，而小于10倍的信托公司有重庆信托、华信信托、中泰信托和华宸信托，其中，华宸信托的信托业务杠杆仅为2倍，为2019年行业最低值。

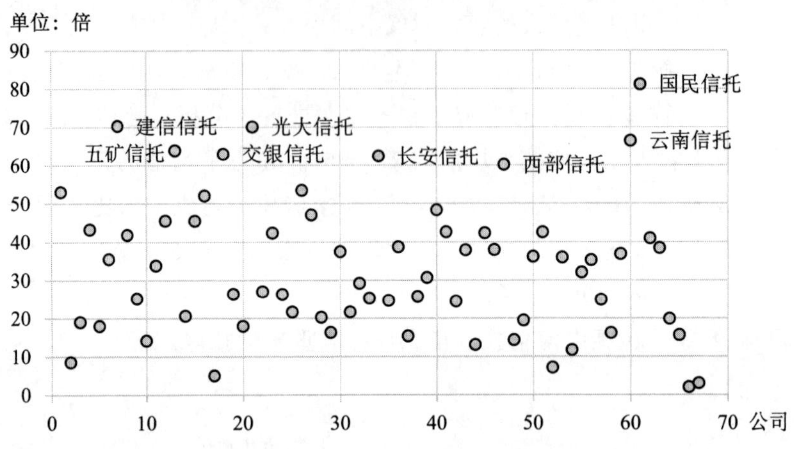

图1-10　2019年年末67家信托公司信托业务杠杆散点分布图

《资金信托新规（征求意见稿）》明确信托公司未来受托资产规模、关联交易金额以及固有资产投资规模与表内净资产规模相挂钩，具备充足的资本实力将是信托公司在市场竞争中取得竞争优势的重要因素。因此，对于亟须拓展业务、提升竞争实力的信托公司来说，建立和完善资本补充机制、增加资本实力刻不容缓。从公司长远来看，净资产规模和业务规模应相协调和匹配地发展，在扩张信托资产规模的同时从增加股东实际投入、减少分红等多个方面提升公司净资产规模、改善资本结构，从而帮助公司不断适应行业发展趋势、增强风险抵御能力，为公司的未来安全、稳定发展打下坚实基础。

（五）央企背景信托公司经营业绩分析

截至2019年年末，全行业共有15家央企控股型信托公司，在68家信托公司中占比达到22.06%。从控股股东主要从事的业务来看，主要分布在电力、石油、矿产能源等领域。从经营业绩看，部分央企信托公司依靠控股股东庞大的投资项目和网络资源，整体实力处于行业中上游，体现出“经营稳健、增长有力”的特点。2019年，央企信托公司净利润超过行业平均水平的有10家，净资产收益率超过行业平均水平的有11家。2018~2019年，15家公司中营业收入和净利润上升的分别有8家和10家。从主要业务特点看，业务种类和业务资质日趋全面是央企信托公司近年来业务发展的主要特点，特别是头部公司，业务范围更加广泛。央企信托公司创新业务也有不同的侧重点，特别是在资产证券化、消费金融、资本市场投资、家族信托、慈善信托等领域进展明显。另外，在服务股东发展方面，各家公司各展所长。

对内，从战略规划、公司制度、组织架构、人员配置等方面体现出服务股东的强烈意愿。对外，结合国家战略、地区发展以及股东背景，提供一揽子金融服务方案。表1－7中列示了央企背景信托公司的控股股东与经营业绩。

表1－7　　央企背景信托公司控股股东与经营业绩一览表*

序号	信托公司	控股股东	净资产		信托资产		经营收入		人均净利润		净资产收益率	
			规模（亿元）	行业排名	规模（亿元）	行业排名	规模（亿元）	行业排名	规模（万元）	行业排名	比率（%）	行业排名
1	华润信托	华润股份有限公司	221.02	4	9,548.86	3	30.74	11	767.73	5	13.81	13
2	中融信托	经纬纺织机械股份有限公司	183.15	8	7,654.52	5	45.19	4	228.19	37	8.79	38
3	华能信托	华能资本服务有限公司	204.31	6	7,250.47	8	50.46	2	870.55	4	16.42	6
4	外贸信托	中国中化股份有限公司	177.17	9	4,457.65	15	27.89	14	424.54	18	11.82	21
5	五矿信托	五矿资本控股有限公司	138.54	13	8,849.76	4	41.57	6	518.71	10	16.01	8
6	昆仑信托	中油资产管理有限公司	132.02	14	2,718.32	25	19.39	22	357.89	22	7.64	41
7	中航信托	中航投资控股有限公司	128.10	16	6,657.92	10	35.72	7	605.97	7	15.76	9
8	中铁信托	中国中铁股份有限公司	90.57	27	4,254.14	17	18.26	25	325.00	24	9.48	34
9	英大信托	国网英大国际控股集团有限公司	94.12	23	3,981.24	18	15.28	30	577.93	8	11.13	27

续表

序号	信托公司	控股股东	净资产		信托资产		经营收入		人均净利润		净资产收益率	
			规模（亿元）	行业排名	规模（亿元）	行业排名	规模（亿元）	行业排名	规模（万元）	行业排名	比率（%）	行业排名
10	百瑞信托	国家电投集团资本控股有限公司	92.64	24	2,433.51	29	16.17	28	572.16	9	12.52	17
11	华宝信托	中国宝武钢铁集团有限公司	91.64	26	4,892.29	13	14.78	31	232.70	36	9.03	36
12	国投泰康信托	国投资本控股有限公司	65.36	39	2,002.30	37	15.33	29	392.87	19	15.13	10
13	中海信托	中国海洋石油集团有限公司	63.40	40	3,063.43	22	11.24	36	362.34	21	11.72	22
14	华鑫信托	中国华电集团有限公司	61.64	41	2,620.76	27	12.82	34	337.25	23	10.30	30
15	中粮信托	中粮资本投资有限公司	43.81	53	1,572.75	47	5.14	57	45.56	58	2.92	57

* 根据已披露年报的67家信托公司数据整理。

根据中国信托业协会数据，2019年全国68家信托公司受托资产规模为21.6万亿元，较2018年年末的22.7万亿元同比下降4.85%。央企背景信托公司信托资产规模总额为7.20万亿元，占全行业信托资产规模总额的33.33%，相比2018年增加3,500.58亿元，增幅5.11%。从图1-11中可以看出，信托资产管理规模排名前3位的分别为五矿信托、华润信托和中融信托。2019年以来受到去杠杆、降通道等政策的影响，有9家央企背景信托公司信托业务规模出现下降，其中，国投泰康信托、中海信托和华宝信托降幅较大。同时，也有6家公司业务规模保持上涨，其中，五矿信托、中融信托、英大信托以及百瑞信托增幅较大。增幅较大的公司主要由于公司通道业务较少，受政策影响较小，信托资产规模在 2020 年可能会进一步上升。

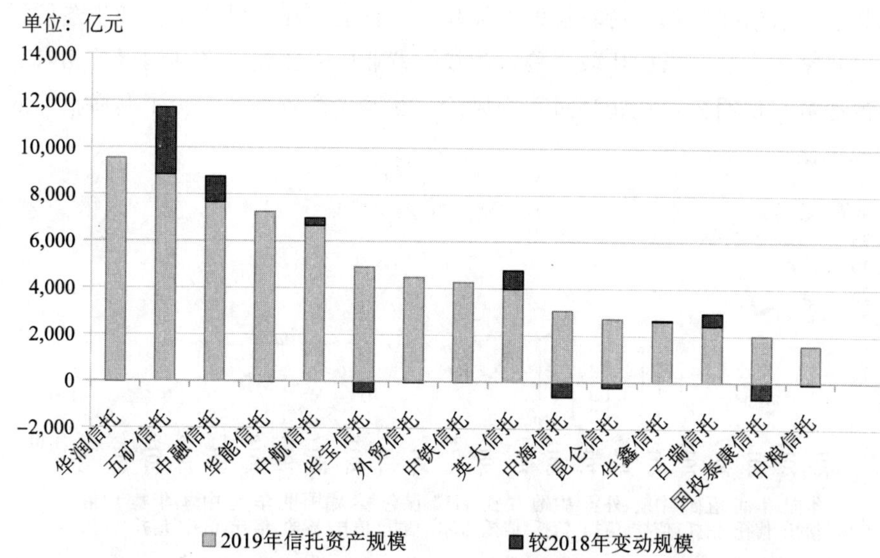

图 1-11　2019 年 15 家央企信托公司信托资产管理规模及变动情况

从 2017～2019 年 15 家央企信托公司的营业收入指标看（见图 1-12），排名前 7 位的公司中，华能信托、五矿信托、中航信托等 5 家营业收入体现出上涨趋势，其余 8 家公司中有 5 家营业收入呈现下降趋势，说明排名靠前的央企信托公司有着更强大的业绩增长动力，体现出“强者恒强”的特征。

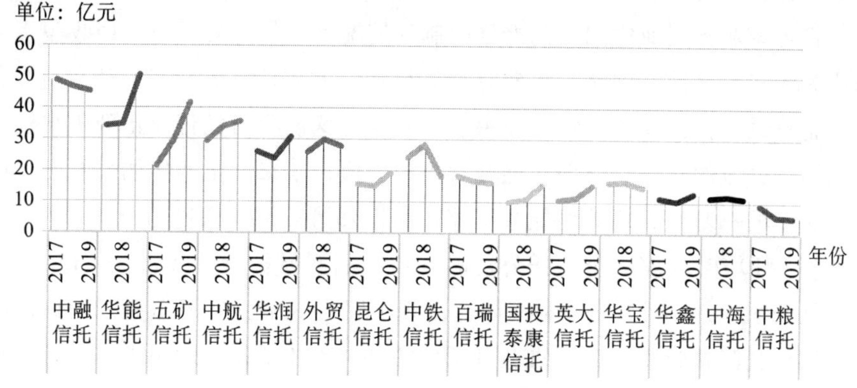

图 1-12　2017～2019 年 15 家央企信托公司营业收入变化情况

从2017~2019年15家央企信托公司的净利润数据看（见图1-13），部分央企背景信托公司净利润仍处于上涨通道，华能信托、华润信托、五矿信托、中航信托等都保持较快的上涨趋势。百瑞信托、昆仑信托和华鑫信托近三年来的净利润指标比较平稳，相较于营业收入数据，净利润保持相对稳定的态势，说明公司在转型过程中风险和收益平衡较好，避免了利润指标的大幅震荡。

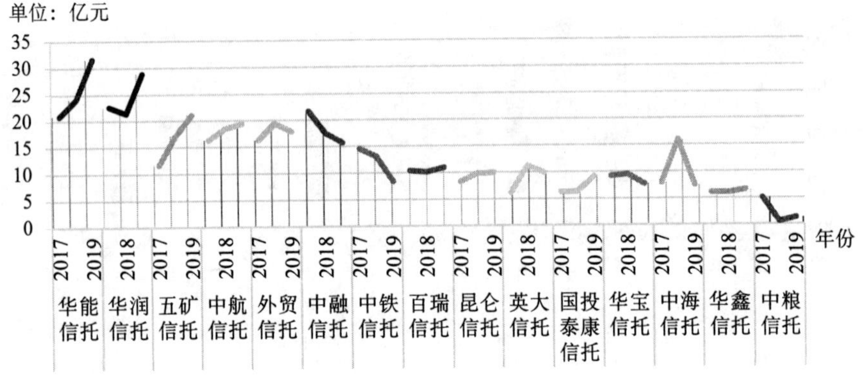

图1-13　2017~2019年15家央企信托公司净利润变化情况

从2017~2019年15家央企信托公司的净资产收益率指标看（见图1-14），15家公司中有10家净资产收益率呈现下降趋势，可能受到近三年来信托公司增资扩股和经营业绩下降的影响。随着信托行业全面转型进程的不断深化，各公司都在寻找新的业务增长点，在创新业务没有形成利润支撑，且传统业务展业空间受到严格限制的情况下，信托公司净资产收益率下降成为大概率事件。但是，仍然有华润信托、五矿信托、国投泰康信托等5家央企背景信托公司净资产收益率逆势上扬，这说明信托行业正处于结构调整和转型升级的阶段，新旧动能交替尚未完成，未来一至两年如果能够把握行业转型的总基调，仍然可能会有部分信托公司实现“弯道超车”。

从2019年15家央企信托公司的人均净利润指标看（见图1-15），15家信托公司中，6家人均净利润同比出现下降。其中，中海信托、中铁信托和外贸信托降幅较大，其他央企背景信托公司整体变化幅度不大。结合信托公司员工数量，除中海信托由于营业外收入回归正常导致人均净利润在2019年显著下降外，其他诸如华能信托、中航信托、五矿信托、华润信托

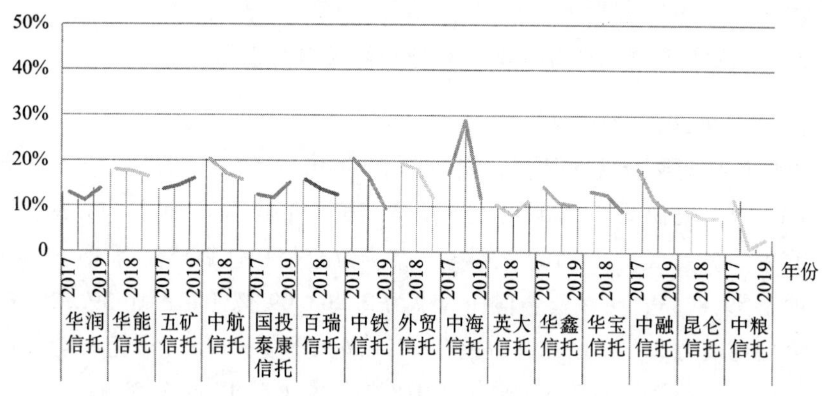

图 1－14　2017～2019 年 15 家央企信托公司净资产收益率变化情况

等人均净利润高的信托公司，其员工数量排名也比较靠前，说明增加员工数量对于公司业绩增长有一定的拉动作用。

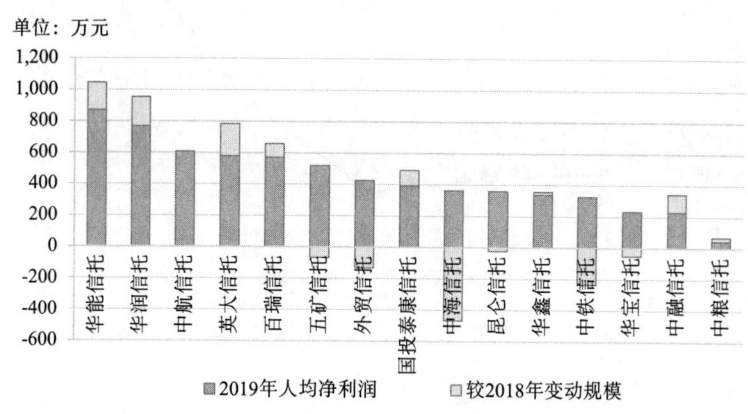

图 1－15　2019 年 15 家央企信托公司人均净利润情况

信托行业进入成熟发展期后，信托公司的管理规模大幅扩张的可能性不高。信托公司要取得收入及利润的持续上升，关键在于是否能进一步拓展主动管理业务，以提升整体报酬率。68 家信托公司的营业收入和盈利能力由于其股东背景、资本实力、资产管理能力不同而呈现较大差距。主动管理能力较强、综合实力排名靠前的央企背景信托公司市场竞争优势日益凸显。未来，随着信托行业转型发展的持续推进和信托业主动管理能力的逐步提升，具有综合竞争优势的大型信托公司和特色化、差异化发展的中小型公司在行业转型过程中优势会进一步显现。

三、风险资产规模大幅增长，行业风险总体仍然可控

（一）信托风险资产规模情况

根据信托业协会披露数据，截至2019年年末，信托行业风险项目个数为1,547个，规模为5,770.47亿元，较2018年年末增加3,548.58亿元，增长159.71%（见图1-16）。其中，集合资金信托计划规模为3,451.80亿元，占比59.82%；单一资金信托规模为2,263.09亿元，占比39.22%；财产权信托规模为55.58亿元，占比0.96%（见图1-17）。信托风险项目规模占信托财产总规模的2.67%，较2018年年末上升1.69个百分点。

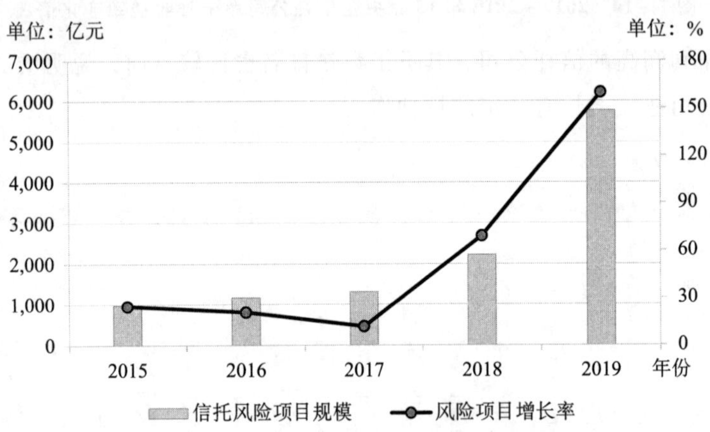

图1-16 2015~2019年信托风险项目规模及其增长率走势图

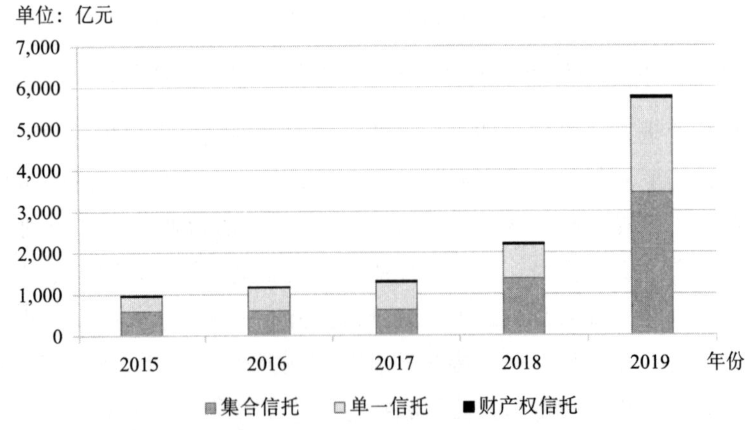

图1-17 2015~2019年信托风险项目类型分布

宏观经济不景气、融资环境收紧以及债券违约事件的频发加剧了信托行业的风险聚集。图1－16显示了2015～2019年信托风险项目规模及其增长率，图1－17显示了2015～2019年信托风险项目类型分布。可以发现，信托风险项目规模持续提高，2018年、2019年增长率出现较大幅度上升，尤其是2019年增幅进一步扩大。不仅如此，2019年信托资产风险率上升至2.67%，相比2018年增加近1.7个百分点。一方面信托行业具有较强的顺周期特征，2019年外部经济及金融环境不确定性有所提升，信托行业的信用风险伴随着宏观经济下行和刚性兑付的打破逐渐暴露。同时，在金融严监管以及去杠杆背景下，信托公司面对的外部挑战和市场流动性风险增加，资产减值损失呈现快速上升的趋势。另一方面，信托公司面对的风险状况跟自身治理水平高度相关，反映在项目风险处置及化解能力有待提高，业务创新能力亟须增强。未来，风险资产规模占比较高的信托公司需要进一步量化分析潜在风险的分布特征和防控标准，从风险识别、风险测度、风险预警、风险处置等层面设计全面覆盖的风险防控机制。

（二）自营资产不良率

自营不良率是指信托公司自营业务信用风险资产中不良资产（次级类＋可疑类＋损失类）的比重。2019年共有42家信托公司披露不良资产率，分别从0.09%～39.26%不等（见图1－18）。①

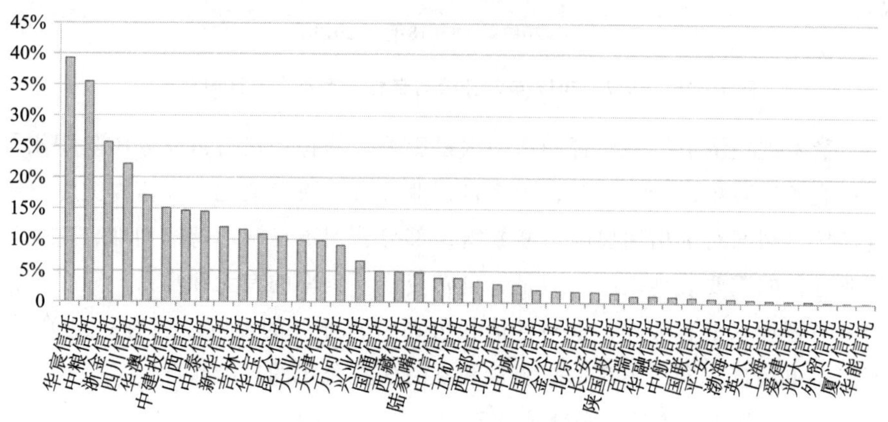

图1－18　2019年年末42家信托公司自营资产不良率分布图

① 长安信托不良率按行业评级公式计算，具体为扣除已计提资产减值准备的不良资产合计数与自营资产规模的比率。

2017~2019年信托行业近三年公布有自营不良资产的公司数目较为稳定。从图1-19可以看出，2019年，有12家公司自营资产不良率在10%以上，有4家公司自营资产不良率为5%（含）~10%；有16家公司自营资产不良率为1%（含）~5%；有10家公司自营资产不良率低于1%。自营资产不良率上升的信托公司有20家，不良率下降的信托公司有21家，分布结构出现较大改变。自营资产不良率在10%以上的信托公司数量新增8家。其中，华澳信托、四川信托、浙金信托、中建投信托和中粮信托相比2018年增加了10%以上，不良率下降2%以上的共有5家，分别为北方信托、国民信托、西藏信托、新华信托和中信信托。

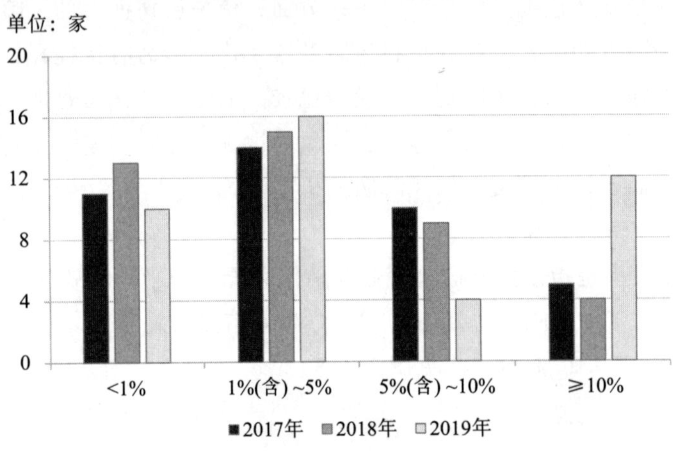

图1-19　2017~2019年信托公司自营资产不良率区间分布图

受宏观经济下行和监管趋严的因素影响，信托公司自营业务风险积累与信托业务风险规模持续上升，未来自营业务资产质量变化情况值得关注。随着信托公司面对的信用风险不断暴露，部分公司不良资产持续增加，这也是行业分化的重要表现之一。但是，自营资产不良率的有无和高低，除了与信用风险管理水平有关外，也与各信托公司自营业务的经营模式有一定关系，不能简单用自营资产不良率来衡量和判断信托公司的风险状况。

（三）资产减值损失和预计负债

2019年，在宏观经济下行压力加大、监管环境持续趋严以及市场不确定性增加的背景之下，信托行业风险暴露程度持续上升。由此，信托行业有57家信托公司共计提固有资产减值损失154.69亿元，6家信托公司资产减值损失转回 9.91 亿元，全行业计提资产减值损失为 144.78 亿元。从具体公司看，8 家公司计提资产减值损失超过 5 亿元，还有 6 家公司计提资产减值损失超过 3 亿元，分别是财信信托、华澳信托、昆仑信托、陕国投信托、中诚信托和中信信托。此外，还有 14 家公司资产减值损失超过 1 亿元，这在一定程度上“侵蚀”了信托公司的业绩水平。资产减值损失是以当年收入对冲以往经营中产生的风险，有助于信托公司减轻发展包袱，实现长远健康发展。资产减值损失是一种对可能发生损失的准备，如果没有实际发生，还有转回的可能。2019 年，华融信托和华润信托分别转回资产减值损失 8.01 亿元和 1.47 亿元。

资产减值损失是信托公司表内计提资产减值，信托项目资产减值损失则是对于表外信托项目风险的处置。2019 年有 14 家公司计提信托项目资产减值损失 238.67 亿元，与 2018 年有 11 家公司计提 63.07 亿元相比显著增加。其中，中信信托的信托项目资产减值达到 195.04 亿元，相比 2018 年增加 194.49 亿元。根据年报披露，中信信托计提资产减值准备的范围包括贷款损失准备、债权投资减值准备、其他债权投资减值准备、长期股权投资减值准备、固定资产减值准备和无形资产减值准备。此外，华润信托和平安信托分别计提 19.07 亿元和 15.14 亿元，四川信托计提 4.01 亿元，建信信托、上海信托和西藏信托也超过 1 亿元。

信托公司根据资金信托所投资资产的质量情况，客观判断风险损失向表内传导的可能性，按照企业会计准则确认预计负债。2019 年年末，共有 14 家信托公司列支预计负债，合计 53.75 亿元。相较于 2018 年，五矿信托、长安信托、中建投信托和中原信托增加列支此项，金额分别为 4.6 亿元、1.38 亿元、0.57 亿元和 0.2 亿元，大业信托和百瑞信托未再列支此项。预计负债与利润表中计提资产减值损失类似，也是一种应对风险的准备。从 2017 ~ 2019 年数据来看，行业预计负债呈现持续微增的趋势。

（四）净资本和风险资本

净资本监管是信托行业实行风险监管的重要手段，其目的是确保信托公司固有资产充足并保持必要的流动性，以抵御各项业务不可预期的损失。信托公司需要按照一定的标准配置给各项业务用于应对潜在风险的资本，称之为风险资本。净资本是净资产扣除各项风险资本后的余额，根据现行《信托公司净资本管理办法》，信托公司净资本应不低于 2 亿元，且不低于风险资本的100%，净资本不得低于净资产的40%。

2019年，除山东信托外，其余已披露年报的信托公司都披露了净资本和风险资本指标。从整个行业情况看，66家信托公司净资本4,796.57亿元，风险资本2,639.24亿元。从具体公司看，净资本超过100亿元的公司有17家，其中，超过150亿元的公司有8家，最高为重庆信托的214.23亿元；净资本在50亿~100亿元的公司有21家，净资本不足20亿元的公司有7家，最低为华宸信托的7.43亿元。从净资本/风险资本看，66家信托公司加权平均为181.74%，较2018年185.46%小幅下降。具体公司净资本/风险资本分布区间可见图1-20。总体来看，净资本/风险资本比值高的公司净资本相对较小，净资本超过100亿元的17家公司中，净资本/风险资本最高的为重庆信托的266.16%，最低的为五矿信托的102.70%，这主要与信托公司的业务结构和业务模式有关。

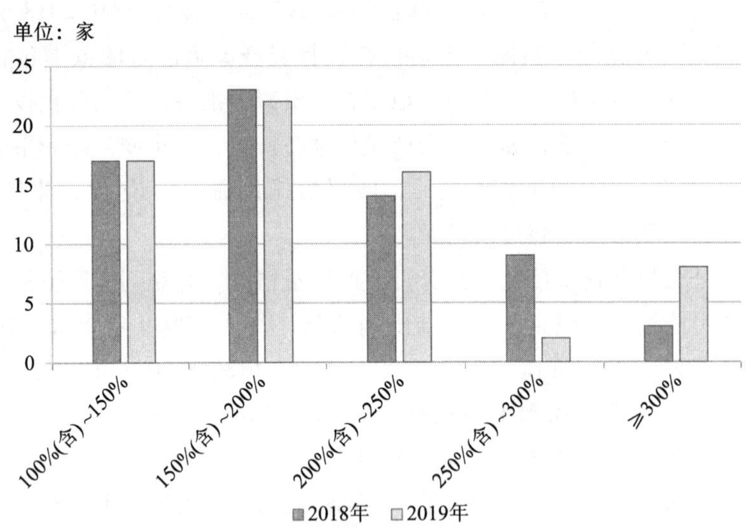

图1-20　2018年、2019年信托公司净资本/风险资本分布区间图

从净资本/净资产看，2019年66家信托公司加权平均为78.14%，超过行业平均数的有40家，相较于2018年减少3家。从具体公司看，最高的为交银信托的91.44%，最低的为安信信托的22.13%，具体公司净资本/净资产分布区间可见图1-21。同时，表1-8列示了2019年净资本、净资本/风险资本以及净资本/净资产分别排名前10位的信托公司。

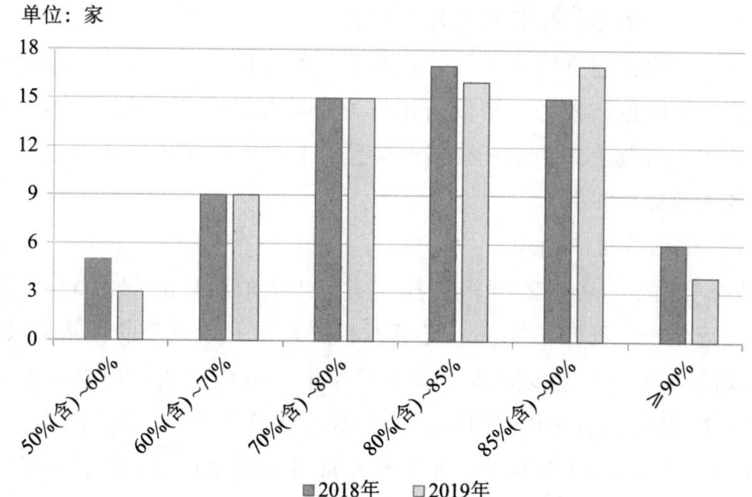

图1-21　2018年、2019年信托公司净资本/净资产分布区间图

表1-8　2019年净资本、净资本/风险资本、净资本/净资产排名前10位的信托公司

排名	信托公司	净资本（亿元）	信托公司	净资本/风险资本（%）	信托公司	净资本/净资产（%）
1	重庆信托	214.23	长城新盛信托	637.34	交银信托	91.44
2	中信信托	198	华宸信托	599.19	国民信托	91.30
3	平安信托	180.46	华信信托	510.75	财信信托	91.24
4	华能信托	178.11	中泰信托	490.84	光大信托	90.67
5	江苏信托	166.27	英大信托	467.97	国联信托	89.01
6	中融信托	161.43	财信信托	362.47	万向信托	88.92
7	外贸信托	153.52	国民信托	308.35	中融信托	88.14
8	建信信托	151.2	西藏信托	307.57	紫金信托	88.04
9	兴业信托	139.48	苏州信托	280.68	长城新盛信托	87.87
10	上海信托	131.13	重庆信托	266.16	五矿信托	87.73

总体而言，披露数据的66家公司净资本监管指标都满足要求，但不同公司之间差异较大，净资本/风险资本比值低的公司需要通过增资的方式扩充净资产，以便为业务开展提供充足的支持。此外，根据信托公司资本管理办法的核心理念，未来信托公司各项业务风险系数的调整不仅将加速消耗信

托公司目前的净资本，也将对信托公司利润情况产生影响。监管层将按照实质重于形式的原则建立资本并表管理框架，通过推行信托公司资本监管，提高信托公司风险抵御能力，督促信托公司加强内部管理，发挥资本的指挥棒作用，从内生机制上约束信托公司开展监管套利及影子银行业务，防范信托公司业务规模无序扩张。

（五）信托赔偿准备金

《信托公司管理办法》要求信托公司每年提取税后利润的5%作为赔偿准备金，近年来信托赔偿准备金规模不断扩大，占净资产的比重持续提升，行业的风险防范能力逐步提高。2019年年末，信托行业信托赔偿准备金规模为291.24亿元，较2018年增长11.71%，占净资产比重为4.61%。由图1－22可以看出，2011年以来，信托赔偿准备金规模持续上升，占净资产比重也稳步上升，但信托赔偿准备金增长率处于下降趋势。主要原因在于信托赔偿准备金是从税后利润中计提5%，达到注册资本20%时可以不再计提，有许多公司信托赔偿准备金不再计提，但也有个别公司采用更高标准计提，随着基数逐渐增大，增长率自然下降。

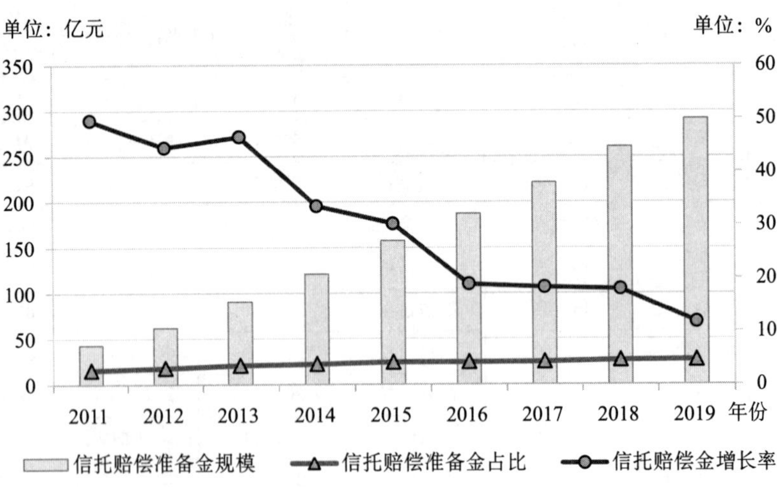

图1－22　2011～2019年信托赔偿准备金规模、占比与增长率走势图

从具体公司看，2019年有58家公司直接披露了信托赔偿准备金余额，其中，信托赔偿准备金余额超过11亿元的有平安信托、新华信托、中信信托和交银信托4家公司，交银信托赔偿准备金余额首次超过11亿元。另外，

有14家公司信托赔偿准备金余额为5亿~11亿元。58家信托公司平均信托赔偿准备金规模为4.35亿元，有23家公司超过平均数，相较2018年增加5家。从信托赔偿准备金使用情况看，2019年没有公司使用信托赔偿准备金。

（六）信托公司诉讼情况

根据信托公司年报数据，2019年有33家公司存在重大未决诉讼案件或新增诉讼案件。其中，27家公司存在140起未决诉讼案件，13家公司新发生诉讼案件36起。与2018年相比，案件数量有明显的增加。

从存续重大未决诉讼看，有2家公司存在20起以上诉讼，有1家公司存在17起诉讼，有7家公司存在5~10起诉讼，其余18家公司未决诉讼1~5起。从金额上看，有19家公司披露了未决诉讼案件涉案金额，累计达到281.4亿元。其中，涉案金额20亿元以上的有5家公司，最高达87.21亿元，还有3家公司涉案金额为10亿~20亿元。从新发生诉讼案件看，新增案件超过3起的有3家，其中最高1家公司达到10起，其余公司新增诉讼案件均为1~3起。

根据信托公司年报披露的诉讼案由，多数仍集中于信托项目项下信托公司与交易对手之间的金融借款纠纷，并且以事务管理类信托纠纷为主；此外，还涉及股权转让纠纷、证券结构化案件、委托人起诉信托无效案件等。从诉讼阶段看，许多未决诉讼都处于执行阶段。

四、行业从高速发展模式向高质量发展模式转变

随着“资管新规”及其配套政策逐步出台，在监管政策影响下信托公司过去“重量轻质”的发展路径难以为继，面临从高速度发展模式向高质量发展模式的转变。《资金信托新规（征求意见稿）》的发布促使信托业在2020年面临一个重要拐点，进入一个新的发展阶段。在新的监管环境下，信托行业未来发展目标即服务于实体经济，服务于现代金融体系的建设。从2019年信托行业年报来看，许多信托公司都提到要进一步提高主动管理能力回归信托本源业务，助力实体经济的发展。但是，目前信托公司主动管理业务占比持续提升更多地是被动调整业务结构的结果，真正主动管理能力的强化仍需要一个逐步发展的过程。信托公司的转型不再是简单地推动单个创新业务的诞生，而是一个系统建设过程，尤其是在具有先天客户资源、雄厚资本实力和品牌效应等优势的商业银行理财子公司成立之后，信托公司亟须

创新经营模式，构建差异化核心竞争力。

（一）立足实体经济，发挥实业投行功能

服务支持实体经济是金融供给侧结构改革的核心要求，是信托业转型的重要方向，这也意味着未来信托公司回归本源、精耕细作、内涵式发展将成为信托行业的主流趋势。进入资管新时代，信托业要充分发挥自身多工具、跨市场、跨领域的独特优势，以提升实体经济发展为工作中心，为实体经济提供有效的金融服务。信托公司可以通过开展投贷联动、债转股、并购基金、资产证券化等业务，支持实体经济结构调整和转型升级。具体来说，一方面，信托业应紧密围绕供给侧结构性改革以及国家重大产业政策方向开展业务；另一方面，要助力新兴产业发展，通过采取股权投资、“股权＋债权”等多种金融服务模式，支持医疗健康、环保科技、新型能源等产业的发展。

（二）扩大主动管理业务比重和财富管理能力

从信托公司年报情况来看，信托业务以主动管理型为主的信托公司在当前形势下其竞争优势已逐渐显现。提升信托公司主动管理业务比重，有助于发挥信托公司在资产管理业务中相对于其他金融机构所拥有的制度优势。随着经济持续增长和居民财富的快速积累，财富管理愈发成为资管市场上高净值客户的必然需求。

从长远来看，信托公司需要依托自身优势，进一步加快功能性资产管理业务的搭建和财富管理中心建设，扩大主动管理业务比重，提供以资产配置、产品选择、投资建议为核心的全方位定制化服务，以实现信托公司经营模式转型和持续创新发展。随着信托公司向主动管理战略转型的推进，具备良好前景的标品信托、私募股权、管理人中管理人（MOM）和基金中基金（FOF）等功能性资产管理业务将很可能成为信托业务的一大发展方向。

（三）积极回归信托本源，服务信托前景可期

从信托的发展历史看，信托最基础的功能是独立、安全地持有和保管信托财产。2020年，积极发展资产证券化、财产权信托、家族信托、慈善信托等特色化服务信托业务将是信托公司回归本源、提升发展质量，形成与金融同业差异化竞争的重要领域，也是信托行业转型的重要路径之一。

服务信托显著区别于投资银行业务、资产管理业务和财富管理业务，其信托目的不是信托财产的保值增值，而是风险隔离、财产权利规划分配、交易按约执行等其他目的，信托结构追求独立、效率、公平、安全等价值。这

类业务形态繁杂、种类多样，能够向各个细分领域拓展，有广阔的发展空间。面临新的外部环境和新的发展阶段，多家信托公司表示要加大对服务信托的实践布局，不断提升自身专业能力，努力形成行业未来发展的新动力。

（四）加快科技布局，借助金融科技打造信息化专业团队

随着大数据、云计算、区块链、人工智能、移动互联等为代表的新一代信息技术的发展，信息化力量正以令人震惊的发展速度重构金融的经营新格局。包括信托公司在内的金融机构，要发挥金融科技在赋能实体经济、助力普惠金融发展上的积极作用，关键在于破题信息化建设。当前，越来越多的信托公司认识到信息化建设的重要性，并将金融科技作为战略来抓。

目前，行业内已经有多家公司先行先试，提前布局金融科技。在资金投入上，光大信托对于金融科技的投入不设上限，调试上线的信息化系统已经达到28个，外贸信托金融科技投入超过1亿元，中航信托资金投入也以超过2,000万元。在应用领域方面，行业内已经将金融科技运用到营销管理、合规管理、风险管理、运用决策、消费金融、证券投资、财富管理、监管报送等多个方面。未来，在金融与科技深度融合的新格局下，信托公司应该从当前行业IT成熟度水平出发，主动寻求改变，实现从“急行先用”到“整体规划”的转变，从“依赖外采”到“自主可控”的转变，以及从“被动响应”到“主动促进”的转变，从而最大限度地发挥信息科技对公司业务以及运营管理的支撑和引领作用。

（五）建设中国特色信托文化，引领行业长远发展

弘扬信托文化功在当下，利在长远。在2019年中国信托业年会上，银保监会副主席黄洪指出，信托文化是推动信托业稳健发展的最坚定力量。信托业要从2020年开始连续用5年的时间，开展信托文化教育年、信托文化普及年、信托文化确立年、信托文化深化年、信托文化提升年的主题活动，在全行业开展信托文化建设工程，推动信托文化建设有步骤、有计划地向纵深开展，最终建成有中国特色的信托文化。

当下信托行业正处于转型发展的关键时期，大力弘扬信托文化切中实际、适逢其时、很有必要。信托业未来要坚定转型发展信心，坚守受托人定位，锲而不舍地开展信托文化建设，通过文化的力量重塑行业新形象，注入发展新动能。同时，信托业要高度重视和强化合规建设，提高风险管理能力，坚守合规底线，努力实现行业的高质量发展。

2019年信托公司年报分析之二：信托业务篇

百瑞观点：

- 信托资产规模延续下降态势，下降幅度较2018年收窄
- 信托公司信托资产增速分化，行业集中度进一步提高
- 集合资金信托占比超过单一资金信托，业务结构持续优化
- 主动管理类信托发展态势良好，被动管理类信托规模压降
- 主动管理融资类信托规模提升，融资类信托内部结构变化
- 信托资金投向实业、基础产业倾斜，服务实体经济能力提升
- 信托资产运用方式基本稳定，贷款及应收款是最主要运用方式
- 信托业务收入整体提升，增速分化，行业集中度提升
- 信托报酬率提升，对信托业务收入的增长有重要作用
- 新增信托项目规模整体提升，且以集合类、主动管理类为主

2019年，我国GDP增速为6.1%，为1991年以来最低。分季度来看，2019年第一至第四季度的GDP增速逐季下滑，第三、第四季度的GDP增速已下滑至6.0%。在宏观经济下行压力较大的背景下，近年来我国严控系统

性金融风险，金融监管不断趋严，去杠杆、去通道等政策稳步推进。

在宏观基本面和监管政策面的双重作用下，信托业也逐渐从资产规模、业务收入整体快速增长的粗放发展阶段，转而进入分化明显、结构转型的新阶段，努力实现高质量发展。

一、信托资产概况

（一）信托资产降幅收窄

从图2-1可以看出，2011~2017年，信托行业整体资产规模一路“高歌猛进”，各年增速均保持在15%之上，资产规模至2017年达到峰值26.25万亿元。但自2018年开始，由于金融监管政策不断收紧，信托通道类业务规模压降，信托行业资产规模转入负增长的新阶段。2018年，信托资产规模下降至22.70万亿元，增速-13.52%。2019年，信托资产规模下降至21.60亿元，增速-4.83%。虽然2019年信托资产规模仍为负增长，但资产的下降幅度已较2018年大幅收窄。

从2018年、2019年信托资产规模的情况来看，信托行业已告别过去粗放增长的模式，进入新的发展时期。在未来完成通道类信托业务规模压降，各类创新型信托业务发展逐渐成熟的情况下，信托资产规模将有望止跌企稳，逐步回归平稳发展的阶段。

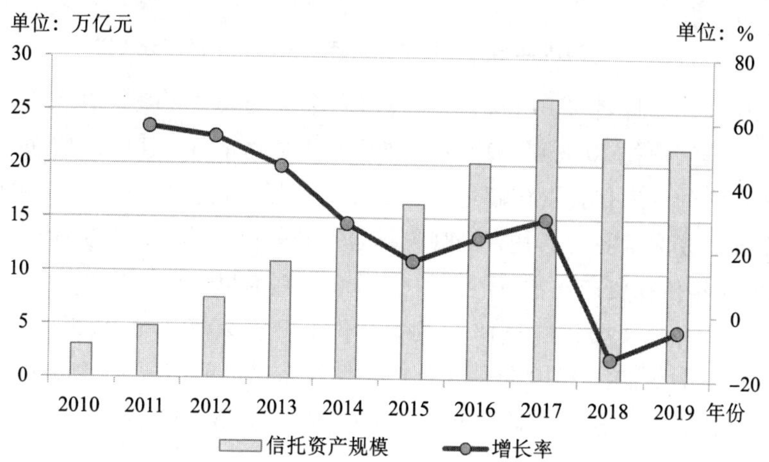

图2-1 2010~2019年信托行业信托资产规模与增长率走势图

（二）信托公司信托资产增速分化

具体到各家信托公司的情况来看，信托资产的增速呈现分化的局面。[①]图2－2显示了2019年信托公司信托资产增速的分布。从整体上看，2019年有19家信托公司信托资产为正增长，占比为28.36%，另外有48家公司信托资产为负增长，占比为71.64%。在信托资产负增长的信托公司中，有5家公司2019年信托资产下降幅度较大，超过30%，另外有21家公司信托资产下降幅度在10%以内。

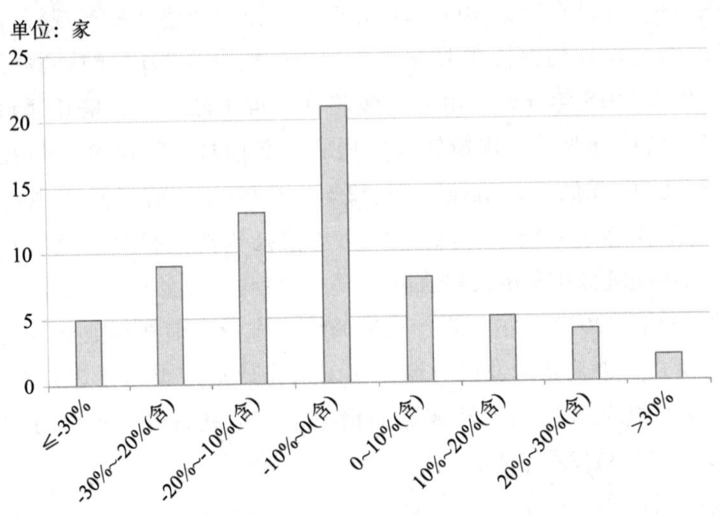

图2－2　2019年信托公司信托资产规模增长率区间分布图

从信托资产排名前10位的信托公司来看（见表2－1），中信信托、建信信托、华润信托2018年、2019年连续两年位居前3，且中信信托、建信信托为仅有的2家信托资产超过1万亿元的信托公司。2019年，五矿信托、中融信托、光大信托的信托资产规模排名上升较快。其中，五矿信托、光大信托2019年信托资产规模进入前10，排名分别为第4位、第7位，中融信托的信托资产规模排名由2018年的第8位上升至2019年的第5位。另外，兴业信托、渤海信托2019年信托资产规模排名退出前10。从整体上看，信托公司信托资产规模排名除了前3位外，第4至第10位仍有一定的变动空间。

① 由于雪松信托未发布2019年报，本章涉及信托公司的统计均不包括雪松信托。

表2－1　2018年、2019年信托资产规模排名前10位的信托公司　单位：亿元

排名	2019年		2018年	
	信托公司	信托资产规模	信托公司	信托资产规模
1	中信信托	15,741.56	中信信托	16,521.97
2	建信信托	13,912.32	建信信托	14,039.39
3	华润信托	9,548.86	华润信托	9,549.19
4	五矿信托	8,849.76	交银信托	8,705.22
5	中融信托	7,654.52	上海信托	7,686.85
6	交银信托	7,618.50	兴业信托	7,289.48
7	光大信托	7,506.17	华能信托	7,278.97
8	华能信托	7,250.47	中融信托	6,546.65
9	上海信托	6,926.52	中航信托	6,326.99
10	中航信托	6,657.92	渤海信托	6,203.32

如图2－3所示，以信托公司信托资产为横轴，增速为纵轴，画出信托公司2019年信托资产与增速的散点图。根据各家信托公司在图中的散点分布，可以将信托公司大致分为4组。第1组是以中信信托、建信信托、华润信托为代表的信托资产规模最大的3家信托公司，这组信托公司的特点是信托资产规模稳居行业前3，但由于体量庞大，较难实现进一步的高速增长。第2组是信托资产规模为5,000亿～10,000亿元的信托公司，这组信托公司信托资产规模整体较大，且内部也呈现一定的分化局面，部分信托公司2019年实现了高速增长，信托资产规模有望进一步向上突破，但也有部分信托公司2019年增速较低甚至为负增长。第3组是信托资产规模在0～5,000亿元，且2019年实现正增长的信托公司，这组信托公司信托资产规模相对较小，但发展态势较好，个别信托公司有望实现信托资产规模的突破。第4组是信托资产规模在0～5,000亿元，但2019年为负增长的信托公司，这组信托公司的发展情况相对不甚乐观，部分信托公司信托资产降低的幅度较大，可能面临较大的经营压力。

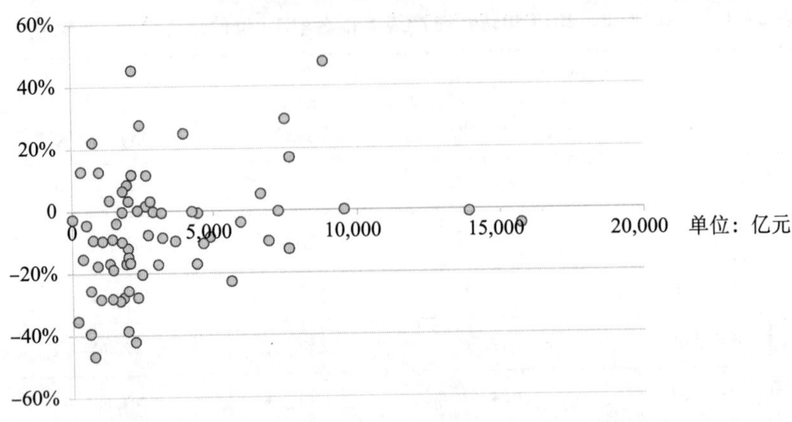

图2-3 2019年信托公司信托资产与增速的散点图

（三）信托资产进一步集中

2019年，以信托资产衡量的行业集中度仍然处于较高的水平。信托资产排名前30位的信托公司信托资产的合计占比却高达77.00%。从表2-2可以看出，与2018年的市场集中度情况相对比，2019年的CR4、CR8、CR20、CR30均有明显的提升。特别是2019年的CR20相较2018年上升了3.40个百分点，表明信托资产向排名前20位的信托公司集中的趋势更加显著。

表2-2 2018年、2019年信托资产集中度变化情况 单位：%

—	CR4	CR8	CR20	CR30
2018年	21.48	34.16	60.84	74.37
2019年	22.56	36.66	64.24	77.00
2019年变动幅度	1.08	2.50	3.40	2.63

二、信托资产结构优化

（一）集合资金信托占比超过单一资金信托，财产权信托规模相对稳定

2019年，信托公司整体资产规模有所下降，相较于信托资产的规模，信托资产内部结构的变化同样值得关注。从信托财产来源的角度，可将信托细分为集合资金信托、单一资金信托、财产权信托。2019年，信托公司单一资金信托规模普遍下降，集合资金信托的占比首次超过单一资金信托。

1. 单一资金信托规模普遍下降

相较于信托公司信托资产整体的降幅，单一资金信托资产规模的下降更为显著。2019 年，信托公司期末单一资金信托资产的平均值为 1,186.64 亿元，较 2018 年下降 18.37%，远高于信托资产整体的下降幅度（见表 2-3）。

表 2-3　2018 年、2019 年信托公司期末集合、单一、财产信托资产情况

—	2019 年平均值（亿元）	2018 年平均值（亿元）	2019 年增速（%）
期末集合信托资产	1,473.61	1,357.76	8.53
期末单一信托资产	1,186.64	1,453.61	-18.37
期末财产信托资产	564.03	566.30	-0.40
期末信托资产合计	3,207.45	3,369.21	-4.80

从期末单一资金信托资产规模排名前 10 位的信托公司来看，2018 年、2019 年变化不大。中信信托 2018 年、2019 年连续两年期末单一资金信托资产规模排名第 1，但 2019 年的降幅达 16.40%。从整体来看，银行系的信托公司单一资金信托资产规模较高，例如，建信信托、上海信托、兴业信托、交银信托 2018 年、2019 年均排名前 10。但是，这几家银行系信托公司 2019 年单一资金信托资产规模的降幅也很大，例如，建信信托、兴业信托的降幅分别为 37.25%、34.77%。国民信托 2018 年期末单一资金信托资产规模排名第 9，但 2019 年下降幅度高达 42.72%，已退出前 10 行列。光大信托 2019 年期末单一资金信托资产规模排名新进前 10。2018 年、2019 年单一资金信托资产规模排名前 10 位的信托公司如表 2-4 所示。

表 2-4　2018 年、2019 年单一资金信托资产规模排名前 10 位的信托公司

排名	2019 年			2018 年		
	信托公司	单一资金信托（亿元）	占比（%）	信托公司	单一资金信托（亿元）	占比（%）
1	中信信托	5,742.80	36.48	中信信托	6,869.21	41.58
2	渤海信托	4,159.16	69.71	建信信托	6,331.66	45.10
3	华润信托	4,058.85	42.51	渤海信托	4,577.50	73.79
4	建信信托	3,973.07	28.56	兴业信托	4,156.38	57.02

续表

排名	2019 年			2018 年		
	信托公司	单一资金信托（亿元）	占比（%）	信托公司	单一资金信托（亿元）	占比（%）
5	华宝信托	3, 540. 09	72. 36	华润信托	4, 144. 54	43. 40
6	上海信托	2, 782. 27	40. 17	华宝信托	3, 938. 21	73. 64
7	兴业信托	2, 711. 18	48. 13	交银信托	3, 754. 48	43. 13
8	交银信托	2, 709. 39	35. 56	江苏信托	3, 372. 72	82. 80
9	光大信托	2, 564. 65	34. 79	国民信托	3, 355. 26	87. 02
10	江苏信托	2, 563. 10	69. 70	上海信托	3, 276. 44	42. 62

具体到各家信托公司来看，2019 年期末单一资金信托资产规模下降是普遍现象。2019 年，有 57 家信托公司期末单一资金信托资产规模下降，且下降幅度超过 20% 的有 26 家。2019 年期末单一资金信托资产规模提升的信托公司仅有 10 家（见图 2 -4）。

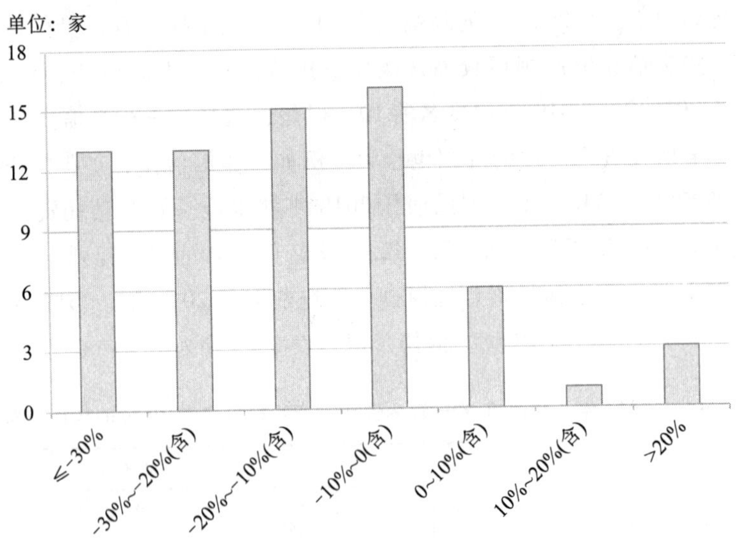

图 2 -4　2019 年期末信托公司单一资金信托资产规模增长率区间分布图

2. 集合资金信托占比超过单一资金信托

2019 年，信托公司期末集合资金信托资产的平均值为 1, 473. 61 亿元，较 2018 年上升 8. 53%，与单一资金信托的大幅下滑形成鲜明对比。2019 年信托公司期末信托资产较 2018 年降幅明显收窄，主要是由集合资金信托资产规模的提升而拉动。

从集合资金信托资产规模排名前 10 位的信托公司来看，2018 年、2019 年的变化同样不大（见表 2 –5）。中信信托连续两年期末集合资金信托规模排名第 1，且 2019 年集合资金信托的规模增速为 23.14%，远高于行业整体增速。五矿信托 2019 年集合资金信托规模跃升至第 2 位，增速高达 81.46%。此外，中融信托、中航信托、光大信托、建信信托 2019 年期末集合资金信托规模也实现了较高的增速。

表 2 –5　2018 年、2019 年集合资金信托资产规模排名前 10 位的信托公司

排名	2019 年			2018 年		
	信托公司	集合资金信托（亿元）	占比（%）	信托公司	集合资金信托（亿元）	占比（%）
1	中信信托	7, 977. 77	50. 68	中信信托	6, 478. 38	39. 21
2	五矿信托	6, 877. 55	77. 71	交银信托	4, 889. 39	56. 17
3	中融信托	6, 126. 53	80. 04	中融信托	4, 526. 73	69. 15
4	交银信托	4, 890. 23	64. 19	五矿信托	3, 790. 08	63. 23
5	中航信托	4, 437. 13	66. 64	中航信托	3, 752. 29	59. 31
6	光大信托	4, 327. 05	58. 69	平安信托	3, 276. 91	61. 35
7	建信信托	4, 157. 70	29. 88	外贸信托	3, 254. 84	72. 48
8	外贸信托	3, 138. 49	70. 41	建信信托	2, 882. 97	20. 53
9	平安信托	2, 687. 80	60. 73	光大信托	2, 782. 44	48. 48
10	长安信托	2, 551. 80	54. 80	华润信托	2, 715. 07	28. 43

如图 2 –5 所示，具体到各家信托公司来看，2019 年期末集合资金信托资产规模的增速呈现一定的分化局面。共有 28 家信托公司 2019 年实现了集合资金信托资产规模的正增长，且其中有 13 家的增速在 20% 以上。但也有 39 家信托公司 2019 年集合资金信托资产规模为负增长，且其中有 12 家的降幅大于 20%。

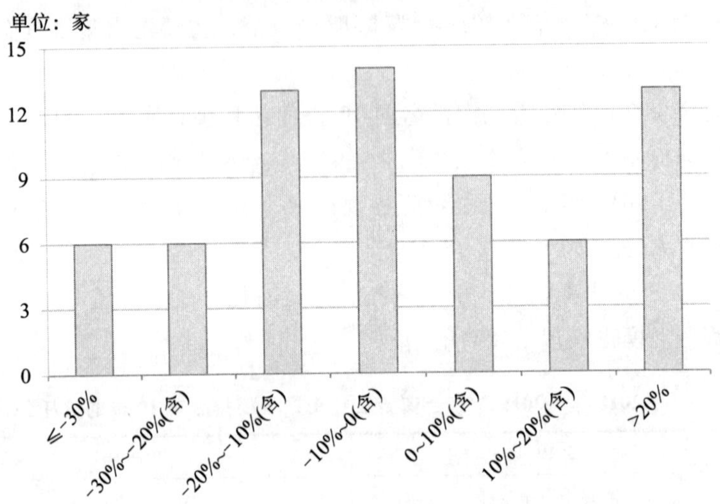

图2-5　2019年期末信托公司集合资金信托资产规模增长率区间分布图

如图2-6所示，2019年第二季度，集合资金信托的占比首次超过单一资金信托，至2019年年末，集合资金信托的占比已达到45.93%，单一资金信托的占比为37.10%。从趋势上看，集合资金信托相对单一资金信托的占比优势仍在扩大。从集合资金信托、单一资金信托占比的趋势变化来看，信托公司近年来积极压降通道类业务的努力已取得明显成效。

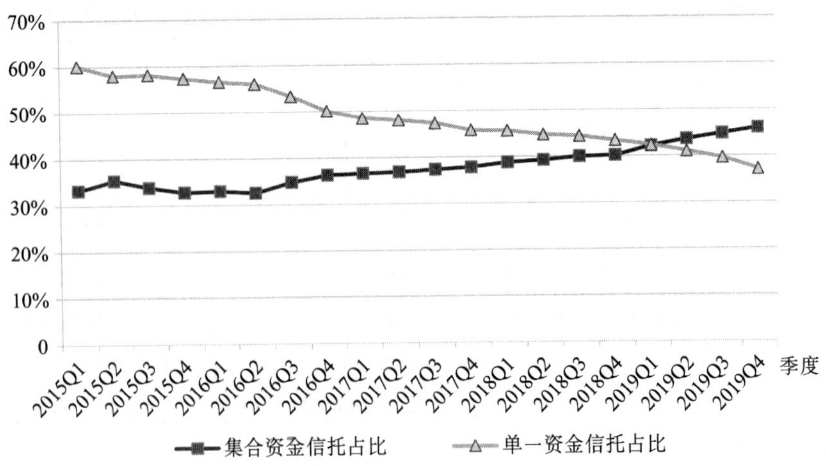

图2-6　2015~2019年信托行业集合资金信托占比、单一资金信托占比情况

3. 财产权信托规模相对稳定

集合资金信托、单一资金信托的规模2019年变动较大，但财产权信托2019年的变动幅度相对不大。2019年，信托公司期末财产权信托资产的平均值为564.03亿元，较2018年下降0.40%，资产规模相对稳定。

从财产权信托资产规模排名前10位的信托公司来看，排名变动同样不大。建信信托连续两年位居财产权信托资产规模第1，且2019年实现了19.83%的增速（见表2－6）。

表2－6　2018年、2019年财产权信托资产规模排名前10位的信托公司

排名	2019年			2018年		
	信托公司	财产权信托（亿元）	占比（%）	信托公司	财产权信托（亿元）	占比（%）
1	建信信托	5,781.55	41.56	建信信托	4,824.77	34.37
2	华能信托	3,211.68	44.30	中信信托	3,174.38	19.21
3	英大信托	3,159.43	79.36	华能信托	2,868.40	39.41
4	华润信托	2,979.89	31.21	华润信托	2,689.58	28.17
5	中信信托	2,020.99	12.84	英大信托	2,531.89	79.38
6	上海信托	1,830.23	26.42	上海信托	1,782.77	23.19
7	兴业信托	1,218.14	21.63	西藏信托	1,406.21	43.69
8	中铁信托	1,185.31	27.86	中海信托	1,391.20	37.59
9	中海信托	1,109.12	36.21	兴业信托	1,306.89	17.93
10	天津信托	1,075.41	49.63	中铁信托	924.10	21.66

财产权信托资产规模的排名与信托公司作为发行机构发行信贷资产支持证券（CLO）、资产支持票据（ABN）的规模排名有较高的相关性。如表2－7所示，建信信托、华能信托2019年财产权信托资产规模排名分列第1、第2位，2家信托公司发行的CLO、ABN的规模排名也位居前列，建信信托2019年发行CLO的规模排名位居第1，华能信托2019年发行CLO、ABN的规模排名分别位居第3、第1。天津信托2019年ABN的发行规模高达360亿元，其财产权信托资产规模进入行业前10。

表2-7　　2019年CLO、ABN发行机构排名情况*　　单位：亿元

排名	CLO		ABN	
	信托公司	发行规模	信托公司	发行规模
1	建信信托	2,533.66	华能信托	637.89
2	华润信托	1,428.04	天津信托	360.00
3	华能信托	1,325.05	五矿信托	280.89
4	上海信托	1,074.39	华润信托	184.83
5	交银信托	670.54	西部信托	139.67

*数据来源于Wind。

从占比来看，2019年信托公司财产权信托规模的整体为17.06%，较2018年微升0.50个百分点，占比基本稳定。但从各家信托公司的情况来看，财产权信托的规模占比差异比较明显。从图2-7中可以看出，有44家信托公司2019年期末财产权信托的规模占比在15%之下，即低于行业整体平均值。英大信托2018年、2019年的占比均在79%以上，为行业最高。此外，天津信托、华能信托财产权信托资产的占比也比较高，在40%以上。从集中度来看，2019年排名前10位的信托公司，其财产权信托资产规模合计占比就高达64.29%，表明财产权信托资产的行业分布高度集中。

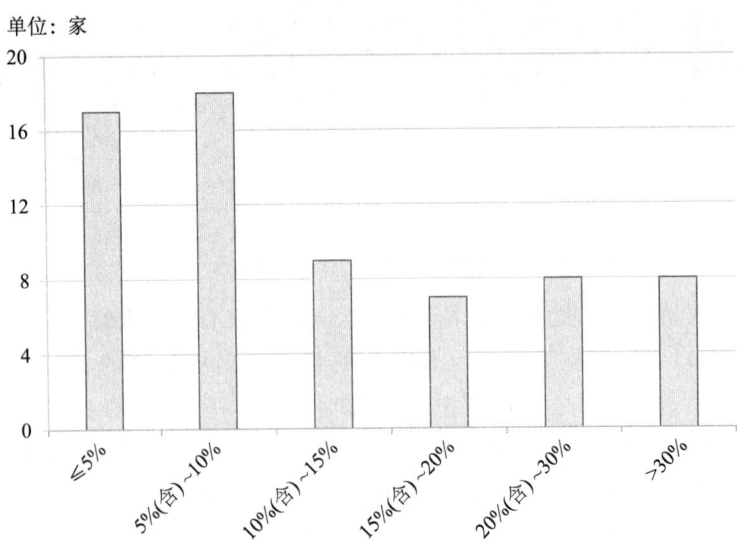

图2-7　2019年期末财产权信托占比区间分布图

（二）主动管理类信托发展态势良好，被动管理类信托规模压降

1. 主动管理类信托规模、占比双双提升

近年来，不少信托公司着力于提高主动管理能力，取得了一定的成效。在去杠杆、去通道的大背景下，信托公司2019年期末主动管理类信托规模的平均值为1,393.41亿元，较2018年大幅上升了25.79%。主动管理类信托规模的增长也带动了其占比的提升。至2019年年末，信托公司主动管理类信托的整体占比为43.44%，较2018年的32.88%大幅度上升10.56个百分点。

从主动管理类信托规模排名前10位的信托公司来看（见表2-8），中信信托连续两年排名第1，且2019年实现了31.08%的高速增长。五矿信托2019年主动管理类信托规模增速高达126.83%，排名上升至第2位。从整体来看，排名前10位的信托公司变化不大，只有外贸信托新进前10位，但各家信托公司的具体排名情况变化较大，仅中信信托、中航信托2018年、2019年的排名位次保持不变，其他信托公司的排名均发生了一定的变化。从具体排名的变动情况来看，信托公司主动管理类业务的竞争比较激烈，各家信托公司仍应持续着力于提高主动管理能力。

表2-8　2018年、2019年主动管理类信托规模排名前10位的信托公司

排名	2019年			2018年		
	信托公司	主动类规模（亿元）	占比（%）	信托公司	主动类规模（亿元）	占比（%）
1	中信信托	7,258.62	46.11	中信信托	5,537.75	33.52
2	五矿信托	6,500.22	73.45	中融信托	4,291.03	65.55
3	中融信托	5,829.02	76.15	华润信托	4,022.57	42.12
4	中航信托	4,688.80	70.42	中航信托	3,655.87	57.78
5	光大信托	4,406.83	59.77	平安信托	2,866.99	53.68
6	华润信托	3,368.81	35.28	五矿信托	2,865.74	47.81
7	建信信托	3,244.60	23.32	华宝信托	2,482.18	46.41
8	外贸信托	3,060.21	68.65	建信信托	2,467.13	17.57
9	平安信托	2,574.77	58.17	华能信托	2,362.91	32.46
10	华能信托	2,478.82	34.19	光大信托	2,136.75	36.80

主动管理类信托的占比排名与规模排名有较大的差异。从占比来看，杭工商信托连续两年主动管理类信托占比均在 90% 以上，排名第 1。此外，百瑞信托、民生信托、东莞信托等公司主动管理类信托占比较高，在 80% 以上。中融信托、五矿信托、中航信托、外贸信托 4 家公司主动管理类信托占比、规模均排名前 10，展现了较强的主动管理能力。2018 年、2019 年主动管理类信托占比排名前 10 位的信托公司如表 2 – 9 所示。

表 2 – 9　2018 年、2019 年主动管理类信托占比排名前 10 位的信托公司

排名	2019 年			2018 年		
	信托公司	占比（%）	主动类规模（亿元）	信托公司	占比（%）	主动类规模（亿元）
1	杭工商信托	92.36	462.34	杭工商信托	95.01	498.04
2	百瑞信托	86.09	2,094.99	民生信托	78.05	1,415.73
3	民生信托	85.96	1,688.33	长城新盛信托	72.75	201.34
4	东莞信托	83.83	617.74	百瑞信托	71.64	1,366.57
5	安信信托	81.45	1,580.60	东莞信托	70.74	426.77
6	中融信托	76.15	5,829.02	安信信托	70.26	1,641.85
7	五矿信托	73.45	6,500.22	中建投信托	66.84	1,132.14
8	中航信托	70.42	4,688.80	中融信托	65.55	4,291.03
9	昆仑信托	69.80	1,869.35	昆仑信托	59.68	1,757.52
10	外贸信托	68.65	3,060.21	中航信托	57.78	3,655.87

具体到各家信托公司的情况来看，2019 年信托公司主动管理类信托占比提升是普遍现象。如表 2 – 10 所示，主动管理类信托占比上升的幅度以 0 ~ 20 个百分点居多，有 8 家信托公司主动管理类信托占比上升超过 20 个百分点。2019 年主动管理类信托占比下降的信托公司仅 9 家，合计占比 13.44%。

表 2 – 10　信托公司 2019 年主动管理类信托占比的变动幅度情况

变动幅度	信托公司数量（家）	占比（%）
上升幅度超过 20 个百分点	8	11.94
上升幅度为 10 ~ 20 个百分点	23	34.33

续表

变动幅度	信托公司数量（家）	占比（%）
上升幅度为0~10个百分点	27	40.30
下降幅度为0~10个百分点	7	10.45
下降幅度超过10个百分点	2	2.99

2. 被动管理类信托规模压降，占比下降

2019年年末，信托公司被动管理类信托的平均值为1,814.04亿元，较2018年大幅下滑19.78%。从绝对值来看，被动管理类信托的规模仍高于主动管理类信托。但从主动、被动管理类信托的发展趋势来看，近年来信托公司积极压降通道类业务，提升主动管理能力，预计被动管理类信托的规模仍将继续压降。从占比的角度看，信托公司2018年被动管理类信托的整体占比为67.12%，至2019年已下降至56.56%，下降幅度高达10.56个百分点。

从被动管理类信托规模排名前10位的信托公司来看（见表2-11），建信信托连续两年位居第1，但2019年的规模、占比均较2018年有所下降。从整体来看，在被动管理类信托规模较大的信托公司中，以银行系信托公司居多，典型案例为建信信托、中信信托、交银信托、上海信托、兴业信托。但在压降通道类业务的背景下，建信信托、中信信托、交银信托、上海信托、兴业信托5家银行系信托公司2019年被动管理类信托的规模均有不同程度的下降。

表2-11　2018年、2019年被动管理类信托规模排名前10位的信托公司

排名	2019年			2018年		
	信托公司	被动类规模（亿元）	占比（%）	信托公司	被动类规模（亿元）	占比（%）
1	建信信托	10,667.72	76.68	建信信托	11,572.26	82.43
2	中信信托	8,482.94	53.89	中信信托	10,984.22	66.48
3	华润信托	6,180.05	64.72	交银信托	6,596.44	75.78
4	交银信托	5,626.67	73.86	兴业信托	6,185.97	84.86
5	上海信托	4,945.32	71.40	上海信托	5,845.07	76.04

续表

排名	2019年			2018年		
	信托公司	被动类规模（亿元）	占比（%）	信托公司	被动类规模（亿元）	占比（%）
6	华能信托	4,771.65	65.81	华润信托	5,526.62	57.88
7	兴业信托	4,317.17	76.64	渤海信托	5,176.82	83.45
8	华宝信托	3,873.69	79.18	华能信托	4,916.07	67.54
9	英大信托	3,845.73	96.60	国民信托	3,789.80	98.29
10	渤海信托	3,545.97	59.44	长安信托	3,665.70	70.42

（三）主动管理融资类信托规模提升，被动管理融资类信托规模压降

2019年，在信托资产整体仍为小幅下降的情况下，融资类信托的规模、占比却均有较大幅度的提升。2019年融资类信托的规模为5.83万亿元，较2018年增长34.17%；占比为26.99%，较2018年提升7.84个百分点。图2-8显示了2010~2019年各信托功能的规模与占比变化。

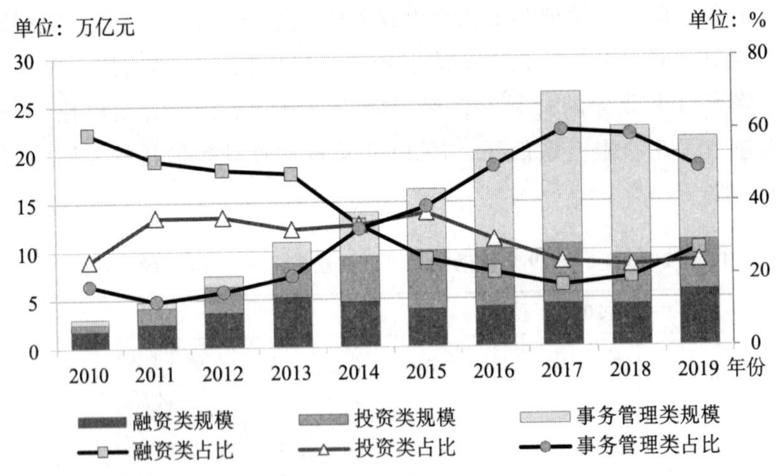

图2-8　2010~2019年各信托功能的规模与占比走势图

在信托公司披露的年度报告中，在期末主动管理类信托、被动管理类信托下分别列示了证券投资、股权投资、融资、事务管理、其他五大类功能的规模。将信托公司期末信托资产分为主动、被动两大类后，将有助于

更加精准地分析2019年融资类信托规模整体上升的原因。由于山东信托未按这五大类功能披露主动、被动信托的具体情况，故本部分仅以66家信托公司为例。

1. 主动管理融资类信托规模显著提升

在信托公司的主动管理类信托下，融资类信托2019年年末的平均值为792.94亿元，较2018年大幅上升49.43%。信托公司2019年主动管理融资类信托规模的大幅度上升使年末融资类信托在信托公司主动管理类信托中的占比上升至56.72%，上升幅度为8.94个百分点（见表2－12和图2－9）。

表2－12　2018年、2019年信托公司主动管理类信托各类功能的变化情况

—	证券投资	股权投资	融资	事务管理	其他
2018年平均值（亿元）	246.88	165.43	530.64	20.17	147.10
2019年平均值（亿元）	215.23	146.15	792.94	16.58	227.01
2019年增长率（%）	－12.82	－11.65	49.43	－17.80	54.32

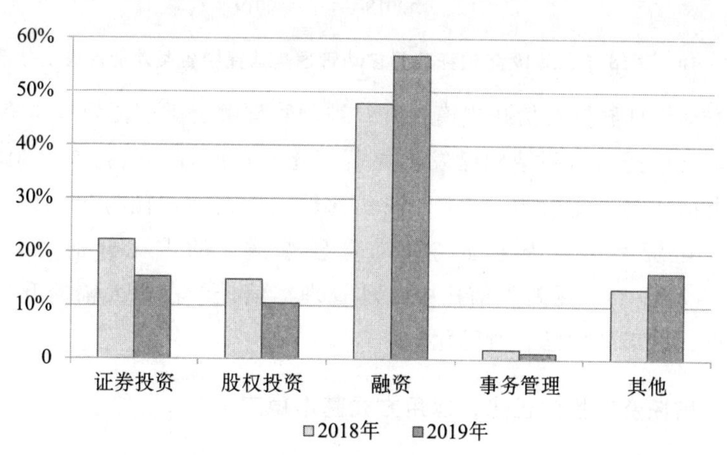

图2－9　2018年、2019年信托公司主动管理类信托中各类功能占比变化情况

2. 被动管理融资类信托规模压降

与主动管理融资类信托规模上升形成鲜明对比，2019年信托公司被动管理融资类信托规模为238.96亿元，较2018年下降26.71%。在信托公司的被动管理类信托中，2019年融资类信托的占比较2018年下降至13.14%，下降幅度为1.20个百分点（见表2－13和图2－10）。

表2-13　2018年、2019年信托公司被动管理类信托各类功能的变化情况

—	证券投资	股权投资	融资	事务管理	其他
2018年平均值（亿元）	139.61	116.11	326.06	1,643.45	48.44
2019年平均值（亿元）	117.31	74.14	238.96	1,349.19	38.46
2019年增长率（%）	-15.98	-36.15	-26.71	-17.90	-20.61

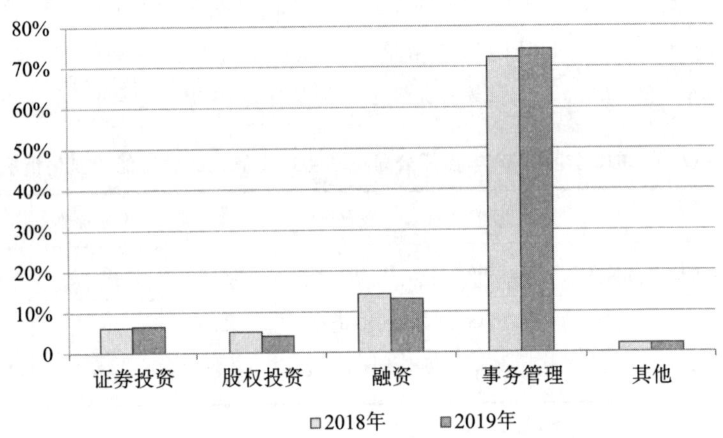

图2-10　2018年、2019年信托公司被动管理类信托中各类功能占比变化情况

在主动管理融资类信托规模提升、被动管理融资类信托规模压降的背景下，融资类信托的内部结构已发生显著变化。在融资类信托中，2019年主动管理类信托的占比为76.84%，被动管理类信托的占比为23.16%。而在2018年，融资类信托中主动与被动管理类信托的占比分别为61.94%、38.06%。2019年，融资类信托中主动管理类信托的占比大幅提升了14.90个百分点，内部结构已有所优化。

三、信托资产投向优化，运用方式基本稳定

信托资产的投向包括实业、基础产业、房地产、金融机构、证券市场、其他六大类。近年来，信托业采取积极措施推动资金更多地流入实体经济，支持国家重大战略的实施，加大对实体经济的支持力度，取得了明显的成效。图2-11显示了2019年信托资产各类投向占比，整体上看，信托资产投向为实业的占比最高，投向为基础产业、房地产、金融机构的占比比较接近。

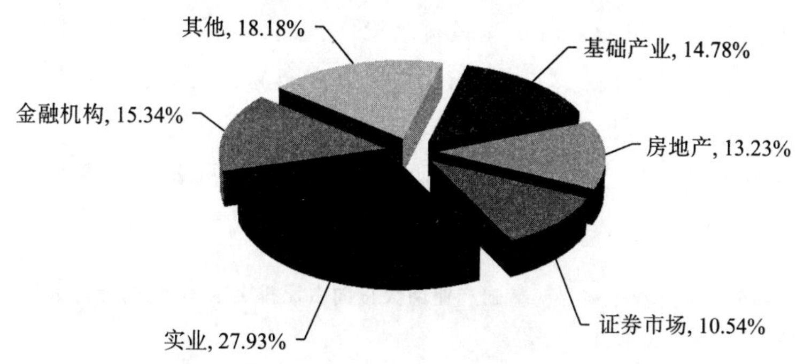

图 2－11　2019 年信托资产各类投向占比

（一）信托资产投向向实业、基础产业倾斜

2019 年，在信托资产整体小幅下降的背景下，投向为实业、基础产业的信托资产规模、占比情况表现较好。表 2－14 列示了信托资产实业、基础产业两大投向规模、占比的变化情况。从规模来看，信托公司信托资产投向实业的平均值为 896.66 亿元，与 2018 年基本持平，投向基础产业的平均值为 474.56 亿元，较 2018 年增长 1.10%。2019 年投向为实业、基础产业的信托资产占比均较 2018 年有所提升。2019 年投向为实业、基础产业的信托资产占比合计达到 42.71%。

表 2－14　信托资产实业、基础产业两大投向规模、占比的变化情况

投向	平均值（亿元）			占比		
	2019 年	2018 年	2019 年增长率	2019 年	2018 年	2019 年变动幅度
实业	896.66	907.40	－1.18%	27.93%	26.85%	提高 1.08 个百分点
基础产业	474.56	469.39	1.10%	14.78%	13.89%	提高 0.89 个百分点

在信托公司的展业过程中，各家信托公司结合自身资源禀赋，已逐步形成了一定的业务特色。表现在信托资产的投向上，不同信托公司在各个投向上实行差异化布局，部分信托公司对某几个领域有比较明显的业务偏好和优势。

在实业这一投向上，2019 年新时代信托、天津信托、山西信托的占比较高，均在 80% 以上，较 2018 年进一步提高，且这 3 家公司 2018 年的实业占比排名也在前 3 位，位次未变。

在基础产业这一投向上，2019 年英大信托表现突出，为唯一占比在

70%以上的信托公司，且占比相较排名第2位的信托公司有比较明显的优势（见表2－15）。英大信托在基础产业领域重点布局，与其股东背景有较大的关系。英大信托依托股东国家电网有限公司，重点提升在电力产业链、清洁能源领域的专业优势，因此基础产业类信托为其最重要的业务模式，特色鲜明。

表2－15　信托资产实业、基础产业两大投向占比排名前10位的信托公司

单位：%

投向	排名	2019年		2018年	
		信托公司	占比	信托公司	占比
实业	1	新时代信托	94.76	新时代信托	94.19
	2	天津信托	82.24	天津信托	79.28
	3	山西信托	81.46	山西信托	73.90
	4	西部信托	70.22	国民信托	72.28
	5	国民信托	67.11	吉林信托	69.93
	6	吉林信托	64.64	西部信托	61.33
	7	渤海信托	56.71	重庆信托	59.84
	8	安信信托	53.66	中泰信托	53.18
	9	中泰信托	52.40	雪松信托	52.92
	10	华鑫信托	47.30	安信信托	52.46
基础产业	1	英大信托	72.46	英大信托	68.33
	2	国元信托	47.93	国元信托	48.59
	3	陆家嘴信托	35.18	华澳信托	38.52
	4	华澳信托	34.42	上海信托	36.35
	5	财信信托	34.15	财信信托	35.97
	6	上海信托	33.85	交银信托	31.95
	7	陕国投信托	29.44	光大信托	31.43
	8	光大信托	28.42	陆家嘴信托	27.61
	9	交银信托	27.95	陕国投信托	26.95
	10	国投泰康信托	22.36	百瑞信托	21.93

（二）房地产信托规模、占比相对可控

房地产也是信托资产重要的投向。多年来房地产信托一直都是信托公司重要的业务领域，对信托公司提高收入、利润有较大的贡献。2019 年 5 月，银保监会发布《关于开展“巩固治乱象成果 促进合规建设”工作的通知》，整治内容多处涉及房地产领域融资乱象，严控资金违规流入房地产。自此之后，房地产信托项目面临更加严格的监管环境。

在严格的监管环境下，2019 年上半年房地产信托项目规模增长过快的势头已被遏制。从 2019 年全年来看，信托公司投向房地产的平均规模为 424.61 亿元，较 2018 年增长 3.57%。投向房地产的信托资产占比为 13.23%，较 2018 年提升 1.10 个百分点。2019 年，投向房地产的信托资产占比仅高于证券市场，位居实业、金融机构、基础产业之后。总体来看，2019 年房地产信托的规模、占比仍处于可控范围内。

房地产信托业务在部分信托公司占据重要的地位。例如，杭工商信托以房地产信托业务为特色，在行业内独树一帜，连续多年投向房地产的占比位居前列，2019 年排名为第 2 位。2018 年、2019 年信托资产房地产投向占比排名前 5 位的信托公司名单没有变化，仅位次有一定的变化。这表明部分信托公司在业务开展过程中可能会形成一定的“路径依赖”。信托资产房地产投向占比排名前 10 位的信托公司如表 2－16 所示。

表 2－16　2018 年、2019 年信托资产房地产投向占比排名前 10 位的信托公司

单位：%

排名	2019 年		2018 年	
	信托公司	占比	信托公司	占比
1	华宸信托	78.48	杭工商信托	79.33
2	杭工商信托	75.98	华宸信托	68.10
3	万向信托	50.78	中建投信托	53.49
4	长城新盛信托	48.32	长城新盛信托	41.33
5	中建投信托	46.71	万向信托	35.32
6	北京信托	35.23	浙金信托	32.17
7	陆家嘴信托	30.81	中诚信托	30.56
8	爱建信托	30.64	北京信托	29.30
9	山东信托	30.58	中原信托	29.21
10	平安信托	29.71	华信信托	28.42

从各家信托公司房地产项目规模增速情况来看（见图2－12），2019年房地产项目规模负增长的信托公司有35家，占比超过一半，而正增长的信托公司有32家，比负增长的信托公司数量略少。2019年，信托公司房地产项目规模增长率集中分布区间为（－20%，20%］。整体上看，2019年监管严禁信托资金违规流入房地产，对遏制房地产信托规模过快增长取得了一定的成效。

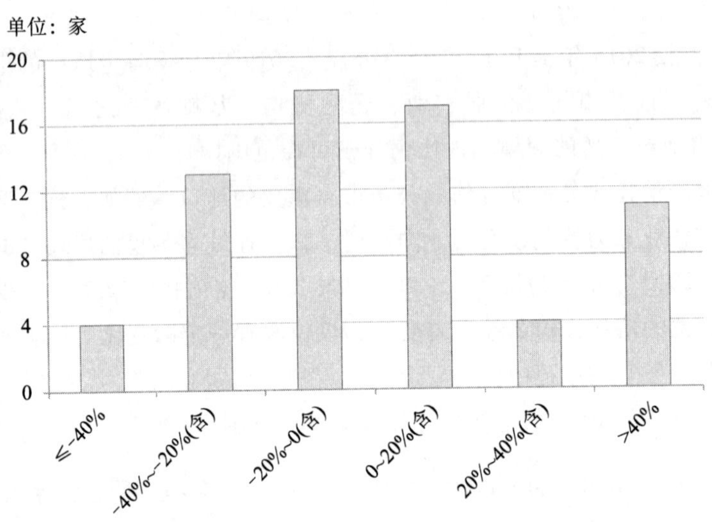

图2－12　2019年信托行业房地产信托规模增长率区间分布图

（三）信托资产投向金融机构规模、占比明显下降

2019年，信托公司投向金融机构的平均规模为492.38亿元，较2018年大幅下降19.76%，规模压降成效显著。2019年投向为金融机构的信托资产占比为15.34%，较2018年下降2.81个百分点。在投向为金融机构的信托产品中，有相当一部分均属于通道类业务。无论是从规模的角度，还是从占比的角度，2019年信托公司压降通道，消除多层嵌套的努力取得明显成效。

从金融机构投向占比排名前10位的信托公司来看（见表2－17），2019年中海信托、民生信托、西藏信托排在前3位，但这3家信托公司金融机构投向的占比均较2018年有一定程度的下降。从整体来看，2019年排在前10位的信托公司金融机构投向占比已较2018年有所下降。

表2－17　2018年、2019年信托资产金融机构投向占比排名前10位的信托公司

单位：%

排名	2019年		2018年	
	信托公司	占比	信托公司	占比
1	中海信托	35.89	民生信托	48.50
2	民生信托	33.49	中海信托	40.01
3	西藏信托	32.21	兴业信托	39.20
4	浙金信托	30.83	湖南信托	38.55
5	中融信托	29.71	中融信托	36.35
6	上海信托	28.98	西藏信托	36.29
7	紫金信托	27.92	浙金信托	33.76
8	昆仑信托	25.61	紫金信托	33.75
9	华信信托	24.60	建信信托	30.48
10	重庆信托	24.39	华融信托	30.14

（四）信托资产运用方式基本保持稳定

信托资产的运用方式包括货币资产、贷款及应收款、交易性金融资产、买入返售金融资产、可供出售金融资产、持有至到期投资、长期股权投资等。从图2－13可以看出，贷款及应收款的占比最高，可供出售金融资产、交易性金融资产、持有至到期投资等金融资产的占比较高。2019年，信托公司信托资产的运用方式与2018年相比基本保持稳定，具体有以下几项突出特征。

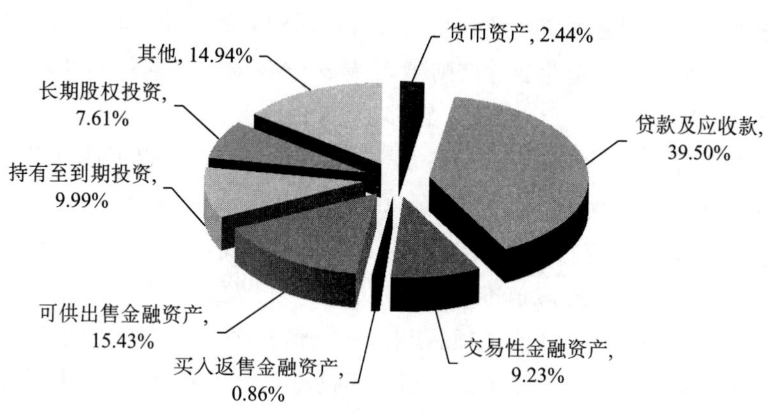

图2－13　2019年信托资产各类应用方式占比

1. 贷款及应收款是最主要的运用方式

在信托资产的各类运用方式中，贷款及应收款占比最高，2019年为39.50%，较2018年上升1.25个百分点。贷款及应收款的占比远高于其他各类运用方式。但从绝对规模来看，在2019年信托公司信托资产中，贷款及应收款的平均值为1,268.06亿元，较2018年的1,292.73亿元略有下降。

2. 货币资产占比下降

2019年，货币资产的占比下降至2.44%。自2014年以来，货币资产的占比持续下降，已从2014年时的7.72%下降了5.28个百分点。由于货币资产的收益性较低，信托公司下调货币资产的占比有利于提高信托资产的整体收益。

3. 金融资产占比有所下降

2019年，除了买入返售金融资产、持有至到期投资外，交易性金融资产、可供出售金融资产的占比有所下降（见表2-18）。

表2-18　2018年、2019年信托资产运用方式占比的变化情况　单位：%

—	货币资产	贷款及应收款	交易性金融资产	买入返售金融资产	可供出售金融资产	持有至到期投资	长期股权投资	其他
2018年	2.97	38.25	9.37	0.75	16.20	9.97	8.20	14.30
2019年	2.44	39.50	9.23	0.86	15.43	9.99	7.61	14.94
2019年变动幅度	-0.53	1.25	-0.14	0.11	-0.77	0.02	-0.59	0.64

未来信托公司金融资产的列报预计将出现较大的变化。2017年3月至5月，财政部修订了《企业会计准则第22号——金融工具确认和计量》、《企业会计准则第23号——金融资产转移》、《企业会计准则第24号——套期会计》和《企业会计准则第37号——金融工具列报》（以上四项简称新金融工具准则），要求境内上市企业自2019年1月1日起施行，非上市企业自2021年1月1日起施行。根据新金融工具准则的规定，金融资产将采用新的分类方式。金融资产减值准备计提方法由“已发生损失法”改为“预期信用损失法”，可能会对信托项目利润表、信托公司利润表产生较大的影响。未来新金融工具准则全面施行后，不仅将对信托公司的会计核算水平提出更高的要求，也可能会对信托公司金融资产的配置决策产生一定的影响，金融资产的占比变化趋势将特别值得关注。

四、信托业务收入整体提升，分化显著

（一）信托业务收入整体提升，“压舱石”地位稳固

2019年，信托公司信托业务收入[①]实现了整体提升，平均信托业务收入为12.33亿元，较2018年增长5.49%，扭转了2018年信托业务收入下降的态势。

从信托业务收入排名前10位的信托公司看，整体变化不大（见表2-19）。2019年，在较大规模的信托业务收入基础上，部分信托公司仍实现了较高的信托业务收入增速，如中航信托、五矿信托等。

表2-19 2018年、2019年信托业务收入排名前10位的信托公司 单位：亿元

排名	2019年		2018年	
	信托公司	信托业务收入	信托公司	信托业务收入
1	中信信托	47.88	中信信托	54.50
2	中融信托	40.98	平安信托	36.84
3	光大信托	37.45	中融信托	36.48
4	中航信托	35.86	中航信托	29.32
5	平安信托	35.31	华能信托	24.39
6	五矿信托	35.27	五矿信托	23.93
7	华能信托	31.75	外贸信托	23.77
8	兴业信托	24.86	建信信托	21.69
9	建信信托	23.75	兴业信托	21.42
10	长安信托	21.39	四川信托	20.93

信托业务收入是信托公司最重要的收入来源。2019年，信托业务收入在信托公司营业收入中的整体占比为72.13%，“压舱石”地位稳固。如图2-14所示，2019年，共有35家信托公司信托业务收入占比在70%以上，即基本超过行业整体水平。在信托业务收入占比低于行业整体水平的信托公司中，以占比50%~70%的居多。信托业务收入占比低于50%的信托公司仅8家。

---

① 本书信托业务收入的统计口径为手续费及佣金收入+其他业务收入中计入信托业务收入的部分。

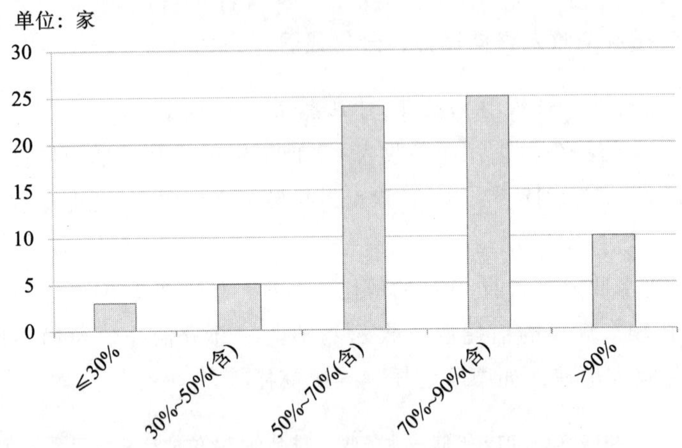

图2－14　信托公司2019年信托业务收入占比分布图

（二）信托业务收入增速分化，行业集中度提升

在信托公司信托业务收入整体提升的情况下，信托公司信托业务收入的增速却呈现分化的局面。如图2－15所示，2019年，信托业务收入实现正增长的信托公司有41家，其中增速以20%以下居多。同时，有26家信托公司信托业务收入为负增长，其中，有13家信托公司信托业务收入下降的幅度超过20%。

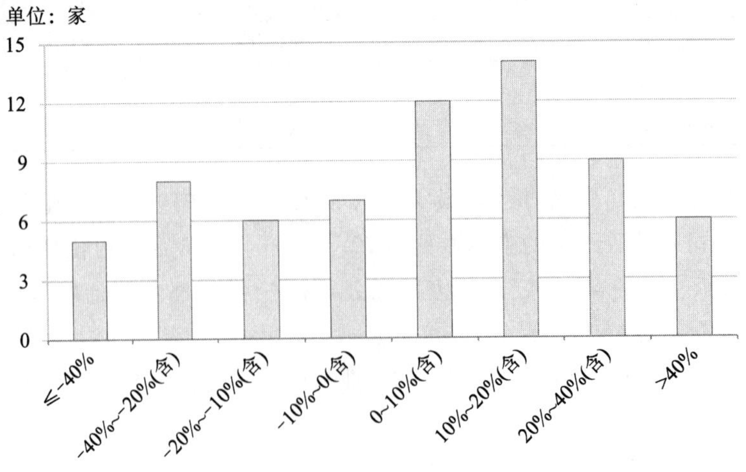

图2－15　2019年信托公司信托业务收入增长率分布情况

从2019年信托公司信托业务收入与增速的散点图来看，大致可以将信托公司分为3组（见图2-16）。第1组信托公司信托业务收入在30亿元以上，数量较少，属于行业龙头企业，这组信托公司信托业务收入基数较大，在此基础上实现较高的增速难度较大，但2019年也有部分信托公司实现了高速增长。第2组信托公司信托业务收入为10亿~30亿元，为行业中游，2019年这组信托公司中部分实现了信托业务收入的高速增长，有望进入行业领先地位，但也有部分信托公司信托业务收入降幅较大。第3组信托公司信托业务收入在10亿元以下，处于行业下游，可以发现2019年信托业务收入负增长的信托公司主要集中在这组，与行业上游的企业差距可能将不断被拉大。

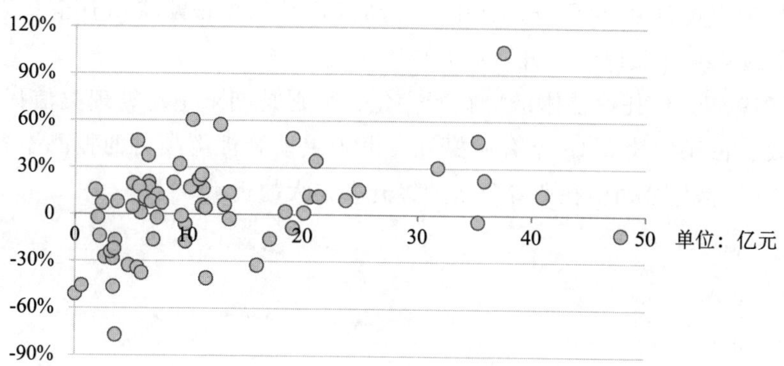

图2-16 2019年信托公司信托业务收入与增长率散点图

以信托业务收入来衡量市场集中度，2019年行业集中度整体较高。表2-20显示，排名前20位的信托公司信托业务收入占比达到了62.16%。2019年，行业集中度有提升的趋势。特别是CR8指标，2019年较2018年上升了2.98个百分点，表明信托业务收入主要向排名前8的信托公司集中。

表2-20 2018年、2019年信托业务收入集中度的变化情况 单位：%

—	CR4	CR8	CR20	CR30
2018年	20.06	32.04	60.35	74.38
2019年	19.63	35.02	62.16	76.03
2019变动幅度	-0.43	2.98	1.81	1.65

（三）信托报酬率提升，拉动信托业务收入增长

信托报酬率是衡量信托公司经营能力的一项重要指标，反映了信托公司在信托业务中获得报酬的能力，以及在信托资产管理水平方面的差异。通常认为，信托公司在对信托资产的管理中，主动管理能力强，取得的报酬一般就会较高。

信托公司在年报中披露了已清算项目的信托报酬率，虽然可能对当期信托报酬率的反映有一定的滞后性，但仍可提供一定的参考。从2017～2019年信托公司已清算项目的加权报酬率情况来看，主动管理类项目的加权报酬率水平约为被动管理类项目的5～6倍（见图2－17）。2018年，信托公司已清算项目加权报酬率较2017年有所下滑。但2019年，信托公司已清算项目加权报酬率较2018年回升，其中，主动管理类加权报酬率回升至0.72%，被动管理类加权报酬率回升至0.13%。

2019年，信托业整体结构有所优化，特别是期末主动管理类信托资产的规模、占比均较2018年有所提升。由于主动管理类项目的报酬率较高，对2019年信托公司信托业务收入的提升有较大的贡献。

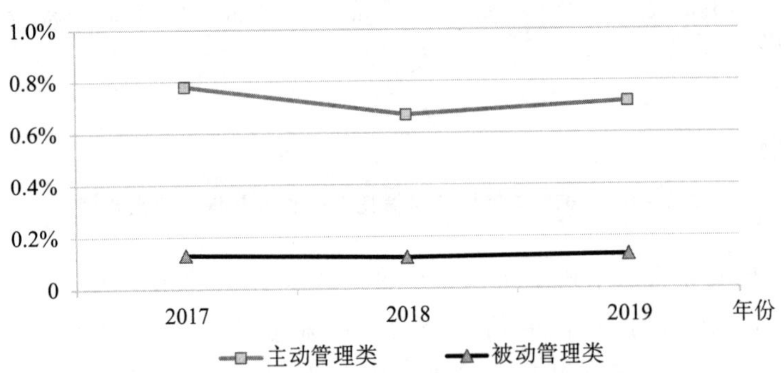

图2－17　2017～2019年信托公司已清算项目加权报酬率走势图

五、新增信托项目规模提升，结构优化

（一）新增信托项目规模整体提升

2019年，信托公司新增信托项目规模平均值为1,231.07亿元，较2018年有2.29%的增幅。从新增信托项目规模排名前10位的信托公司来看（见表2－21），五矿信托表现亮眼，2019年新增实收信托规模达到5,228.14亿元，较2018年大幅增长114.91%，排名第1。中信信托、光大信托、华能

信托排名分列第2~4位，保持稳定，且新增实收信托规模均较2018年有一定的增幅。建信信托、交银信托2019年新增信托项目的规模、排名有一定幅度的下滑，可能与2019年通道类业务受限有一定的关系。

表2-21　2018年、2019年新增信托项目规模排名前10位的信托公司

单位：亿元

排名	2019年		2018年	
	信托公司	新增实收信托规模	信托公司	新增实收信托规模
1	五矿信托	5,228.14	建信信托	4,914.30
2	中信信托	5,205.23	中信信托	3,812.98
3	光大信托	4,796.59	光大信托	3,597.28
4	华能信托	4,754.07	华能信托	3,570.62
5	建信信托	3,632.37	渤海信托	2,813.68
6	华润信托	3,618.33	民生信托	2,562.61
7	中航信托	3,029.61	交银信托	2,545.46
8	渤海信托	2,809.70	五矿信托	2,432.73
9	中铁信托	2,538.90	中铁信托	2,421.09
10	民生信托	2,432.56	国通信托	2,368.81

（二）新增集合信托占比提升，新增单一、财产权信托占比下降

2019年，信托公司新增信托项目的结构发生了显著变化。如表2-22所示，在新增信托项目中，集合信托规模的平均值较2018年大幅增长25.12%，而单一信托规模的平均值较2018年大幅下降24.94%。在新增项目中，集合信托规模的整体占比为53.75%，较2018年上升9.81个百分点，单一信托规模的整体占比较2018年下降8.08个百分点至22.29%，财产权信托规模的整体占比较2018年小幅下降1.73个百分点。

表2-22　2018年、2019年新增信托项目规模及占比情况

—		新增集合信托	新增单一信托	新增财产权信托
规模	2018年平均值（亿元）	528.88	365.54	309.13
	2019年平均值（亿元）	661.75	274.38	294.95
	2019年增速（%）	25.12	-24.94	-4.59
占比	2018年（%）	43.94	30.37	25.68
	2019年（%）	53.75	22.29	23.96
	2019年变动幅度（%）	9.81	-8.08	-1.72

具体到各家信托公司来看，2019年新增集合信托规模占比超过60%的信托公司共有30家，较2018年有明显的增加，表明2019年集合信托在信托公司的业务布局中已占据更加重要的地位。图2－18列示了2018年、2019年信托公司新增集合信托占比的分布变化情况。

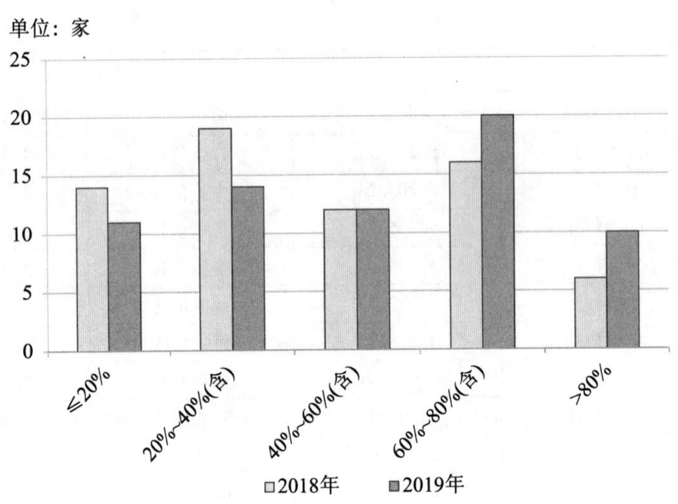

图2－18　2018年、2019年信托公司新增集合信托占比分布情况

（三）新增主动管理信托占比提升，新增被动管理信托占比下降

如表2－23所示，2019年，在信托公司新增信托项目中，主动管理信托规模的平均值较2018年大幅增长56.93%，而被动管理信托规模的平均值较2018年大幅下降34.39%。在新增项目中，2019年主动管理信托的整体占比达到了61.62%，较2018年大幅度上升了21.46个百分点。

表2－23　2018年、2019年新增信托项目规模及占比情况

—		新增主动管理信托	新增被动管理信托
规模	2018年平均值（亿元）	483.35	720.19
	2019年平均值（亿元）	758.54	472.53
	2019年增速（%）	56.93	－34.39
占比	2018年（%）	40.16	59.84
	2019年（%）	61.62	38.38
	2019年变动幅度（%）	21.46	－21.46

2019年，新增主动管理信托规模占比超过60%的信托公司共有35家，较2018年增加了18家（见图2-19）。从2019年信托公司新增项目的情况来看，信托公司2019年的展业方向已向集合类、主动管理类倾斜。

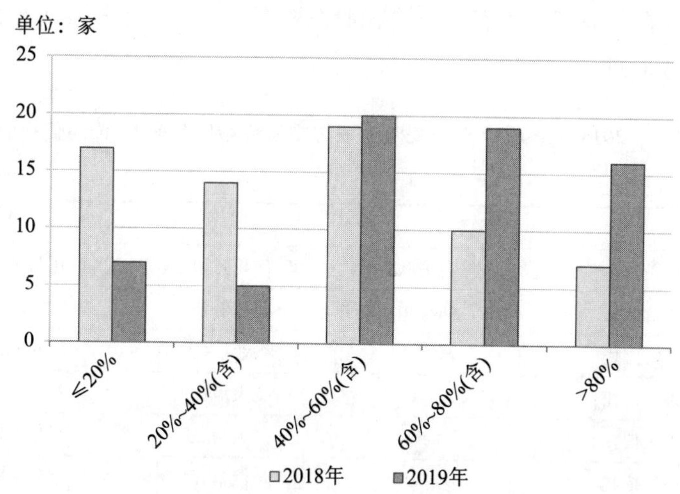

图2-19　2018年、2019年信托公司新增主动管理信托占比分布情况

六、信托关联交易余额下降，集中度保持较高水平

（一）信托与关联方交易余额下降，集中度较高

信托与关联方发生的交易一般发生于信托公司的资金信托业务。在单一资金信托业务中，尤其是事务管理类信托，信托公司按照单一委托人的指令将单一信托资金用于关联方。对于集合资金信托业务，《信托公司集合资金信托计划管理办法》限制信托公司将信托资金直接或间接运用于信托公司的股东及其关联人，除非信托资金全部来源于股东或其关联人。

在信托公司披露的2019年报中，有52家信托公司报告存在信托与关联方交易余额。2019年，信托公司信托与关联方交易余额合计为17,157.45亿元，较2018年下降了4.28%。2019年信托与关联方交易余额排名前10位的信托公司合计为15,918.23亿元，占比高达92.78%，集中度较高。

从信托与关联方交易余额排名前10位的信托公司来看（见表2-24），建信信托、兴业信托、光大信托、交银信托均具有银行系股东或金控集团股东背景，在开展银信合作等通道类业务方面具有先天优势，但这也导致其信托与关联方交易余额较高。在去通道的大背景下，银行系信托公司通道类业务规模增长乏力，可能是导致2019年行业整体信托与关联方交易余额下降的重要原因。另外，英大信托、中海信托、华润信托具有强大的产业集团股东背景，其在业务开展过程中可依托股东资源，也产生了较高规模的信托与关联方交易余额。

表2-24　2018年、2019年信托与关联方交易余额排名前10位的信托公司

单位：亿元

排名	2019年		2018年	
	信托公司	信托与关联方	信托公司	信托与关联方
1	建信信托	7,685.40	建信信托	8,693.72
2	英大信托	3,610.40	兴业信托	2,769.67
3	兴业信托	2,273.82	英大信托	2,615.15
4	光大信托	803.57	光大信托	1,137.26
5	中海信托	486.70	华润信托	517.68
6	交银信托	350.38	中海信托	480.98
7	华润信托	284.68	民生信托	169.95
8	民生信托	166.78	国联信托	158.89
9	陕国投信托	141.38	华融信托	158.29
10	渤海信托	115.13	陕国投信托	125.83

（二）信托与信托关联交易余额下降

信托与信托的关联交易主要指公司受托管理的一个信托项目的资金认购自己管理的另一个信托项目的收益权或项下资产。

在信托公司披露的2019年报中，有50家信托公司报告存在信托与信托关联交易余额。2019年，信托公司信托与信托关联交易余额合计为6,315.33亿元，与2018年基本持平。2019年信托与信托关联交易余额排名前10位的信托公司合计为4,169.32亿元，占比为66.02%，整体集中度同样较高，整体排名较2018年变化不大，建信信托、中信信托、华宝信托等公司信托与信托关联交易余额有一定程度的上升（见表2-25）。

2020年5月发布的《信托公司资金信托管理暂行办法（征求意见稿）》，第十七条提出“不得将本公司管理的不同资金信托产品的信托财产进行交易”。预计未来信托与信托的关联交易将受到严格的限制，信托与信托关联交易余额较高的信托公司将面临较大的压力。

表2-25　2018年、2019年信托与信托交易余额排名前10位的信托公司

单位：亿元

排名	2019年		2018年	
	信托公司	信托与信托	信托公司	信托与信托
1	建信信托	1,128.37	建信信托	984.44
2	中信信托	568.07	光大信托	673.55
3	华能信托	503.19	中信信托	467.74
4	华宝信托	394.35	华宝信托	355.31
5	光大信托	392.44	华润信托	303.78
6	外贸信托	297.54	交银信托	277.45
7	交银信托	262.75	民生信托	271.9
8	江苏信托	211.85	外贸信托	261.29
9	华润信托	211.64	昆仑信托	199.11
10	昆仑信托	199.11	五矿信托	163.51

七、小结

近年来，在宏观经济下行压力加大、金融监管趋严的背景下，信托业的发展面临比较严峻的外部形势。2019年，信托业整体资产仍为负增长，但降幅已大幅收窄。信托业务结构优化是2019年信托业发展的一大亮点。具体表现在集合类、主动管理类资产占比提升，主动管理融资类信托占比提升，新增信托以集合类、主动管理类为主等。从信托报酬率的角度，主动管理类信托的报酬率远高于被动管理类信托，信托公司提高主动管理能力，将有助于提高信托业务收入，助力信托公司走上良性发展道路。2019年，无论是从存量资产角度，还是增量项目的角度，主动管理类信托的占比均已提升，表明信托公司提高主动管理能力的努力已见成效，为行业转型发展奠定了良好基础。

2019年，虽然信托资产规模仍在压降，但信托业务收入已有所回升，且信托业务收入继续保持收入“压舱石”的地位。2019年，信托公司报酬率水平也较2018年有一定的提高，特别是主动管理类信托报酬率回升，为信托公司信托业务收入的增长提供了有力支撑。从整体来看，信托公司积极响应监管号召，加强金融支持实体经济的力度，投向为实业、基础产业的占比提升，投向为房地产的占比处于可控范围，投向为金融机构的占比下降。从整体来看，信托发挥了支持实体经济的功能，且在压降通道、消除多层嵌套方面取得了较大的进展，未来，信托公司仍面临较大的转型发展压力。

2020年5月，银保监会发布《信托公司资金信托管理暂行办法（征求意见稿）》，该文件将对未来信托业务的发展产生深远的影响，信托行业将进入新的发展阶段。预计传统的非标融资类业务规模增长将受到限制，投向为标准化资产的业务、服务信托业务等将迎来发展机遇。信托公司应在各类创新业务领域尽早布局，争取在部分业务领域形成自身的差异化竞争优势。

2019年信托公司年报分析之三：

自营业务篇

百瑞观点：

- 行业自营净资产规模创新高，净资产增速持续放缓
- 行业自营总资产规模突破7,600亿元
- 11家公司完成增资，7家公司注册资本达到100亿元
- 行业自营业务收入规模大幅上涨，自营收入占比提高
- 行业自营业务收入集中度上升，龙头效应显现
- 行业自营收益率出现反弹，2019年自营业务收益率中位数为5.58%
- 新会计准则使贷款及应收款占比显著降低
- 自有资金投向证券市场近9年最低，基础产业显著提升
- 各公司业务及管理费显著增加，资产减值损失计提规模连年上升
- 自营长期股权投资仍然以金融机构为主
- 自营资金与信托交易规模持续大幅增长

2019年，根据披露的67家信托公司的年报数据（不包括雪松信托），信托全行业的自营净资产规模持续增长，再创历史新高，但是，自营资产的收入规模和收益率出现显著反弹。从整体来看，2019年，信托全行业的自

营净资产规模首次突破6,000亿元，而自营收入规模继2016～2018年连续降低后，2019年出现反弹，自营收益率中位数为5.90%。

一、全行业自营规模持续增长，再创历史新高

（一）自营净资产规模持续增长，增幅继续

截至2019年，信托全行业67家信托公司自营净资产总规模为6,236.42亿元，较2018年的5,733.67亿元增长了8.77%。信托全行业的自营资产规模首次突破6,000亿元，继2018年之后，再创新高。与此同时，信托全行业净资产的增长率继续降低，净资产增幅持续放缓，2019年信托全行业的净资产规模增速放缓至8.77%，也是2009年以来的最低值。表3－1列示了2007～2019年行业净资产规模及变化情况。

表3－1　2007～2019年行业净资产规模及变化情况

年份	净资产（亿元）	净资产变动率（%）	净资产变动额（亿元）
2007	732.47	44.50	225.58
2008	774.06	5.60	41.59
2009	1,014.29	31.00	240.23
2010	1,282.65	26.40	268.36
2011	1,630.60	27.10	347.95
2012	2,030.82	24.50	400.22
2013	2,548.57	25.49	517.75
2014	3,197.24	25.45	648.67
2015	3,818.69	19.44	621.45
2016	4,481.92	17.37	663.23
2017	5,239.80	16.91	757.88
2018	5,733.67	9.43	493.87
2019	6,236.42	8.77	502.75

图3－1为2007～2019年信托行业净资产变化情况。总体来看，2007年以来，信托全行业的净资产规模稳步上涨，从2007年的732.47亿元增长到2019年的6,236.42亿元，增长了751.42%，年均增长18.30%。但是各年度的净资产增长率整体呈下降趋势，2019年的增速下降到8.77%，为近

11年来的最低水平。

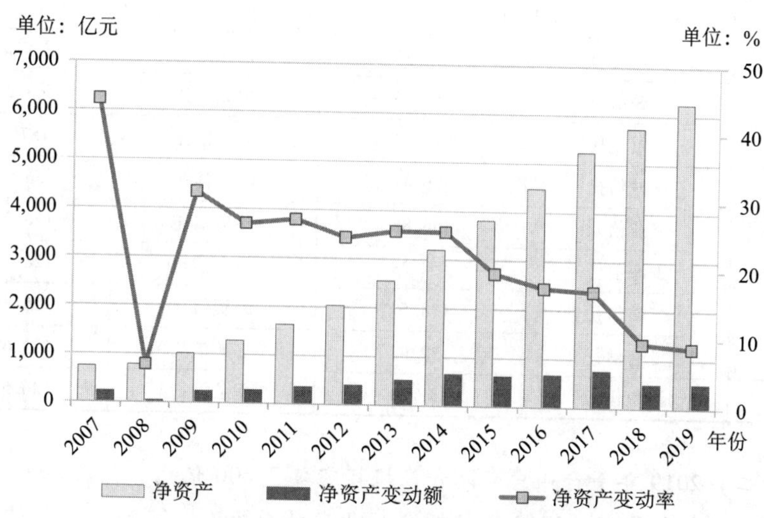

图3-1 2007~2019年信托行业净资产变化图

从具体信托公司来看，2019年排名前15位的信托公司整体变化不大。如表3-2所示，全行业前4名排序与2018年一致，由前至后依次是中信信托净资产规模为296.83亿元，重庆信托净资产规模为248.57亿元，平安信托净资产规模为233.04亿元，华润信托净资产规模为221.02亿元。相较于2018年，净资产规模进入前15名的信托公司为渤海信托，位列第15位，净资产规模达到131.34亿元。

表3-2 2018年和2019年自营净资产排名前15位的信托公司 单位：亿元

排名	2019年		2018年	
	信托公司	净资产	信托公司	净资产
1	中信信托	296.83	中信信托	242.73
2	重庆信托	248.57	重庆信托	224.72
3	平安信托	233.04	平安信托	207.13
4	华润信托	221.02	华润信托	196.99
5	江苏信托	204.86	华能信托	184.51
6	华能信托	204.31	江苏信托	177.91
7	建信信托	197.77	中融信托	172.08

续表

排名	2019 年		2018 年	
	信托公司	净资产	信托公司	净资产
8	中融信托	183.15	中诚信托	168.24
9	外贸信托	177.17	兴业信托	157.7
10	中诚信托	176.41	上海信托	136.04
11	兴业信托	166.88	建信信托	128.77
12	上海信托	152.28	昆仑信托	128.33
13	五矿信托	138.54	外贸信托	125.89
14	昆仑信托	132.02	五矿信托	123.62
15	渤海信托	131.34	华信信托	120.57

（二）2019 年全行业自营总资产规模突破 7,600 亿元

表 3－3 为 2011～2019 年信托全行业自营总资产、净资产及负债情况。近年来，伴随着信托行业的快速发展，信托全行业的自营总资产、净资产和负债的规模均不断提升。全行业自营总资产的规模从 2011 年的 1,815.77 亿元增长到 2019 年的 7,609.71 亿元，与此同时，全行业自营负债规模从 2011 年的 198.81 亿元增长到 2019 年的 1,373.29 亿元，自营的负债率也提升至 18.05%。

表 3－3　2011～2019 年自营净资产、总资产、负债情况

年度	净资产（亿元）	总资产（亿元）	负债（亿元）	负债率*
2011	1,616.96	1,815.77	198.81	10.94%
2012	2,030.82	2,293.48	262.66	11.45%
2013	2,548.57	2,854.06	305.49	10.70%
2014	3,197.24	3,601.63	404.38	11.23%
2015	3,810.21	4,646.78	836.57	18.00%
2016	4,481.92	5,568.47	1,086.55	19.51%
2017	5,126.02	6,470.88	1,344.87	20.78%
2018	5,733.67	7,193.58	1,459.91	20.29%
2019	6,236.42	7,609.71	1,373.29	18.05%

* 表中负债率计算公式为“负债率＝负债÷总资产”

图3－2为2011～2019年信托公司净资产、总资产和负债率变化趋势情况。整体来看，净资产、总资产规模都稳步提升。信托自营资产的负债率在2011～2014年处于平稳状态，2015～2017年显著提升，2018～2019年有所回落。

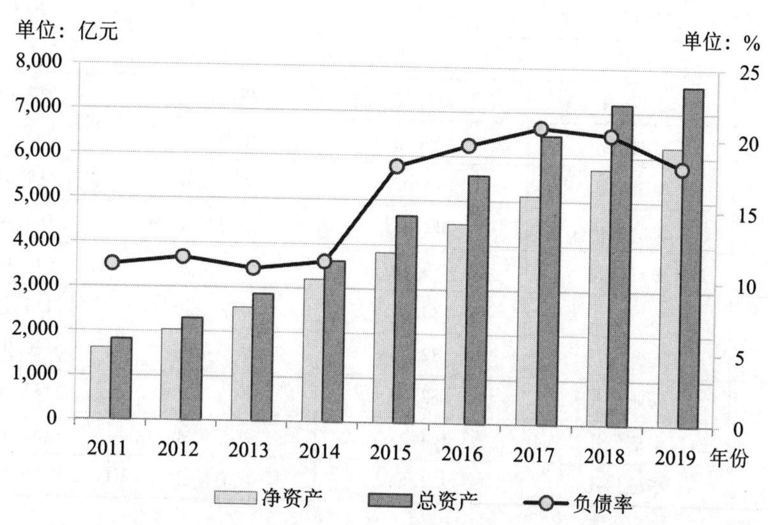

图3－2　2011～2019年信托行业资产及负债率变化趋势图

表3－4显示了2018年和2019年信托公司自营总资产规模排名前15位的信托公司情况。2019年从单个信托公司的净资产情况来看，排名前15位的信托公司出现一定变化。中信信托由2018年的第3位升至2019年的第1位，自营总资产规模为320.54亿元；重庆信托由2018年的第1位降至2019年的第2位，自营总资产规模为316.48亿元；平安信托由2018年的第2位降至2019年的第3位，自营总资产规模为294.01亿元；华润信托由2018年的第6位升至2019年的第4位，自营总资产规模为255.46亿元；华能信托由2018年的第11位升至2019年的第5位，自营总资产规模为244.20亿元。

表3－4　2018年、2019年自营总资产规模排名前15位的信托公司　单位：亿元

排名	2019年		2018年	
	信托公司	总资产规模	信托公司	总资产规模
1	中信信托	320.54	重庆信托	281.34
2	重庆信托	316.48	平安信托	279.08

续表

排名	2019年		2018年	
	信托公司	总资产规模	信托公司	总资产规模
3	平安信托	294.01	中信信托	265.48
4	华润信托	255.46	安信信托	226.05
5	华能信托	244.20	中诚信托	221.27
6	江苏信托	234.28	华润信托	217.14
7	中诚信托	225.52	中融信托	209.90
8	中融信托	215.95	兴业信托	189.62
9	建信信托	212.05	上海信托	166.70
10	外贸信托	184.13	渤海信托	140.14
11	上海信托	183.63	华能信托	138.41
12	五矿信托	182.26	华信信托	136.01
13	兴业信托	182.20	民生信托	133.36
14	安信信托	174.23	江苏信托	132.59
15	华融信托	171.62	昆仑信托	130.33

（三）11家信托公司2019年增资，7家信托公司注册资本达到100亿元

根据公开披露的67家信托公司年报数据统计，2019年信托全行业的注册资本继续大幅增长，总体规模增长至2863.53亿元，再创历史新高，相比2018年的2663.39亿元增加了200.14亿元，增幅为7.51%。表3-5为2007年以来信托全行业注册资本的变动情况。可以看出，2014~2017年连续4年，信托行业全注册资本总额保持近20%或以上的速度增长，2018年、2019年增速明显放缓。

表3-5　2007~2019年行业注册资本规模及变化情况表

年份	注册资本（亿元）	注册资本变动额（亿元）	注册资本变动率（%）
2007	485.34	40.00	8.98
2008	552.07	66.73	13.75
2009	601.01	48.94	8.86
2010	687.66	86.65	14.42
2011	871.50	183.84	26.73
2012	980.00	108.50	12.45

续表

年份	注册资本（亿元）	注册资本变动额（亿元）	注册资本变动率（%）
2013	1142.65	162.65	16.60
2014	1389.05	246.40	21.56
2015	1676.33	287.28	20.68
2016	2038.16	361.83	21.58
2017	2441.28	403.12	19.78
2018	2663.39	222.11	9.10
2019	2863.53	200.14	7.51

根据近期公布的《信托公司资金信托管理暂行办法（征求意见稿）》中规定“信托公司管理的全部集合资金信托计划投资于同一融资人及其关联方的非标准化债权类资产的合计金额不得超过信托公司净资产的百分之三十。”对于非标债权规模较大、集中度较高的信托公司，亟须增加净资产规模。因此，该管理办法正式公布后，预计信托公司重新迎来增资潮。

图3－3显示了2007～2019年信托全行业注册资本的变化情况。整体来看，2007年以来，信托全行业的注册资本总额稳步上涨，从2007年的485.34亿元增长到2019年的2863.53亿元，增长了490.00%，年均增长14.16%。从注册资本变动率来看，2007～2011年，信托行业注册资本变动率从8.9%上升到26.7%，2012年下降到12.44%，之后逐年升高，2014～2017年4年间的注册资本变动率一直稳定在20%左右，2018年、2019年注册资本变动率显著放缓。

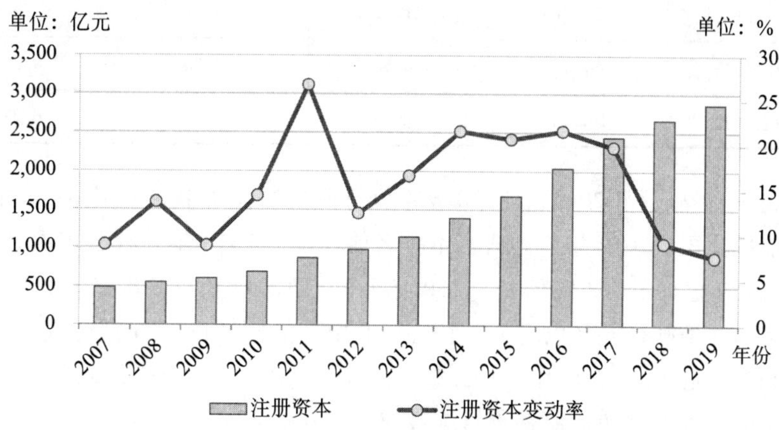

图3－3　2007～2019年信托行业注册资本变化图

注册资本的提升能够直接提升信托公司的实力，对于信托公司拓展业务具有显著的拉动作用。表 3 –6 显示了 2019 年 11 家信托公司增资情况，从注册资本变动额的情况对 11 家增资信托公司进行排名。从增资幅度上来看，外贸信托注册资本增加 52. 59 亿元，注册资本变动率为 191. 90%，注册资本变动额最大。兴业信托注册资本增加 50 亿元，注册资本变动率为 100%，增资规模排名第 2。增资规模超过 20 亿元的信托公司还有东莞信托增资 46. 44 亿元，山东信托增资 20. 71 亿元，西藏信托增资 20 亿元。

表 3 –6　2018 年、2019 年注册资本变动的信托公司情况表

信托公司	2019 注册资本（亿元）	2018 注册资本（亿元）	注册资本变动额（亿元）	注册资本变动率（%）
外贸信托	80. 00	27. 41	52. 59	191. 90
兴业信托	100. 00	50. 00	50. 00	100. 00
东莞信托	60. 94	14. 50	46. 44	320. 28
山东信托	46. 59	25. 88	20. 71	80. 02
西藏信托	30. 00	10. 00	20. 00	200. 00
中信信托	112. 76	100. 00	12. 76	12. 76
华宝信托	47. 44	37. 44	10. 00	26. 71
建信信托	24. 66	15. 27	9. 39	61. 46
国投泰康信托	26. 71	21. 91	4. 81	21. 94
中原信托	40. 00	36. 50	3. 50	9. 59
昆仑信托	102. 27	102. 00	0. 27	0. 27

表 3 –7 显示了 2019 年和 2018 年全行业信托公司中注册资本排名前 15 位的信托公司。2019 年，注册资本排名前 3 位与 2018 年一致，依次是重庆信托（150 亿元）、平安信托（130 亿元）、中融信托（120 亿元）。此外，注册资本在 100 亿元及以上的信托公司有中信信托（112. 76 亿元）、华润信托（110 亿元）、昆仑信托（102. 27 亿元）、兴业信托（100 亿元）。2019 年共有 7 家信托公司的注册资本达到或超过 100 亿元。

表3－7　2018年、2019年注册资本排名前15位的信托公司　单位：亿元

排名	2019年		2018年	
	信托公司	注册资本	信托公司	注册资本
1	重庆信托	150	重庆信托	150
2	平安信托	130	平安信托	130
3	中融信托	120	中融信托	120
4	中信信托	112.76	华润信托	110
5	华润信托	110	昆仑信托	102
6	昆仑信托	102.27	中信信托	100
7	兴业信托	100	民生信托	70
8	外贸信托	80	华信信托	66
9	民生信托	70	光大信托	64.18
10	华信信托	66	华能信托	61.95
11	光大信托	64.18	五矿信托	60
12	华能信托	61.94	新时代信托	60
13	东莞信托	60.94	交银信托	57.65
14	五矿信托	60	安信信托	54.69
15	交银信托	57.65	上海信托	50
			兴业信托	50
			中建投信托	50
			中铁信托	50

二、全行业自营资产收益大幅上升

（一）全行业自营资产收入规模大幅增长

继2016～2018年连续3年信托行业自营业务收入规模降低后，2019

年，信托行业自营业务收入大幅增长，为319.19亿元，与2018年相比，上升31.26%。表3－8列示了2007～2019年信托全行业自营业务收入和变动幅度。

表3－8　2007～2019年信托全行业自营业务收入及变动幅度*

年份	合计金额（亿元）	变动幅度（%）
2007	180.34	—
2008	86.00	－52.31
2009	116.11	35.01
2010	127.36	9.69
2011	139.62	9.63
2012	184.57	32.19
2013	225.61	22.24
2014	295.13	30.81
2015	494.85	67.67
2016	395.46	－20.08
2017	373.98（365.95）	－5.43
2018	243.18	－34.98（－33.55）
2019	319.19	31.26

*为了更准确地反映各公司自营业务收入情况，规避营业外收入过高对自营业务收入的影响，年报编写组对2017年、2018年、2019年自营业务收入统计口径进行了调整。即：自营业务收入＝利息净收入＋投资收益＋公允价值变动损益＋资产处置收益＋汇兑损益＋其他收益＋其他业务收入中未计入信托业务收入部分，将营业外收入从自营业务收入中扣除；括号内为新口径下重新计算数值。

图3－4为2007～2019年信托全行业自营业务收入规模和变动情况。从整体来看，2008～2016年信托全行业自营业务收入稳步提升，其中，2009年、2012年、2014年、2015年增长幅度均超过30%。但是，2016～2018年出现了显著下滑。2019年出现大幅增长。

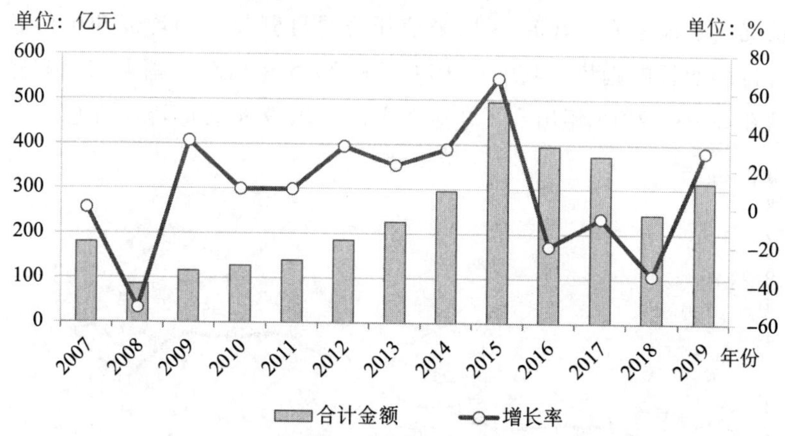

图 3-4 2007~2019 年信托全行业自营业务收入规模及增长率走势图

表 3-9 显示了 2007~2019 年各家信托公司自营业务收入的均值和中位数情况。2019 年全行业信托公司自营收入均值为 4.76 亿元，显著大于 2018 年的 3.58 亿元，中位数为 4.08 亿元，显著大于 2018 年的 2.63 亿元。

表 3-9 2007~2019 年信托全行业自营业务收入均值和中位数 单位：亿元

年份	平均值	中位数
2007	3.54	1.67
2008	1.69	0.76
2009	2.15	1.32
2010	2.32	1.37
2011	2.18	1.17
2012	2.8	1.78
2013	3.31	2.1
2014	4.34	3.06
2015	7.27	4.12
2016	5.82	3.91
2017	5.47	4.10
2018	3.58	2.63
2019	4.76	4.08

图 3-5 为 2007~2019 年信托全行业信托公司自营收入的均值及中位数

变化情况。整体来看，2008年以来信托公司自营收入的均值和中位数基本保持了持续增长的趋势。其中，2014年和2015年出现大幅上涨的趋势，但是均值在2016~2018年出现了显著的下滑，2019年又重新开始上升。

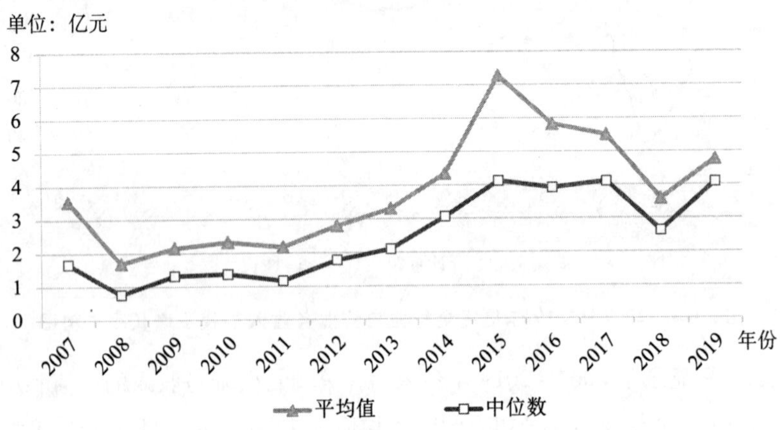

图3-5　2007~2019年信托公司自营业务收入均值及中位数走势图

（二）信托自营收入行业集中度显著提升

表3-10显示了2007~2019年信托全行业自营业务收入集中度的变化情况。整体来看，全行业自营收入集中度在下行。其中，2015年和2019年集中度有明显的提升。2019年的CR4为22.86%，较2018年的19.83%上升3.03个百分比，2019年的CR8为37.21%，较2018年的34.98%上升2.23个百分点，2019年的CR10为42.52%，较2018年的40.81%上升1.71个百分点。

表3-10　2007~2019年信托全行业自营业务收入集中度情况　单位:%

年份	CR4	CR8	CR10
2007	33.98	52.31	59.21
2008	39.32	55.85	63.11
2009	34.26	50.45	56.1
2010	36.73	52.08	57.15
2011	33.46	51.75	56.93
2012	25.37	43.01	49.64

续表

年份	CR4	CR8	CR10
2013	24. 17	40. 96	47. 17
2014	22. 68	39. 03	46. 08
2015	33. 4	46. 74	51. 18
2016	26. 82	42. 71	48. 01
2017	23. 47	36. 38	41. 35
2018	19. 83	34. 98	40. 81
2019	22. 86	37. 21	42. 52

图3－6显示了2007～2019年信托全行业自营业务收入集中度的变化趋势。整体来看，信托全行业自营业务收入的集中度呈现下降趋势，2008年最高，之后逐年下降，2015年有小幅上升，2016年又恢复下降趋势，2019年则重拾升势。

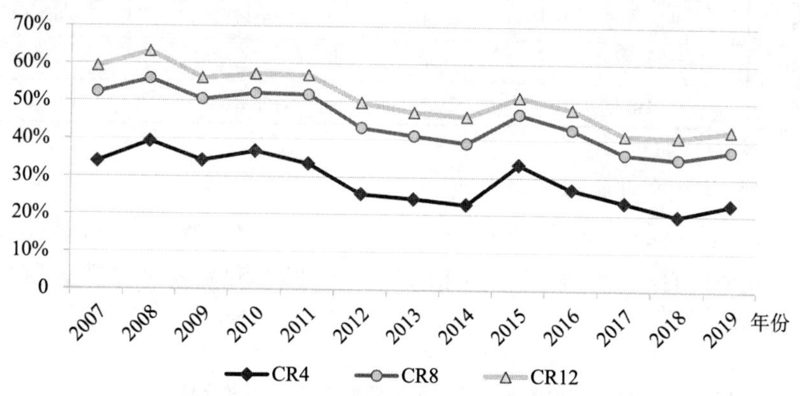

图3－6　2007～2019年信托公司自营业务收入集中度走势图

表3－11为2019年和2018年自营收入排名前15位的信托公司情况。2019年，自营业务收入排名前3位的信托公司依次是江苏信托、华能信托、华润信托，分别为20.82亿元、18.71亿元和17.54亿元。2019年自营业务收入规模超过10亿元的还有中信信托、重庆信托、外贸信托和平安信托，共7家信托公司，2018年有6家信托公司自营业务收入规模超过10亿元。

表3－11　2018年、2019年自营收入前15位的信托公司　单位：亿元

排名	2019年		2018年	
	信托公司	自营收入	信托公司	自营收入
1	江苏信托	20.82	平安信托	12.94
2	华能信托	18.71	重庆信托	12.23
3	华润信托	17.54	江苏信托	11.63
4	中信信托	15.89	华润信托	11.43
5	重庆信托	13.32	华能信托	10.39
6	外贸信托	11.85	中融信托	10.06
7	平安信托	11.48	中铁信托	8.71
8	昆仑信托	9.16	建信信托	7.68
9	山东信托	8.49	湖南信托	7.15
10	国联信托	8.44	百瑞信托	7.01
11	建信信托	8.21	天津信托	6.97
12	上海信托	8.20	中信信托	6.95
13	渤海信托	8.11	中诚信托	6.84
14	陕国投信托	7.98	昆仑信托	6.34
15	中诚信托	7.05	外贸信托	6.21

（三）信托自营收入占比上升

表3－12显示了2007～2019年信托公司自营业务收入和占比情况，全行业信托公司自营业务收入占比由2018年的23.52%显著提升至2019年的27.86%。

表3－12　2007～2019年信托公司自营业务收入和占比情况

年份	金额（亿元）	占比（%）
2007	180.34	69.19
2008	86.00	48.95
2009	116.11	56.16
2010	127.36	44.47
2011	139.62	31.41
2012	184.57	28.43

续表

年份	金额（亿元）	占比（%）
2013	225.61	27.00
2014	295.13	30.56
2015	494.85	41.47
2016	395.46	34.62
2017	371.95	45.40
2018	243.18	23.52
2019	319.19	27.86

注：2007～2017年为自营收入占比总收入情况，2018～2019年为自营收入占比营业收入情况。

图3－7显示了2007～2019年信托公司自营业务收入和占比的情况。整体来看，全行业自营业务收入规模在上升，但自营业务收入占比在下降。2007～2015年信托全行业自营业务收入在稳步提升，而2015～2018年自营业务收入占比持续下降，2019年重拾升势。

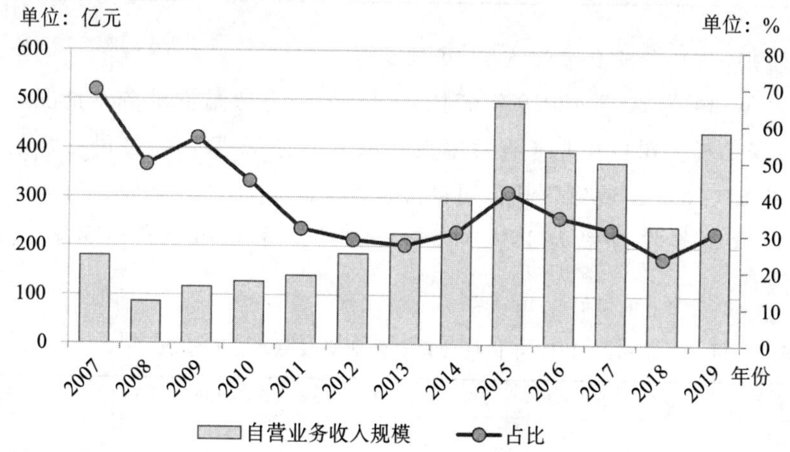

图3－7　2007～2019年信托公司自营业务收入规模和占比走势图

表3－13为2019年自营业务收入占比排名前15位的信托公司情况。排名前5位的信托公司分别是国联信托、中泰信托、江苏信托、吉林信托、天津信托，分别为77.94%、77.79%、64.36%、61.99%、60.27%。整体来看，2019年共有7家信托公司的自营业务收入占比超过50%。

表 3-13　　2019 年自营业务收入占比排名前 15 位的信托公司

排名	信托公司	自营业务收入（万元）	自营业务收入占比（%）
1	国联信托	84,386.00	77.94
2	中泰信托	21,020.84	77.79
3	江苏信托	208,245.46	64.36
4	吉林信托	32,776.14	61.99
5	天津信托	50,787.56	60.27
6	华润信托	175,380.88	57.05
7	粤财信托	64,554.85	53.24
8	金谷信托	25,412.29	49.11
9	华澳信托	47,866.73	48.17
10	昆仑信托	91,593.85	47.24
11	陕国投信托	79,760.07	45.78
12	国元信托	30,930.74	45.16
13	山东信托	84,889.50	44.99
14	外贸信托	118,544.62	42.51
15	华信信托	23,477.41	40.99

（四）信托行业自营收益率①小幅反弹

表 3-14 为 2007～2019 年信托公司自营业务收益率的分布情况。2019 年，6 家信托公司自营业务收益率在 0 以下，有 22 家信托公司自营业务的收益率为 0～5%，36 家信托公司自营业务收益率为 5%～10%，有 2 家信托公司自营业务收益率为 10%～15%，仅有 1 家公司自营业务收益率超过 15%。

表 3-14　　2007～2019 年信托公司自营业务收益率分布情况*　　单位：家

年份	>30%	20%～30%	15%～20%	10%～15%	5%～10%	0～5%	<0
2007	18	8	8	5	8	2	0
2008	2	4	7	10	15	9	4
2009	3	6	5	13	19	7	1
2010	0	2	5	17	26	5	0
2011	0	3	2	14	26	14	5
2012	1	1	5	20	29	10	0

① 信托公司自营业务收益率 = 自营业务收入 ×2 ÷（年初净资产 + 年末净资产）

续表

年份	>30%	20%~30%	15%~20%	10%~15%	5%~10%	0~5%	<0
2013	0	1	3	11	43	10	0
2014	1	0	6	14	38	8	1
2015	1	7	5	22	30	2	1
2016	2	0	4	13	36	13	0
2017	0	0	3	11	37	17	0
2018	0	0	0	3	22	39	4
2019	0	0	1	2	36	22	6

*2019年数据来自67家信托公司，不包括雪松信托。“0~5%”表示0<自营业务收益率≤5%，表中其他区间同此处。

图3-8显示了2007~2019年信托行业自营业务收益率分布的变化情况。整体来看，收益分布在10%以上的信托公司数目逐年减少。随着我国经济发展从高速向高质量转变，信托公司自营业务的收益率也在由过去的高收益向中收益转变。由于2018年的国内去杠杆叠加中美两国贸易摩擦，信托公司自营业务收益率有较为明显的下滑。相较于2018年，2019年收益率在15%以上的信托公司多了1家，收益率为10%~15%(含)的信托公司少了1家，收益率为5%~10%(含)的信托公司多了14家，收益率为0~5%(含)的信托公司减少了17家。

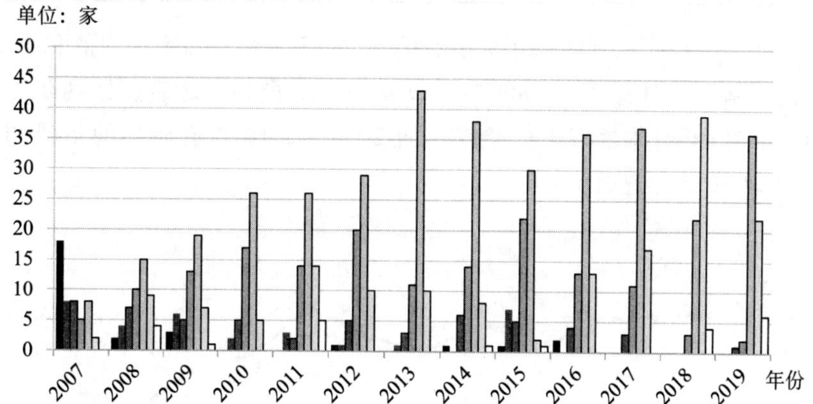

图3-8 2007~2019年信托行业自营业务收益率分布走势图

表3-15反映了2007~2019年信托公司自营业务收益率的整体水平。

整体来看，2019 年信托行业自营业务收益率有较大幅度的提升。2019 年信托行业自营收益率的中位数为 5.58%，较 2018 年的 4.36% 上升了 1.22 个百分点；2019 年信托行业自营收益率的均值为 5.16%，较 2018 年的 4.56% 上升了 0.60 个百分点。

表 3－15　　2007～2019 年信托行业自营业务收益率情况　　单位：%

年度	最大值	最小值	中位数	均值
2007	76.67	0.75	23.73	29.83
2008	36.90	－5.91	9.83	10.70
2009	38.96	－3.62	9.76	12.83
2010	21.75	0.66	9.46	11.03
2011	26.89	－6.99	7.96	8.03
2012	33.63	0.57	9.27	9.64
2013	28.07	0.78	7.81	8.85
2014	40.05	－11.80	8.53	8.94
2015	38.36	－7.93	10.08	11.62
2016	42.18	1.27	7.42	8.98
2017	18.62	1.32	6.68	7.33
2018	14.37	－10.15	4.36	4.56
2019	17.20	－8.47	5.58	5.16

图 3－9 反映了 2008～2019 年信托公司自营业务收益率的均值和中位数变化的趋势。整体来看，2009 年的收益率均值最高，之后连续两年下降，2011～2015 年整体呈现上升趋势，而 2016～2018 年有明显的下滑趋势。2019 年较 2018 年显著上升。

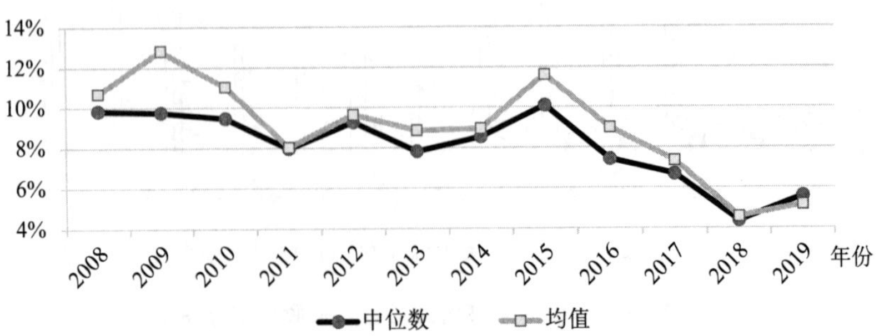

图 3－9　2008～2019 年信托行业自营业务收益率走势图

从单个信托公司自营业务收益率的变化来看，行业排名靠前的信托公司自营业务收益率均有不同幅度的上涨。表3－16显示了2018年、2019年信托行业自营业务收益率排名前15位的信托公司。2019年，自营业务收益率高于10%的信托公司有国联信托、华澳信托、江苏信托，收益率分别为17.20%、12.03%、10.88%。与2018年自营业务收益率高于10%的信托公司数量一致。

表3－16　2018年、2019年信托行业自营业务收益率排名前15位的信托公司

单位：%

排名	2019年		2018年	
	信托公司	自营业务收益率	信托公司	自营业务收益率
1	国联信托	17.20	天津信托	14.37
2	华澳信托	12.03	中铁信托	10.72
3	江苏信托	10.88	中海信托	10.60
4	华能信托	9.62	湖南信托	9.94
5	粤财信托	9.57	百瑞信托	9.47
6	云南信托	9.46	中建投信托	8.61
7	天津信托	9.35	华澳信托	8.49
8	山东信托	8.77	山西信托	8.32
9	吉林信托	8.57	华宝信托	8.08
10	杭工商信托	8.53	江苏信托	7.98
11	紫金信托	8.49	粤财信托	7.84
12	华润信托	8.39	万向信托	7.61
13	国投泰康信托	8.27	杭工商信托	6.91
14	西藏信托	8.26	吉林信托	6.82
15	外贸信托	7.82	华能信托	6.77

三、自营资产配置变化显著

（一）贷款及应收款占比显著降低，交易性金融资产占比大幅提升

根据66家信托公司公布的年报数据①，将信托公司自营资产的运用分

① 2019年山东信托未披露自营资产运用及投向分布，在统计中忽略以上样本，截至2020年4月30日披露年报的67家信托公司中取余下的66家信托公司为样本。

为货币资产、贷款及应收款、交易性金融资产、可供出售金融资产、持有至到期投资、长期股权投资和其他资产运用共七类。在数据处理中，自营固定资产、自营买入返售资产、自营金融资产和自营应收账款类投资归入自营其他资产。由于2019年新会计制度准则没有“可供出售金融资产”科目，部分使用新会计制度准则的信托公司可能将原“可供出售金融资产”科目项下资产计入“交易性金融资产”。但还有部分信托公司没有使用新会计制度准则，“可供出售金融资产”项下依然计入资产。考虑在过渡期内，研究依然按照原会计制度准则进行统计。

表3-17显示了2019年和2018年全行业信托公司自营资产的配置规模和占比情况。总体来看，2019年各类资产配置情况较2018年均发生了不同程度的变化。其中，货币资产的占比由2018年的8.90%减少到2019年的8.27%；贷款及应收款的占比由2018年的10.06%减少到2019年的9.45%；交易性金融资产占比由2018年的9.88%大幅增加到2019年的24.40%；可供出售金融资产的占比由2018年的41.52%大幅减少到2019年的28.37%；持有至到期投资的占比由2018年的2.71%增加到2019年的3.29%；长期股权投资的占比由2018年的12.95%增加到2019年的13.26%；其他资产运用由2018年的13.98%减少到2019年的12.96%。

表3-17 2018年、2019年信托公司自营资产配置规模及占比情况

资产运用方式	2019年		2018年	
	自营资产配置规模（亿元）	占比（%）	自营资产配置规模（亿元）	占比（%）
货币资产	624.52	8.27	617.25	8.90
贷款及应收款	713.10	9.45	697.38	10.06
交易性金融资产	1,842.02	24.40	685.31	9.88
可供出售金融资产	2,141.63	28.37	2,879.77	41.52
持有至到期投资	248.06	3.29	187.85	2.71
长期股权投资	1,000.54	13.26	897.96	12.95
其他资产运用	978.41	12.96	969.78	13.98
自营资产总计	7,548.28	100	6,935.29	100

2019年，信托公司自营资金配置的情况如图3-10所示。总体来看，

信托公司自营资金配置比重最大的是可供出售金融资产（28.67%），其次是交易性金融资产（24.57%），然后依次是长期股权投资（13.40%）、其他资产运用（12.99%）、贷款及应收款（8.71%），货币资产（8.33%）、和持有至到期投资（3.32%）。

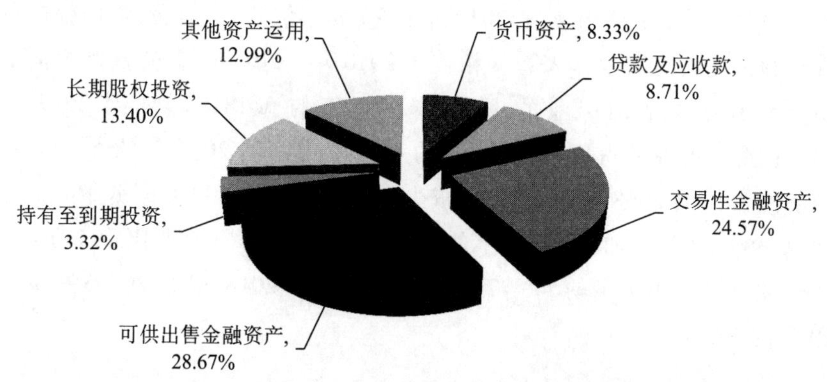

图3－10　2019年信托公司自营资产配置情况

图3－11显示了2011～2019年全行业信托公司自营资产配置分布的变化情况。整体来看，可供出售金融资产占比从2012年开始逐年显著上升，从2012年的23.68%稳步增长到2017年的44.11%，由于新会计制度准则的施行，2019年出现大幅下降，相应地，交易性金融资产的占比2019年大幅提升至24.40%。其他类别的资产占比自2015～2019年变化不大。

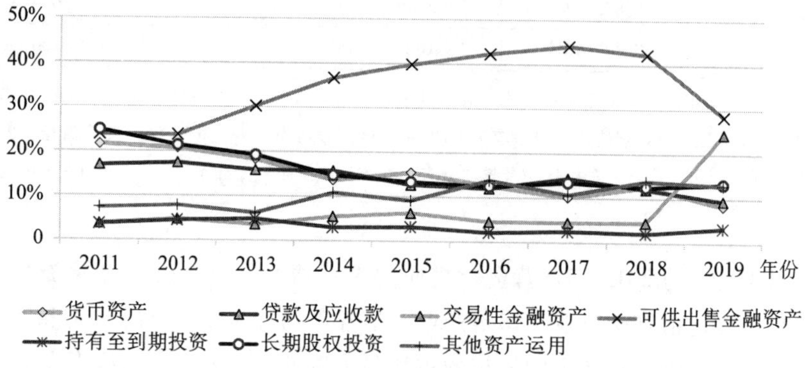

图3－11　2011～2019年信托公司自营资产配置比重走势图

（二）自营资金投向证券市场近 9 年最低，基础产业显著提升

信托公司自营资金的投向分布主要包括基础产业、房地产业、证券市场、实业、金融机构和其他资产共六类。在数据处理中，信托公司年报披露的基础产业、房地产业、证券市场、实业、金融机构之外的自营投向归入自营其他资产。表 3－18 显示了 2019 年和 2018 年信托公司自营资产投向分布的规模和占比情况。整体来看，相较于 2018 年，2019 年自营资产投向的变化不大。其中，基础产业的占比由 2018 年的 2.28% 增加到 2019 年的 3.43%；房地产业的占比由 2018 年的 6.57% 增加到 2019 年的 6.64%；证券市场的占比由 2018 年的 9.40% 减少到 2019 年的 9.33%；实业的占比由 2018 年的 7.23% 增加到 2019 年的 7.48%；金融机构的占比由 2018 年的 47.56% 增加到 2019 年的 47.72%；其他资产由 2018 年的 26.95% 减少到 2019 年的 25.40%。

表 3－18　2018 年、2019 年信托公司自营资产配置金额及占比*

投向分布	2019 年		2018 年	
	金额（亿元）	占比（%）	金额（亿元）	占比（%）
基础产业	252.80	3.43	158.38	2.28
房地产业	489.70	6.64	455.46	6.57
证券市场	687.94	9.33	652.01	9.40
实业	551.18	7.48	501.73	7.23
金融机构	3,518.56	47.72	3,298.33	47.56
其他资产	1,872.72	25.40	1,869.39	26.95
合计	7,372.90	100	6,935.29	100

*2019 年山东信托、安信信托 2 家信托公司未披露自营资产运用及投向分布，在统计中忽略以上样本，披露年报的 66 家信托公司中取余下的 64 家信托公司为样本。2018 年，安信信托、山东信托 2 家信托公司未披露自营资产运用及投向分布，在统计中忽略以上样本，取余下的 66 家信托公司为样本。

图 3－12 为 2019 年自营资金投向的占比情况，信托公司自营资产的投向分布主要包括基础产业、房地产业、证券市场、实业、金融机构和其他资产共六类。其中，投向金融机构的占比最大为 47.72%，往下依次是其他资产（25.40%）、证券市场（9.33%）、实业（7.48%）、房地产业（6.64%）和基础产业（3.43%）。

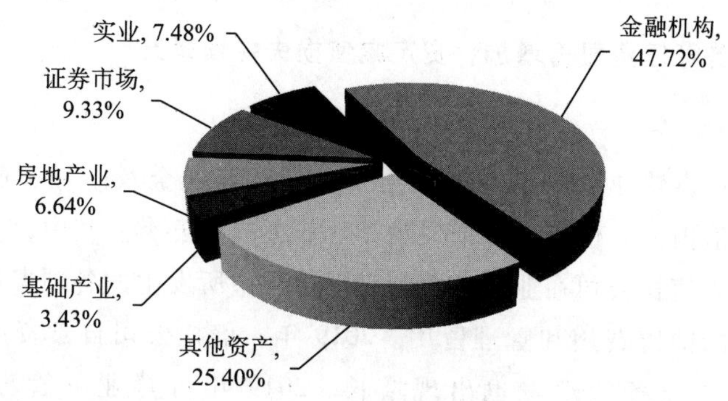

图3-12　2019年信托公司自营资产投向分布图

图3-13显示了2011~2019年信托公司自营资产投向分布的变化情况。从整体来看，金融机构的占比持续升高，而房地产业、实业和基础产业的占比较低。其中，金融机构的占比呈上涨趋势，2017年的占比达到最高值50.91%，2018年、2019年有所下滑；证券市场的占比存在一定波动性，2015年较高，2016年则较低为13.35%，之后逐年下滑，2019年为9.21%，为近9年的最低值；房地产业的占比变化区间为［4.75%，7.77%］；实业的占比变化区间为［4.45%，7.84%］，2015年为近6年的最低值，2016年起逐年回升，2019年为7.48%；基础产业则占比最低，且一直不断降低，2016年达到近6年的最低水平后，2017~2019年逐年提升，2019年为3.43%，为近9年的最高值。

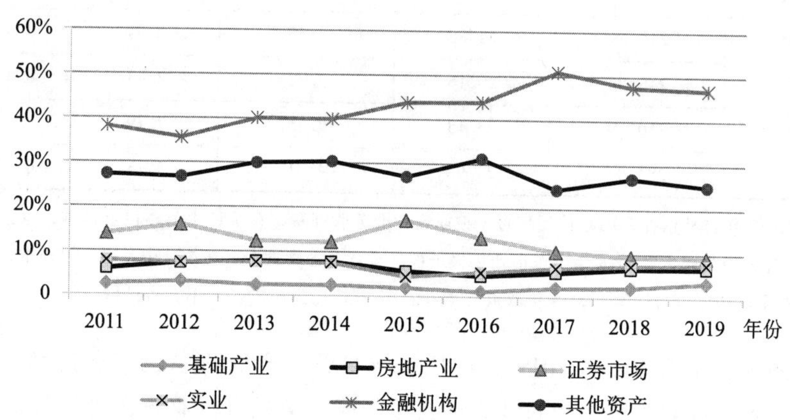

图3-13　2011~2019年信托公司自营资产投向比重走势图

四、业务管理费显著增加，资产减值损失持续攀升

（一）自营资产的业务及管理费显著增加

信托公司自营业务的营业支出主要包括营业税金及附加、业务及管理费、资产减值损失、信用减值损失和其他业务成本五类。其中，业务及管理费情况反映了信托公司在业务经营和管理过程中所发生的各项费用，相当于非金融企业的销售费用和管理费用。2019年，信托公司自营资产的规模持续扩张，自营业务管理费也出现增长。2019年自营业务管理费总额为284.98亿元，比2018年的250.99亿元增加33.99亿元。2019年，信托行业自营业务管理费的均值为4.31亿元，显著高于2018年的3.75亿元，自营业务管理费的中位数为3.13亿元，显著高于2018年的2.79亿元。表3-19反映了2011~2019年信托全行业自营业务管理费的变化情况。

表3-19　2011~2019年信托全行业自营业务管理费情况*　单位：亿元

年度	合计金额	最大值	平均值	中位数	最小值
2011	102.91	13.42	1.61	0.98	0.12
2012	144.81	15.32	2.19	1.47	0.22
2013	182.92	18.52	2.69	1.90	0.40
2014	247.50	23.16	3.64	2.47	0.60
2015	241.13	24.37	3.55	2.44	0.44
2016	241.39	24.83	3.55	2.53	0.33
2017	248.98	20.16	3.77	2.93	0.30
2018	250.99	23.13	3.75	2.79	0.29
2019	284.98	24.98	4.31	3.13	0.33

*2017年吉林信托和山东信托年报未披露自营业务管理费，在统计中忽略以上样本，取余下的65家信托公司为样本。2018年山东信托年报未披露自营业务管理费，在统计中忽略以上样本，取余下的66家信托公司为样本。2019年取披露年报的67家信托公司数据（不含雪松信托）。

图3-14为2011~2019年信托行业自营业务管理费的变化趋势情况。整体来看，随着信托行业近年来的持续扩张，信托自营业务管理费也不断增长。但是，2014~2018年信托自营业务管理费的均值及中位数变化不大，并没有出现显著增长。2019年开始重拾升势。

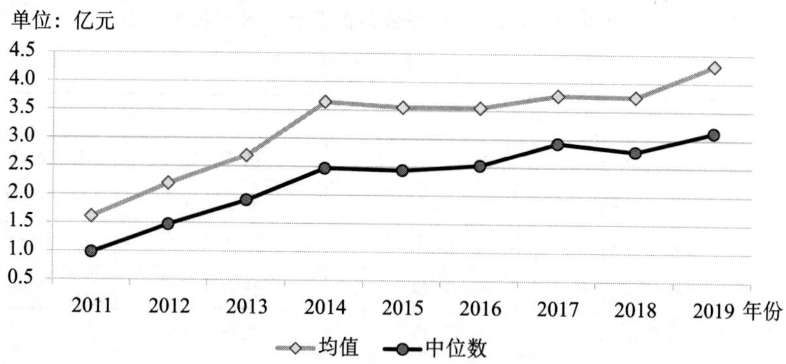

图 3－14　2011～2019 年信托行业自营业务管理费走势图

（二）资产减值损失规模逐年上升

图 3－15 反映了 2014～2019 年信托行业自营资产减值损失的变化趋势。2014 年，信托全行业的资产减值损失仅为 2.90 亿元。2015 年，信托全行业的资产减值损失规模大幅增长到 113.93 亿元。2017～2019 年，信托全行业的资产减值损失由 42.04 亿元逐年上涨至 143.12 亿元。

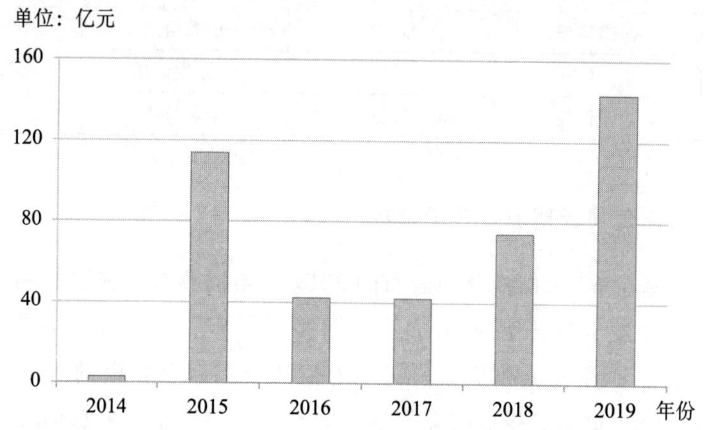

图 3－15　2014～2019 年信托行业自营资产减值损失变化情况*

*2019 年的资产减值损失为信托公司自营营业支出中的“资产减值损失”与“信用减值损失”之和。

表 3－20 为 2018 年、2019 年信托行业自营资产减值损失规模排名前 15 位的信托公司情况。

表3－20　2018年、2019年信托公司自营资产减值损失排名前15位的信托公司

单位：亿元

排名	2019年		2018年	
	信托公司	资产减值损失	信托公司	资产减值损失
1	华信信托	43.62	安信信托	20.91
2	国投泰康信托	12.47	中铁信托	7.17
3	新时代信托	7.24	长安信托	6.79
4	外贸信托	7.17	大业信托	4.26
5	重庆信托	7.02	兴业信托	3.91
6	苏州信托	6.60	中粮信托	3.43
7	中信信托	5.78	中原信托	3.24
8	陕国投信托	5.32	国民信托	3.10
9	中海信托	4.53	新华信托	2.98
10	上海信托	4.33	渤海信托	2.71
11	交银信托	4.21	民生信托	2.60
12	中诚信托	3.74	山东信托	2.54
13	西部信托	3.65	中诚信托	2.49
14	华宝信托	3.43	陕国投信托	2.40
15	西藏信托	2.95	华宸信托	1.80

五、信托公司长期股权投资情况

本部分基于67家信托公司公布的2019年年报数据，选取各家信托公司中自营资金投资金额排名前5位的长期股权投资汇总得出。从整体来看，2019年银行、证券公司和基金公司仍为信托公司自营投资的主要目标，同时也为信托公司贡献的投资收益较多。此外，自营资金主要投向还是以金融和类金融机构为主，如资产管理公司、融资租赁、保理公司等。

（一）12家信托公司参股21家银行

表3－21显示了2019年信托公司参股银行的情况。2019年，共有12家信托公司参股银行，相较于2018年的14家信托公司少了2家。2019年，参股银行比例不低于10%的共有3家，分别为重庆信托参股重庆三峡银行股份有限公司（29.00%的股权）、重庆信托参股合肥科技农村商业银行股份

有限公司（24.99%的股权）、吉林信托参股吉林公主岭农村商业银行股份有限公司（10%的股权）。从披露的投资收益来看，江苏信托投资江苏银行股份有限公司的投资收益最高，为8.20亿元；重庆信托投资合肥科技农村商业银行股份有限公司的收益排名第2，为2.08亿元；中原信托投资郑州银行股份有限公司的收益排名第3，为1.12亿元。

表3－21　　2019年信托公司参股银行情况

信托公司	参股银行	持股比例（%）	投资收益（万元）
重庆信托	重庆三峡银行股份有限公司	29.00	—
重庆信托	合肥科技农村商业银行股份有限公司	24.99	20,793.03
吉林信托	吉林公主岭农村商业银行股份有限公司	10.00	780
中融信托	哈尔滨农村商业银行股份有限公司	9.90	4,665.29
吉林信托	吉林九台农村商业银行股份有限公司	9.61	6,892.74
国联信托	无锡农村商业银行股份有限公司	9.00	60,664
江苏信托	江苏银行股份有限公司	8.04	81,967.81
北方信托	天津津南村镇银行股份有限公司	6.67	—
国联信托	江苏宜兴农村商业银行股份有限公司	6.35	108
江苏信托	江苏民丰农村商业银行股份有限公司	6.00	360
山西信托	长治银行股份有限公司	5.04	1,462.33
江苏信托	江苏如皋农村商业银行股份有限公司	4.99	449.1
中航信托	南昌农村商业银行股份有限公司	4.42	643.47
中航信托	新余农村商业银行股份有限公司	4.42	432.43
安信信托	营口银行股份有限公司	4.16	—
中原信托	郑州银行股份有限公司	4.04	11,208.54
安信信托	中信银行（国际）有限公司	3.40	—
北方信托	天津滨海农村商业银行股份有限公司	2.86	—
山东信托	德州银行股份有限公司	2.37	－2,912.5
吉林信托	吉林银行股份有限公司	1.17	—
中铁信托	富滇银行股份有限公司	0.80	—

（二）11家信托公司参股证券公司

表3－22显示了2019年信托公司参股证券公司的情况。2019年，共有11家信托公司参股证券公司。参股证券公司比例超过20%的有：四川信托

参股宏信证券有限责任公司60.38%的股权；平安信托参股平安证券有限责任公司55.66%的股权；华信信托参股大通证券有限责任公司37.42%的股权；华润信托参股国信证券股份有限公司25.15%的股权；国联信托参股国联证券股份有限公司20.51%的股权。

从年报披露的投资收益来看，华润信托投资国信证券股份有限公司收益最高，为12.38亿元；国元信托投资国元证券股份有限公司的投资收益排名第二，为1.24亿元；中诚信托投资国都证券股份有限责任公司的收益排名第3，为0.77亿元。

表3－22　　2019年信托公司参股证券公司情况

信托公司	参股证券公司	持股比例（%）	投资收益（万元）
四川信托	宏信证券有限责任公司	60.38	3,622.57
平安信托	平安证券有限责任公司	55.66	—
华信信托	大通证券股份有限公司	37.42	4,385.48
华润信托	国信证券股份有限公司	25.15	123,823.99
国联信托	国联证券股份有限公司	20.51	10,526
华宝信托	华宝证券有限责任公司	16.93	2,118.73
国元信托	国元证券股份有限公司	13.54	12,381.16
中诚信托	国都证券股份有限公司	13.33	7,676.98
吉林信托	东北证券股份有限公司	11.80	2,760.74
中航信托	天风证券股份有限公司	3.86	140
紫金信托	南京证券股份有限公司	0.32	87.36

（三）9家信托公司参股保险公司

表3－23显示了2019年信托公司参股保险公司的情况。2019年，共有9家信托公司参股保险公司，参股保险公司比例超过10%的公司有4家，分别为：国民信托参股汇丰人寿保险有限公司50%的股权；安信信托参股大童保险销售服务有限公司32.98%的股权；江苏信托参股利安人寿保险股份有限公司22.79%的股权；中泰信托参股都邦财产保险股份有限公司19.07%的股权。

从年报披露的投资收益来看，江苏信托参股利安人寿保险股份有限公司2019年获得9.47亿元收益。

表3－23　　2019年信托公司保险证券公司情况

信托公司	参股保险公司	持股比例（%）	投资收益（万元）
国民信托	汇丰人寿保险有限公司	50.00	3,760.93
安信信托	大童保险销售服务有限公司	32.98	—
江苏信托	利安人寿保险股份有限公司	22.79	94,762.81
中泰信托	都邦财产保险股份有限公司	19.07	－1,283.91
山东信托	泰山财产保险股份有限公司	9.85	928.47
北方信托	渤海财产保险股份有限公司	6.77	—
吉林信托	中融人寿保险股份有限公司	6.15	—
安信信托	渤海人寿保险股份有限公司	3.85	—
爱建信托	天安保险股份有限公司	0.12	0

（四）1家信托公司参股信托公司

表3－24显示了2019年信托公司参股信托公司的情况。与2018年一样，仅有一家信托公司参股信托公司，即中海信托参股四川信托，持股比例为30.25%，2019年投资收益为1.61亿元。

表3－24　　2019年信托公司参股信托公司情况

信托公司	参股信托公司	持股比例（%）	投资收益（万元）
中海信托	四川信托有限公司	30.25	16,069.87

（五）5家信托公司参股期货公司

表3－25显示了2019年信托公司参股期货公司的情况。2019年，共有5家信托公司参股保险公司，参股期货公司比例超过50%的为：兴业信托参股兴业期货有限公司100%的股权；建信信托参股建信期货有限责任公司80%的股权。

从年报披露的投资收益来看，中海信托参股国联期货股份有限公司，2019年获得投资收益1,006.06万元，外贸信托参股冠通期货股份有限公司，2019年获得670.3万元收益，东莞信托参股华联期货有限公司，2019年获得605.45万元收益，建信信托参股建信期货有限责任公司，2019年获得477.64万元收益。

表 3-25　　2019 年信托公司参股期货公司情况

信托公司	参股期货公司	持股比例（%）	投资收益（万元）
兴业信托	兴业期货有限公司	100.00	—
建信信托	建信期货有限责任公司	80.00	477.64
外贸信托	冠通期货股份有限公司	48.72	670.3
中海信托	国联期货股份有限公司	39.00	1,006.06
东莞信托	华联期货有限公司	25.02	605.45

（六）23 家信托公司参股 26 家基金公司

表 3-26 显示了 2019 年信托公司参股基金公司的情况。2019 年，共有 23 家信托公司参股 26 家基金公司。参股基金公司持股比例均超过 50% 的分别为：中铁信托持有宝盈基金管理有限公司 75% 的股权；平安信托持有平安基金管理有限公司 68.19% 的股权；重庆信托持有益民基金管理有限公司 65% 的股权；国投泰康信托持有国投瑞银基金管理有限公司 51% 的股权；华宝信托持有华宝基金管理有限公司 51% 的股权；华润信托持有华润元大基金管理有限公司 51% 的股权；厦门信托持有圆信永丰基金管理有限公司 51% 的股权；山西信托持有汇丰晋信基金管理有限公司 51% 的股权；上海信托持有上投摩根基金管理有限公司 51% 的股权。

从年报披露的投资收益来看，中诚信托投资嘉实基金管理有限公司的收益排名第 1，为 4.45 亿元；粤财信托投资易方达基金管理有限公司的收益排名第 2，为 4.34 亿元；天津信托投资天弘基金管理有限公司的收益排名第 3，为 3.72 亿元；山东信托投资富国基金管理有限公司的收益排名第 4，为 1.35 亿元；中泰信托投资大成基金管理有限公司的收益排名第 5，为 1.13 亿元。

表 3-26　　2019 年信托公司参股基金公司情况

信托公司	参股基金公司	持股比例（%）	投资收益（万元）
中铁信托	宝盈基金管理有限公司	75.00	—
平安信托	平安基金管理有限公司	68.19	—
重庆信托	益民基金管理有限公司	65.00	—
国投泰康信托	国投瑞银基金管理有限公司	51.00	—
华宝信托	华宝基金管理有限公司	51.00	15,300

续表

信托公司	参股基金公司	持股比例（%）	投资收益（万元）
华润信托	华润元大基金管理有限公司	51.00	—
厦门信托	圆信永丰基金管理有限公司	51.00	—
山西信托	汇丰晋信基金管理有限公司	51.00	1,742.74
上海信托	上投摩根基金管理有限公司	51.00	10,257.59
中泰信托	大成基金管理有限公司	50.00	11,339.22
中信信托	中信保诚基金管理有限公司	49.00	6,516.34
山东信托	泰信基金管理有限公司	45.00	-2,133.91
中海信托	中海基金管理有限公司	41.59	245.35
华宸信托	华宸未来基金管理有限公司	40.00	-1,102.8
外贸信托	诺安基金管理有限公司	40.00	7,585.47
中诚信托	嘉实基金管理有限公司	40.00	44,452.29
新华信托	新华基金管理有限公司	35.31	1,706.35
国元信托	金信基金管理有限公司	31.00	4.48
长安信托	长安基金管理有限公司	29.63	843.14
外贸信托	宝盈基金管理有限公司	25.00	1,364.95
粤财信托	易方达基金管理有限公司	22.65	43,351.58
中原信托	长城基金管理有限公司	17.65	—
北方信托	长城基金管理有限公司	17.65	—
天津信托	天弘基金管理有限公司	16.80	37,193.09
山东信托	富国基金管理有限公司	16.68	13,548.67
厦门信托	南方基金管理股份有限公司	13.72	12,155

（七）信托公司参股其他公司情况

表3-27显示了信托公司参股其他金融企业的情况。其中，持股比例100%的共有9家：杭工商信托持有浙江蓝桂资产管理有限公司100%的股权，华润信托持有深圳红树林创业投资有限公司100%的股权，建信信托持有建信（北京）投资基金管理公司100%的股权，平安信托持有深圳市平安创新资本投资有限公司100%的股权，上海信托持有上信资产管理有限公司100%的股权，兴业信托持有兴业国信资产管理有限公司100%的股权，中诚信托持有北京三侨物业管理有限责任公司100%的股权，中信信托持有中

信聚信（北京）资本管理有限公司100%的股权，中信信托持有中信信惠国际资本有限公司100%的股权。

表3-27　　2019年信托公司参股其他公司情况

信托公司	参股金融企业名称	持股比例（%）	投资收益（万元）
杭工商信托	浙江蓝桂资产管理有限公司	100.00	0
华润信托	深圳红树林创业投资有限公司	100.00	—
建信信托	建信（北京）投资基金管理公司	100.00	0
平安信托	深圳市平安创新资本投有限公司	100.00	0
上海信托	上信资产管理有限公司	100.00	—
兴业信托	兴业国信资产管理有限公司	100.00	—
中诚信托	北京三侨物业管理有限责任公司	100.00	3,000.00
中信信托	中信聚信（北京）资本管理有限公司	100.00	—
中信信托	中信信惠国际资本有限公司	100.00	—
中建投信托	深圳市卓越睿诚股权投资合伙企业（有限合伙）	99.98	—
中建投信托	宁波业茂企业管理合伙企业（有限合伙）	99.86	—
中诚信托	珠海鼎宇股权投资基金合伙企业（有限合伙）	99.12	125.34
山西信托	山西卓融投资有限公司	98.00	—
中建投信托	宁波梅山保税港区如创股权投资合伙企业（有限合伙）	96.21	—
四川信托	四川川信物业管理有限责任公司	95.00	0
平安信托	平安利顺国际货币经纪有限责任公司	67.00	4,020
上海信托	上海国利货币经纪有限公司	67.00	10,050
长安信托	上海淳璞投资管理中心	62.50	-200.57
建信信托	广东国有企业重组发展基金（有限合伙）	62.08	4.84
建信信托	北京建信股权投资基金（有限合伙）	50.91	7,267.38
中粮信托	中粮农业产业基金管理有限责任公司	50.20	—
北京信托	郑州北国投特通股权投资基金管理有限公司	50.00	—
华融信托	深圳市华佳股权投资基金管理有限公司	50.00	-4.95
华融信托	深圳融策股权投资管理有限公司	50.00	-146.93
建信信托	海南建银建信专项基金一号合伙企业	49.96	37,811.20
交银信托	上海锦项投资管理有限公司	49.00	11.1

续表

信托公司	参股金融企业名称	持股比例（%）	投资收益（万元）
交银信托	杭州投发交银投资管理有限公司	49.00	0.77
重庆信托	国泓资产管理有限公司	49.00	
中信信托	天津信唐货币经纪有限责任公司	48.00	1,979.61
昆仑信托	融源广达（天津）股权投资管理合伙企业（有限合伙）	47.50	-967.31
国投泰康信托	国投万和资产管理有限公司	45.00	1,499
苏州信托	苏州保信商业理有限公司	45.00	850
中信信托	中信信诚资产管理有限公司	45.00	-1,064.6
中融信托	深圳融汇投资咨询有限公司	44.00	-9.05
苏州信托	苏州苏信元和股权投资有限公司	42.86	70
北京信托	中合供销（上海）股权投资基金管理有限公司	40.00	—
华融信托	华信（天津）股权投资基金管理有限公司	40.00	-228.7
华融信托	华信天裕投资基金管理（北京）有限公司	40.00	71.35
华融信托	北京华盈椿股权投资基金管理有限公司	40.00	0.082
交银信托	上海中交达资产管理有限公司	40.00	-1.97
长安信托	青岛溢源润达投资管理有限公司	40.00	-7.52
长安信托	西安财金合作发展基金投资管理有限公司	40.00	—
中诚信托	潍坊丰悦泰和股权投资合伙企业（有限合伙）	40.00	1,562.47
爱建信托	柏瑞爱建资产管理（上海）有限公司	35.67	-156.78
北京信托	深圳前海京信供销基金管理有限公司	35.00	—
百瑞信托	国家电投集团产业基金管理有限公司	30.00	697
百瑞信托	赣南苏区振兴发展产业投资基金管理有限公司	30.00	-18
中铁信托	上海中胜达资产管理公司	30.00	—
百瑞信托	中原航空港产业投资基金管理有限公司	27.70	181.64
百瑞信托	郑州百瑞创新资本创业投资有限公司	25.71	-188.83
百瑞信托	河南省鸿启企业管理有限公司	24.50	1,138.75
中建投信托	国泰元鑫资产管理有限公司	24.30	—
北方信托	长城嘉信资产管理有限公司	22.00	263.65
昆仑信托	国联产业投资基金管理（北京）有限公司	20.83	12.22
江苏信托	江苏国投衡盈创业投资中心（有限合伙）	20.00	827.28

续表

信托公司	参股金融企业名称	持股比例（%）	投资收益（万元）
长安信托	西安企业资本服务中心有限公司	13.16	-65.68
中融信托	中国信托业保障基金有限责任公司	13.04	12,808.73
重庆信托	中国信托业保障基金有限责任公司	13.04	12,805.31
爱建信托	上海正浩资产管理有限公司	12.75	0
国元信托	安徽国元基金管理有限公司	12.50	160.18
中原信托	上海临芯投资管理有限公司	12.00	—
山东信托	山东豪沃汽车金融有限公司	10.00	194.84
中原信托	洛银金融租赁股份有限公司	10.00	5,018.18
中原信托	河南资产管理有限公司	10.00	3,726.55
中航信托	中国信托业保障基金有限责任公司	8.70	5,200
爱建信托	上海汇付互联网金融信息长夜股权投资中心（有限合伙）	6.45	—
五矿信托	中国信托业保障基金有限责任公司	4.35	—
中铁信托	中国信托业保障基金有限责任公司	4.35	—
上海信托	中国信托登记有限责任公司	3.33	-110.13
中航信托	中国信托登记有限责任公司	3.33	—
中融信托	中国信托登记有限责任公司	3.33	-171.13
安信信托	中国信托登记有限责任公司	2.00	—
陕国投信托	宁波梅山保税港区鼎实投资管理有限公司	—	0.37
陕国投信托	前海鹏安健康产业股权投资基金管理（深圳）有限公司	—	-30
陕国投信托	陕投股权投资基金管理（上海）有限公司	—	-69

从整体来看，信托公司自营资金股权投资以投向银行、证券公司、期货公司、公募基金公司、保险公司、期货公司为主。2019年信托公司投资保险公司的数量和股权占比有所增加。从投资收益看，2019年，信托公司投资公募基金的投资收益最高，大多获得可观的投资收益，可能与2019年公募基金管理规模的大幅增长有关。

六、信托公司自营资产关联交易情况

（一）自营资产与关联方交易规模与2018年持平

2019年，信托全行业自营资产与关联方交易期末数总额为473.34亿元，与2018年的495.67亿元基本持平。表3-28显示了2019年和2018年信托公司自营资产与关联方交易期末数排名前15位的情况。2019年平安信托的自营资产与关联方交易期末数排名第1，为66.77亿元，光大信托排名第2，为61.72亿元，华融信托排名第3，为48.39亿元，重庆信托排名第4，为44.95亿元，中融信托排名第5，为44.03亿元。

表3-28　2018年、2019年自营资产与关联方交易期末数排名前15位的信托公司

单位：万元

排名	2019年		2018年	
	信托公司	自营资产与关联方交易期末数	信托公司	自营资产与关联方交易期末数
1	平安信托	667,728.36	中融信托	986,098.29
2	光大信托	617,231.66	平安信托	676,654.97
3	华融信托	483,894.23	光大信托	617,736.41
4	重庆信托	449,492.00	华信信托	553,384.41
5	中融信托	440,295.09	重庆信托	468,085
6	华信信托	389,557.63	华融信托	333,898.59
7	英大信托	293,703.50	中诚信托	263,044.59
8	中诚信托	263,353.97	建信信托	237,355.27
9	华润信托	227,624.19	北京信托	181,998
10	北京信托	204,980.00	英大信托	152,986.22
11	五矿信托	104,377.80	华润信托	103,384.87
12	交银信托	88,570.05	长安信托	93,751.25
13	建信信托	82,615.16	国投泰康信托	76,086.06
14	国投泰康信托	81,329.81	上海信托	63,823.27
15	长安信托	80,622.57	金谷信托	52,465.2

（二）自营资产与信托交易规模加速增长

图3-16显示了信托自营资产与关联交易总额的变化情况。2019年，

信托全行业自营资产与信托关联交易期末数总额为2,631.93亿元，显著高于2018年的2,100.24亿元。而这一指标在2017年是1,788.95亿元，2016年是1,350.27亿元，2015年是399.82亿元，自营资产与信托交易规模呈现持续快速上涨趋势。

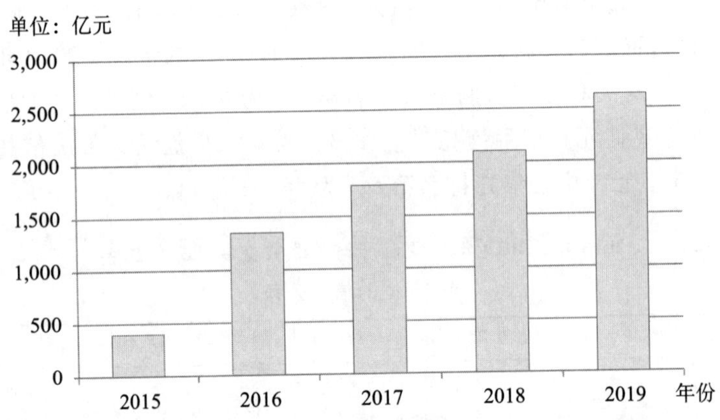

图3-16　2015~2019年信托自营资产与关联交易总额变化情况

2020年5月《信托公司资金信托管理暂行办法（征求意见稿）》中对自营资金投资信托计划作出了限制，预计该办法实施后，后续信托公司自营资金与信托交易的规模会出现比较明显的降幅。

表3-29显示了2019年和2018年信托公司自营资产与信托交易期末数排名前15位的情况。2019年华能信托的自营资产与关联方交易期末数排名第1，为176.12亿元，重庆信托排名第2，为166.30亿元，外贸信托排名第3，为126.92亿元，华融信托排名第4，为126.54亿元，中航信托排名第5，为105.70亿元。

表3-29　2018年、2019年自营资产与信托交易期末数排名前15位的信托公司

单位：万元

排名	2019年		2018年	
	信托公司	自营资产与信托交易期末数	信托公司	自营资产与信托交易期末数
1	华能信托	1,761,242.12	重庆信托	1,594,308
2	重庆信托	1,662,961.86	五矿信托	1,289,619.4

续表

排名	2019年		2018年	
	信托公司	自营资产与信托交易期末数	信托公司	自营资产与信托交易期末数
3	外贸信托	1,269,188.16	华融信托	1,271,143.87
4	华融信托	1,265,441.85	中航信托	907,811.49
5	中航信托	1,056,960.65	外贸信托	863,627.4
6	上海信托	904,443.27	民生信托	804,370
7	建信信托	895,673.56	上海信托	798,134.38
8	五矿信托	850,479.32	交银信托	715,265.46
9	民生信托	815,104.31	爱建信托	687,228.33
10	华润信托	780,375.38	昆仑信托	676,805.23
11	爱建信托	745,829.58	山东信托	671,238
12	昆仑信托	692,572.48	兴业信托	598,924.24
13	兴业信托	681,765.55	华润信托	558,253.6
14	交银信托	673,278.38	东莞信托	502,011.57
15	安信信托	643,200.00	中原信托	490,628.24

根据《信托公司资金信托管理暂行办法（征求意见稿）》，一是“信托公司以自有资金参与单只本公司管理的集合资金信托计划的份额合计不得超过该信托实收信托总份额的百分之二十”，二是“信托公司以自有资金直接或者间接参与本公司管理的集合资金信托计划的金额不得超过信托公司净资产的百分之五十”。

在第一条规定中，按照总规模计算，2019年信托公司自有资金与信托管理交易金额占比实收信托规模比重最高为8%。总体规模没有超标，但可能有部分信托公司自有资金投资单个信托产品比重超标。

但第二条规定，按照2019年的数据，共有29家信托公司自营与信托关联交易规模超过公司净资产的50%（见表3－30）。若该管理办法施行后，预计信托公司自营与信托关联交易的规模会大幅降低。

表 3-30　2019 年自营与信托关联交易规模占比净资产比例情况

信托公司	自营与信托关联交易规模占比净资产（%）
华融信托	144.61
大业信托	119.65
爱建信托	100.24
陆家嘴信托	95.25
国通信托	88.96
浙金信托	87.39
华能信托	86.21
万向信托	84.12
安信信托	83.57
中航信托	82.51
东莞信托	81.56
杭工商信托	78.35
民生信托	74.37
中原信托	72.42
外贸信托	71.64
西藏信托	69.45
云南信托	69.00
重庆信托	66.90
五矿信托	61.39
上海信托	59.40
紫金信托	58.85
国投泰康信托	58.40
山东信托	57.46
山西信托	56.76
华宝信托	55.87
交银信托	55.64
华鑫信托	53.05
昆仑信托	52.46
长安信托	50.86

七、小结

2019年，信托自营业务的总资产和净资产规模继续上涨，但增速继续放缓。相较于2018年，2019年行业自营收益率出现显著提升，同时，自营收入占比总收入也有所提高。经历了多年的高速增长后，2019年，信托行业的自营业务收入集中度开始提升，龙头效应显现。

《信托公司资金信托管理暂行办法（征求意见稿）》的实施，预计会对信托行业的自营业务产生较大影响。一是信托投向单一融资人或关联方的金额不超过信托公司净资产的30%，利好净资产规模较大的信托公司，同时预计信托公司将会迎来增资潮；二是部分信托公司自营业务的投向将受到限制，2019年有29家信托公司自营与信托关联交易的规模超过其净资产的50%，以往自营协助信托业务的发展模式将难以延续，这些信托公司的自营资产需要拓展新的投资方向。

展望未来，对资产的投资配置能力将成为信托公司自营资产的核心竞争力。信托公司需组建自营业务专业团队，提升对外部资产的投资配置能力。此外，从投资收益看，2019年，获得较好自营业绩的信托公司大都来自持股金融机构和专业子公司股权的投资收益，加强对优质资产的股权投资可能是信托自营资产配置的一个重要方向。

2019 年信托公司年报分析之四：人力资源篇

百瑞观点：

- 信托行业从业人员总量持续增加，信托公司间差异大
- 信托从业人员高学历趋势明显，30~39 岁人员仍为主力
- 从业人员岗位结构基本稳定，信托业务人员占比激升
- 组织架构持续调整，专业化部门与事业部增设较多
- 信托行业人均净利润持续下降，降幅有所收窄
- 人均信托资产规模下降，人均集合资金规模显著增加
- 人均总收入与人均信托业务收入稳中有升
- 信托公司用人成本差异较大，个别公司下降明显

信托行业目前处于转型升级期，行业转型对人力资源管理也提出了更高要求。储备什么样的人才，培养什么类型的人才，构建怎样的人才梯队，对于实现信托公司战略经营目标意义重大。从披露的 67 家信托公司年报数据来看，信托从业人员正在逐步向专业化与高学历化趋势发展。

一、信托从业人员总量持续增加

（一）信托从业人数增速加快

从 67 家信托公司的年报数据来看，2019 年信托行业从业人员较 2018

年增加明显。截至2019年年末，信托行业从业人员达到21,746人，较2018年年末的20,205人增加1,541人，增幅为7.63%，明显高于2018年0.3%的增长水平。图4－1列示了自2010年以来信托从业人员数量及增长率的变化，可以看出，信托行业一直保持扩张态势，从业人数始终处于增长状态，只是人员增速稍有差异，这与行业外部环境和内部改革均有关系。2010～2013年，信托从业人员呈现快速增长趋势，最快时2011年人员增速达到32.42%，这与经济环境变化带来的信托业快速发展密切相关；2013～2015年，从业人员增速由24.75%降至4.58%，这很大程度是因为2013年以来信托业受到了外部转型压力造成的；2016年人员增速与2015年基本持平，而2017年增速却明显提升，扭转之前的下降趋势，但2018年增速又明显放缓，2019年增速重新提升。

具体分析2010～2019年信托行业人员增速变化与行业发展阶段之间的关系发现：2010～2013年，信托行业顺延先前形势，依然处于高速扩张阶段，在公司数量、从业人员、管理资产规模和经营业绩等方面都取得极大进步。但2013年以来，信托行业遇到一定的外部环境压力，开始进行结构调整与转型升级，人员扩张也逐步放缓。但2017年有一个增速上的明显提升，接着2018年明显下降，随之2019年又重新回到正常水平，这样的增速波动都属于正常范围，也都不同程度地反映了信托行业的发展与扩张情况。

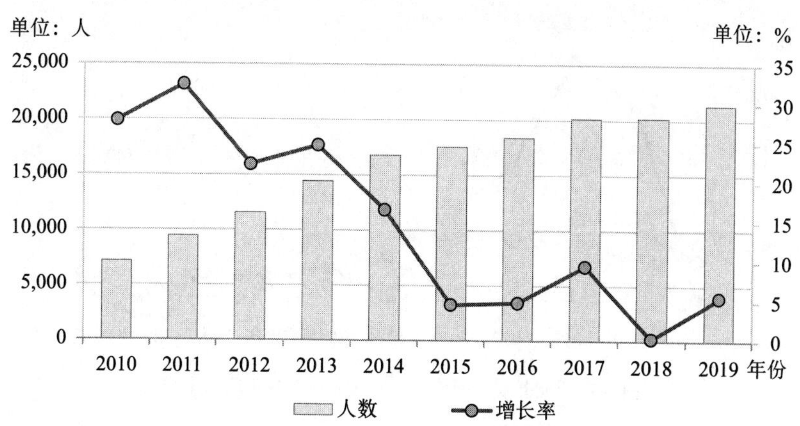

图4－1 2010～2019年信托行业从业人员数量及其增长率走势图

图4－2展示了2009～2019年信托公司平均员工数量的变化趋势，可以看到，在经历了2011～2014年的高速扩张后，近几年信托公司的平均员工

数量相对较为稳定，但 2019 年在"资管新规"影响下，信托公司积极转型，新增部门，人数增长又快速提升。

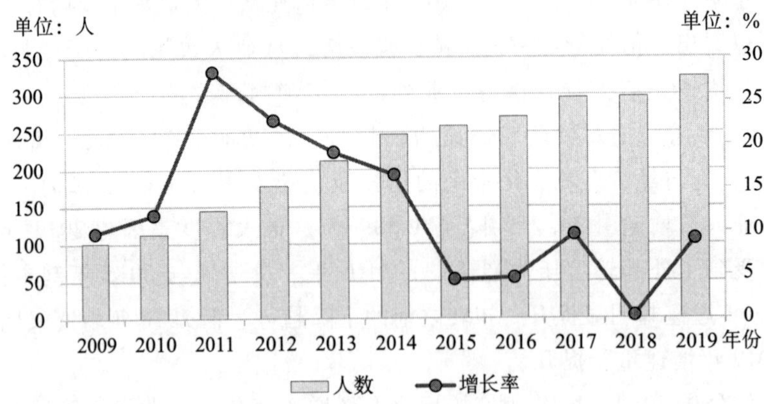

图 4－2　2009～2019 年信托公司平均员工数量及增长率走势图

图 4－3 为 2009～2019 年信托公司员工数量增速与信托业务收入增长率对比图，能够明显看出二者之间具备很强的关联性。可以说，信托业务收入增长率跟随员工数量增长率的变化而变化，换句话说，即员工数量增长率带动信托业务收入增长率的变化。2019 年员工数量增长率有所回升，信托业务收入增长率也跟随其增加。

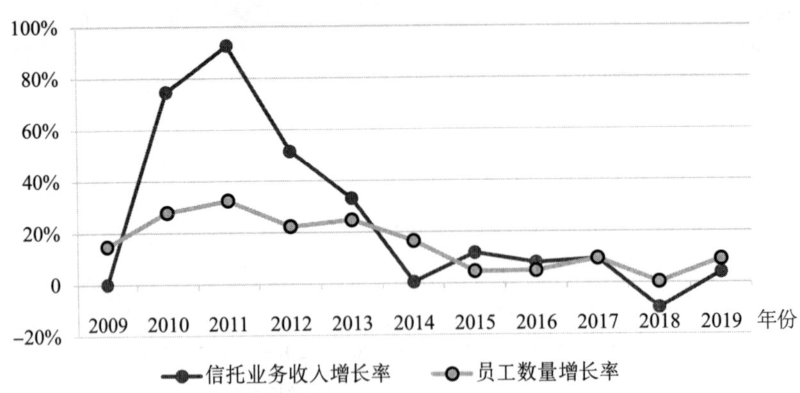

图 4－3　2009～2019 年信托公司员工数量增速和信托业务收入增长率对比图

（二）不同信托公司人员增减差异较大

从整体来看，67 家公司数据显示 2019 年信托行业增加人数较多，达

1,541人，但不同信托公司之间存在不小差异。67家信托公司中，51家员工数量都有所增加，13家员工数量减少，3家员工数量不变。2019年具体的员工数量与增幅变化情况以及排名前10位的与后10位的信托公司如表4－1和表4－2所示，光大信托无论从员工数量的增加或是增幅都位列第1，其较2018年增加454人，增幅达到92.46%。其次，人员增幅第2、第3的分别为东莞信托与爱建信托，人数增量第2、第3的分别为长安信托与东莞信托。值得注意的是，光大信托、爱建信托、五矿信托在2018年、2019年都保持了较快的员工扩张速度，原因在于信托公司积极转型，布局新业务，大力扩招相关专业人才。

表4－1　2019年员工数量增幅前10位和增员前10位的信托公司

排名	信托公司	增幅（%）	增员（人）	信托公司	增员（人）	增幅（%）
1	光大信托	92.46	454	光大信托	454	92.46
2	东莞信托	67.62	142	长安信托	153	21.28
3	爱建信托	30.92	124	东莞信托	142	67.62
4	中粮信托	29.44	68	爱建信托	124	30.92
5	江苏信托	25.68	38	五矿信托	110	24.44
6	五矿信托	24.44	110	平安信托	81	21.20
7	西部信托	23.99	71	西部信托	71	23.99
8	长安信托	21.28	153	中粮信托	68	29.44
9	平安信托	21.20	81	中信信托	67	9.81
10	粤财信托	18.40	30	民生信托	63	12.94

虽然有13家信托公司的员工数量出现减少，但减幅较小。由表4－2可以看出，减幅排名第1的为华融信托，减幅达到20.68%，员工数量减少73人，其次为中泰信托与中融信托，减幅达17.69%、13.49%。从数量上看，员工数量减少最多的为中融信托，为109人，减幅13.49%，2018年中融信托也减幅最大、减员最多。减员排名第2、第3的分别为华融信托与浙金信托，分别减员73人与33人。

表4-2　2019年员工数量减幅前10位和减员前10位的信托公司

排名	信托公司	增幅（%）	增员（人）	信托公司	增员（人）	增幅（%）
1	华融信托	-20.68	-73	中融信托	-109	-13.49
2	中泰信托	-17.69	-23	华融信托	-73	-20.68
3	中融信托	-13.49	-109	浙金信托	-33	-10.61
4	长城新盛信托	-12.87	-13	中泰信托	-23	-17.69
5	浙金信托	-10.61	-33	重庆信托	-16	-9.09
6	重庆信托	-9.09	-16	长城新盛信托	-13	-12.87
7	华信信托	-6.29	-10	华信信托	-10	-6.29
8	新华信托	4.52	-7	百瑞信托	-9	-4.46
9	百瑞信托	4.46	-9	华宝信托	-8	-2.40
10	大业信托	2.48	-4	新华信托	-7	-4.52

表4-3列示了2019年信托公司增员情况分布。从统计数据上可以发现，67家信托公司在2019年的人员变化差异较大，这可能与各信托公司的业务结构调整所带来的组织架构调整有关，用人策略也会随之变化。增加50人及以上的信托公司有11家，与2018年持平；增加20（含）~50人的信托公司有12家，此项也与2018年持平；2019年有14家公司增员10（含）~20人，比2018年增加4家。

表4-3　2019年信托公司增员情况分布表

增员（人）	公司（家）	信托公司
≥50	11	光大信托 长安信托 东莞信托 爱建信托 五矿信托 平安信托 西部信托 中粮信托 中信信托 民生信托 四川信托
20（含）~50	12	外贸信托 万向信托 安信信托 建信信托 陕国投信托 江苏信托 陆家嘴信托 中铁信托 渤海信托 粤财信托 中建投信托 北京信托
10（含）~20	14	国投泰康信托 英大信托 中海信托 中航信托 华澳信托 紫金信托 苏州信托 华宸信托 新时代信托 华能信托 中诚信托 兴业信托 吉林信托 华鑫信托
1（含）~10	14	国联信托 山东信托 国元信托 交银信托 昆仑信托 杭工商信托 国民信托 财信信托 金谷信托 山西信托 天津信托 上海信托 西藏信托 国通信托

从表4－4中可以看出，2019年信托行业有13家公司员工数量减少，共减员312人。相较2018年减员1706人，同比下降81.71%，明显减少。其中，减员100人以上的只有1家信托公司，为中融信托，该公司2018年减员也在100人以上。减员70(含)～80人的公司也只有1家，为华融信托。从整体来看，2019年信托公司减员规模较上年明显缩小。

表4－4　　2019年信托公司减员情况分布表

减员（人）	公司（家）	信托公司
>100	1	中融信托
70(含)～80	1	华融信托
10(含)～40	5	浙金信托 中泰信托 重庆信托 长城新盛信托 华信信托
1(含)～10	6	百瑞信托 华宝信托 新华信托 厦门信托 大业信托 中原信托

二、信托从业人员高学历趋势明显

仅从员工数量上的变化并不能完整地展现出信托行业的人员变化特点，因此下文将从年龄结构、学历结构以及岗位结构三个方面的变化，分别分析信托公司在2019年的人员结构变化特点。总体来看，信托公司2019年增员反映出明显的年龄集中化与高学历化趋势。

（一）30～39岁员工数量占比过半

通过对比信托公司的年龄结构，发现最为明显的趋势是30(含)～39岁员工占比显著提升，员工年龄集中化趋势愈发鲜明。2019年，64家信托公司（共20,272人）在年报中公布了员工年龄结构。其中，30岁以下的员工4,437人，占比21.89%；30(含)～39岁员工11,581人，占比57.13%；40岁及以上员工4,254人，占比20.98%。

从2009～2019年各年龄段员工占比走势图可以看出，30(含)～39岁年龄组员工数量占比一直稳定，自2014年开始有上升趋势，一直到2018年上升趋势都较为平缓，直到2019年年末显著上升，从49.45%上升到57.13%，这意味着信托公司的30(含)～39岁的员工越来越多，而这一年龄段的员工通常具备高学历、丰富经验的特点，利于信托行业的成熟发展；而30 岁以下的员工数量明显减少，2019 年年末降至 21.89%，这与 30（含）~39 岁员工数量占比的变化形成鲜明对比，相较历史最高点减少人数近一半；40 岁及以上员工数量占比变化较小（见图 4－4）。

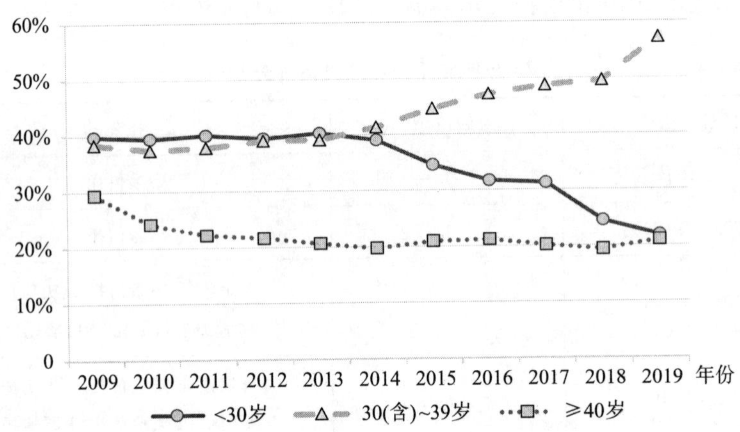

图 4－4　2009～2019 年信托行业员工年龄结构分布走势图

以上变化趋势可能是由于近年来信托行业对高学历与经验丰富的人才的需求增加，使 30（含）39 岁的员工数量不断增加，反之，对传统业务人员的需求有所下降，形成信托行业员工年龄集中化趋势愈发明显。

表 4－5 显示了 2019 年年末各年龄组占比排名前 10 位的信托公司，可以看出，30 岁以下员工占比排名前 10 位的信托公司，占比基本都在 30%~40%，有些属于近几年增员较多的公司。30（含）39 岁员工占比较多的信托公司大多集中在北京与长三角地区，占比基本在 60%~75%，尤其是排名第 1 的浙金信托，占比达到 74.10%，而且排名前 10 位的信托公司有 5 家以上的公司中 30（含）~39 岁员工超过 300 人，更加说明这一年龄阶段的员工正在成为信托行业的主力军。从整体来看，年龄集中化这一趋势在一线城市与长三角地区的信托公司中更为明显。

另外，30 岁以下员工数量占比最少的是华宸信托与新华信托，均不足 10%，分别为 4.26%、6.76%，相较 2018 年变化较明显。而外贸信托与浙金信托年龄为 40 岁及以上的员工数量占比均不足 10%，分别为 9.21% 与 9.71%。

表 4-5　　2019 年年末各年龄组占比排名前 10 位的信托公司　　单位:%

排名	信托公司	30 岁以下占比	信托公司	30(含)~39 岁占比	信托公司	40 岁及以上占比
1	云南信托	39.38	浙金信托	74.10	华宸信托	51.06
2	华能信托	36.44	陆家嘴信托	66.95	天津信托	46.25
3	华润信托	35.90	民生信托	66.91	国元信托	46.15
4	中航信托	32.62	中建投信托	66.59	山西信托	40.66
5	国投泰康信托	32.62	光大信托	66.53	英大信托	38.89
6	苏州信托	32.57	平安信托	65.01	吉林信托	36.16
7	五矿信托	32.14	兴业信托	64.57	北方信托	34.78
8	粤财信托	29.53	中融信托	63.95	金谷信托	32.26
9	西藏信托	29.52	长城新盛信托	59.41	新华信托	31.08
10	外贸信托	29.42	国民信托	59.15	新华信托	30.97

（二）高学历人员占比不断提高

根据已公布年报的 67 家信托公司数据，2019 年的博士与硕士学历人员数量较 2018 年有明显的增加。其中，博士学历人员数量同比增长 5.42%，硕士学历人员数量同比增长 9.69%；本科学历人员数量同比增加 7.04%，而专科学历人员数量明显下降，同比减少 6.93%。结合上文增员减员的数据来看，减员的大部分为本科或专科学历人员，而新增人员大多为硕士或博士学历人员，且硕士学历人员已明显成为行业主力军（见表 4-6）。

表 4-6　　2009~2019 年信托从业人员学历结构表　　单位：人

年份	2009	2010	2011	2012	2013	2014	2015	2016	2017	2018	2019
总数	5,575	7,129	9,440	11,546	14,404	16,753	17,554	18,401	19,396	20,205	21,746
博士	123	164	237	287	339	379	355	377	395	406	428
硕士	1,847	2,488	3,621	4,865	6,539	7,642	8,137	8,786	9,519	10,518	11,537
本科	2,655	3,432	4,388	5,155	6,317	7,367	7,779	7,997	8,363	8,311	8,896
专科	950	829	940	880	988	1,112	1,081	1,068	960	823	766
其他		216	254	359	221	235	202	173	159	147	119

图4－5更为明显地显示出2008～2019年信托行业硕博学历人员数量占比、本科学历人员数量占比与专科以下学历人员数量占比的变化趋势。其中，硕博学历人员数量占比不断走高，而本科、专科以下学历占比不断下降。2012年硕博人员数量占比与本科学历人员数量占比重合，2016年硕博人员数量占比就已超过50%，占据了信托行业的半壁江山。2019年，硕博人员数量占比已达到55.02%，而本科学历人员数量占比下降至40.91%，专科学历以下人员数量占比下降至3.52%。相信在今后的趋势中，硕博人员数量占比会持续增加，博士学历人员数量也会越来越多，为行业发展不断注入新动力。

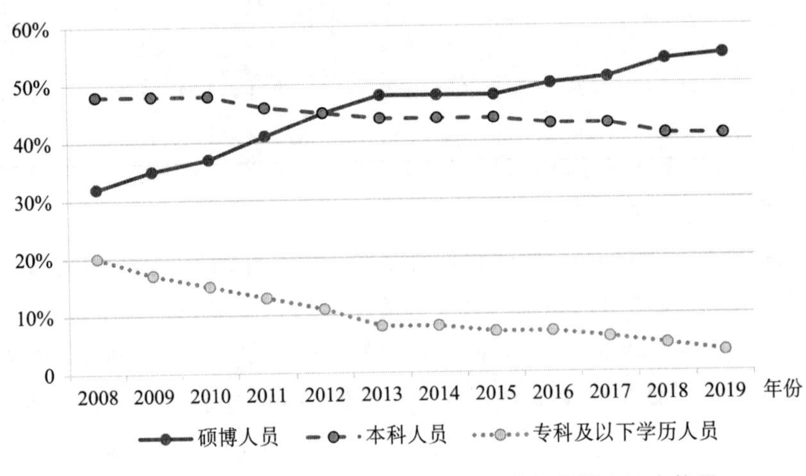

图4－5　2008～2019年信托行业各学历人员数量占比走势图

表4－7列出了2019年年末硕博人员数量和占比排名前10位的公司，其中，人数变化较为明显。2018年年末硕博人数最多的信托公司是中信信托，人数为477人，第2名则是中融信托的393人，而2019年年末硕博人数排名靠前的公司如光大信托、中信信托、长安信托，在人数上有明显的提升，分别为585人、535人、451人。并且，排名前9位的信托公司，硕博人数都在300人以上。硕博人员数量占比排名前10位的信托公司与2018年相比变化不大，其中，9家信托公司也排在2018年的前10位，百瑞信托与北京信托分别以81.87%和76.21%的硕博占比继续位于排名的第1、第2位。

表4－7　2019年年末硕博人员数量和占比排名前10位的信托公司

排名	信托公司	硕博人员（人）	硕博占比（%）	信托公司	硕博占比（%）	硕博人员（人）
1	光大信托	585	61.90	百瑞信托	81.87	158
2	中信信托	535	71.33	北京信托	76.21	221
3	长安信托	451	51.72	中原信托	74.02	188
4	陕国投信托	386	60.41	英大信托	73.33	132
5	五矿信托	364	65.00	建信信托	73.05	309
6	中融信托	351	50.21	山东信托	72.93	167
7	外贸信托	342	61.73	中诚信托	72.22	247
8	兴业信托	320	54.51	中信信托	71.33	535
9	建信信托	309	73.05	上海信托	69.85	278
10	民生信托	281	51.09	华润信托	69.41	261

人才始终是信托行业转型发展的基础，各信托公司需要不断完善人力资源政策，优化人才结构。信托公司一方面需要严格履行招聘程序，通过严格的准入控制人才质量，公司高管可以通过人才推介、市场化招聘、内部提拔等方式择优选聘。另一方面，建立具有竞争力的激励约束机制，激励约束机制是信托公司治理的中心环节，科学有效的激励约束机制能够发挥信托核心竞争力，最大限度激发人力资本的主观能动性，实现员工利益与信托公司长期利益的一致发展。

（三）信托业务人员占比不断上升

2019年，共有65家信托公司公布了员工岗位分布情况，具体人员数量如表4－8所示。其中，董监高人员622人，自营业务人员500人，信托业务人员11,973人，其他人员7,680人。[①] 具体占比如图4－6所示。

① 65家信托公司未包含陕国投信托、国通信托。另外，安信信托、万向信托和五矿信托仅披露业务人员，未区分自营业务人员和信托业务人员，本书按照行业比例进行了区分。

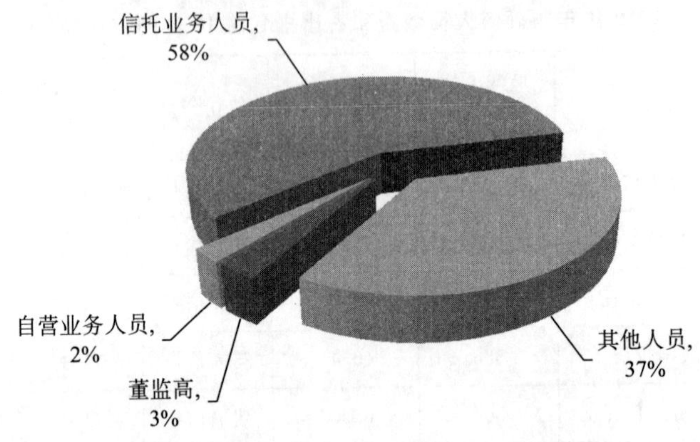

图4－6　2019年年末信托业务人员岗位分布图

表4－8　2009～2019年信托行业各岗位从业人员数量*　单位：人

年份	2009	2010	2011	2012	2013	2014	2015	2016	2017	2018	2019
董监高	359	419	420	530	608	591	561	596	617	614	622
自营业务人员	479	468	490	590	752	1, 025	566	586	488	767	500
信托业务人员	2, 379	3, 542	4, 448	5, 910	7, 331	9, 042	9, 079	9, 761	10, 175	11, 006	11, 973
其他人员	1, 497	1, 865	2, 582	3, 517	4, 518	5, 380	5, 763	6, 435	7, 225	6, 939	7, 680
合计	4, 714	6, 294	7, 940	10, 547	13, 209	16, 038	15, 969	17, 378	18, 505	19, 326	20, 775

*由于每年披露岗位结构的信托公司数量不同，因此该数据仅有参考意义，更有意义的是不同岗位人员占比变化。

图4－7所示为2008～2019年信托行业从业人员岗位分布的变化趋势。可以看出，除了董监高的占比连年小幅度下降以外，自营业务人员占比、信托业务人员占比与其他人员占比基本维持在一定的水平，仅小幅波动。董监高占比由2008年最高值8.97%下降至2019年的2.99%，另外三种岗位占比均有小幅增加。其中，信托业务人员占比维持在55%～60%，中后台人员维持在30%～40%。从业务职能人员占比（业务人员/其他人员）来看，2019年年末为1.62，但不同信托公司差异较大，有35家公司超过行业均值，有4家公司业务职能人员占比超过5，也有15家公司低于1。业务职能人员占比高说明中后台人员数量较少，需要适时补充相关岗位人员，为公司

业务拓展提供更好支撑；业务职能人员占比过低的公司需要考虑内部管理效率。由于各信托公司岗位职责不同，该分析也仅有参考意义。

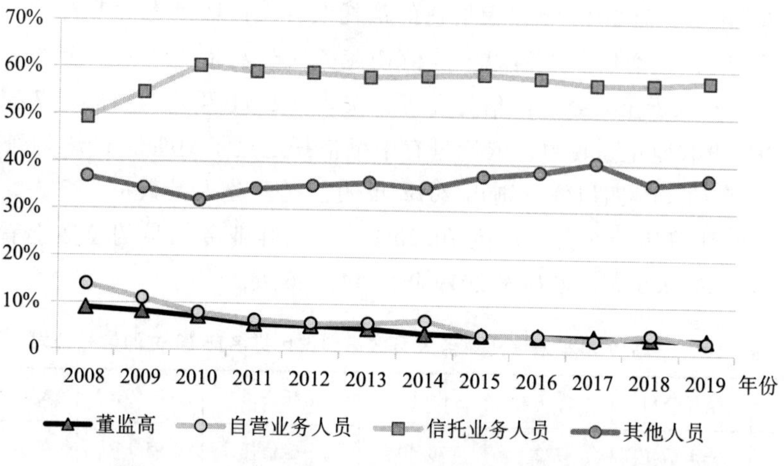

图4-7 2008～2019年信托从业人员岗位分布走势图

自营业务人员数量和占比排名前10位的信托公司如表4-9所示。在自营业务人员数量上，光大信托与天津信托并列第1，其中，天津信托的自营业务人员数量与2018年相同，排名第3的中信信托也只与前两名相差1人。自营业务人员数量占比排名第1的为天津信托，与2018年占比相差不多，第2名与第3名分别为重庆信托与江苏信托。其中，光大信托自营业务人员由2018年的14人增加至21人，人数排名第2位，但在比重上（2.2%）依然很少。整体来看，2019年信托公司在自营业务人员数量上略有增加。

表4-9 2019年年末自营业务人员数量及其占比排名前10位的信托公司

排名	信托公司	人数（人）	占比（%）	信托公司	占比（%）	人数（人）
1	光大信托	21	2.22	天津信托	13.13	21
2	天津信托	21	13.13	重庆信托	8.15	15
3	中信信托	20	2.67	江苏信托	7.53	14
4	华能信托	15	4.11	华信信托	7.38	11
5	重庆信托	15	8.15	百瑞信托	7.25	14
6	江苏信托	14	7.53	吉林信托	6.78	12
7	百瑞信托	14	7.25	西藏信托	6.67	7
8	中诚信托	14	4.09	华宸信托	6.38	6
9	中建投信托	13	2.88	长城新盛信托	5.68	5
10	吉林信托	12	6.78	新华信托	5.41	8

2019年年末信托业务人员数量和占比排名前10位的信托公司如表4-10所示。信托业务人员数量排名第1的是光大信托，为722人，信托业务人员占比76.40%，而2018年光大信托的信托业务人员数量为351人，2019年增加了371人，增加了1倍以上。信托业务人员数量300人以上的公司由2018年的6家增至8家，而信托业务人员占比超过70%的依然是7家，与上年相比没有变化。其中，依然只有中融信托超过了90%，仍然名列第1，占比为95.14%。四川信托则由2018年的信托业务人员数量655人、占比89.24%，下降为556人、占比70.20%。从信托业务人员的总数上看，由2018年的11,006人，增加至2019年的11,816人。

表4-10　2019年年末信托业务人员数量和占比排名前10位的信托公司

排名	信托公司	人数（人）	占比（%）	信托公司	占比（%）	人数（人）
1	光大信托	722	76.40	中融信托	95.14	665
2	中融信托	665	95.14	中信信托	86.00	645
3	中信信托	645	86.00	北京信托	84.14	244
4	四川信托	556	70.20	光大信托	76.40	722
5	外贸信托	378	68.23	长城新盛信托	76.14	67
6	长安信托	370	42.43	粤财信托	72.02	139
7	兴业信托	354	60.31	四川信托	70.20	556
8	平安信托	317	68.47	交银信托	69.49	164
9	安信信托	289	62.02	昆仑信托	69.45	191
10	建信信托	283	64.30	平安信托	68.47	317

表4-11列示了2019年年末其他人员数量和占比排名前10位的信托公司。相比自营业务人员与信托业务人员，其他人员的数量变化最大，2018年年末其他人员为6,939人，而2019年年末则达到7,501人。在其他人员数量的排名中，前2名依然是长安信托与民生信托。在其他人员占比中，民生信托与浙金信托不相上下，分别以69.82%与69.06%的占比位列第1、第2名。另外，有9家信托公司的其他人员数量都达到了200人以上，6家信托公司的其他人员占比都达到了60%以上。

表4-11　2019年年末其他人员数量和占比排名前10位的信托公司

排名	信托公司	人数（人）	占比（%）	信托公司	占比（%）	人数（人）
1	长安信托	486	55.73	民生信托	69.82	384
2	民生信托	384	69.82	浙金信托	69.06	192
3	爱建信托	306	58.29	中建投信托	64.16	290
4	中建投信托	290	64.16	东莞信托	62.50	220
5	东莞信托	220	62.50	陆家嘴信托	62.07	216
6	四川信托	218	27.53	华宸信托	61.70	58
7	兴业信托	218	37.14	国联信托	59.78	55
8	陆家嘴信托	216	62.07	华澳信托	59.38	133
9	西部信托	200	54.50	爱建信托	58.29	306
10	光大信托	195	20.63	长安信托	55.73	486

三、信托公司部门加速扩张

从2019年年报来看，信托公司在积极推进组织业务架构调整，提升内部管理水平，为业务转型奠定坚实基础。有46家信托公司对组织架构进行了调整。其中，部分公司在董事会之下进行调整，增加了有关消费者权益保护和关联交易控制相关的委员会。而多数公司是在经营层面进行调整，增加了部分专业化业务部门和事业部，完善了中后台职能部门体系。

（一）新设标品投资业务部门，推动业务转型

首先，最为明显的是增设专业化部门与事业部，推动信托业务的发展。对这一类型组织架构进行调整的有34家信托公司，其中，23家信托公司增设了专业化部门，具体内容见表4-12。在新增的专业化部门与事业部中，首先，增加最多的是与标品投资相关的部门，从侧面反映出了信托非标转标的趋势，如中信信托的债券业务部、五矿信托的标品信托管理部、渤海信托的资产证券化部等。其次，则是与产融结合相关的部门，如百瑞信托的产业金融部、华鑫信托的产业投资部、中海信托的产业金融总部等。

表 4－12　　2019 年信托公司新增专业化部门

信托公司	新增专业化部门	信托公司	新增专业化部门
中信信托	债券业务部、国际业务部	中融信托	机构业务部、金融投行部
五矿信托	标品信托管理部、家族办公室	江苏信托	服务信托部、保险与证券信托部
华宸信托	绿色信托业务部、家族信托业务部、固有业务部	四川信托	融合发展部、服务信托部、自营管理部
渤海国信	金融市场部、投资银行部、企业金融部、资产证券化部	百瑞信托	证券投资部、普惠金融部、标品信托部、产业金融部
民生信托	证券投资总部	华润信托	普惠金融部
华鑫信托	产业投资一部、产业投资二部	中海信托	同业金融总部、产业金融总部
紫金信托	金融市场总部	厦门信托	股权投资信托部
湖南信托	创新业务总部	中泰信托	资本投资部
爱建信托	供应链金融总部、私人银行部	华澳信托	资管部
华融信托	家族与慈善信托部	陆家嘴信托	投资银行部、固有业务部
光大信托	数量金融与产业投资部、金融市场部	中建投信托	新增创新业务中心，下设资产证券化业务部、地产基金业务部、债券投资业务部；新增同业金融总部，下设同业金融管理部、同业金融业务一部、同业金融业务二部
建信信托	投行业务中心更改为：投行一部、投行二部、投行三部、投行四部		

在监管的引导下，信托机构加码布局标品信托，未来信托机构的业务格局也或将重塑。信托机构多年来的团队建设、能力建设都在非标领域，因此在布局发展标品投资的过程中，需要加大在资管、权益类、标准化领域的研究能力建设、团队建设、产品体系建设等。

（二）结合自身特色，设立不同类型事业部

2019 年除新增专业化部门最多外，增加最为明显的是设立不同类型的事业部，共有 12 家信托公司增设了事业部（见表 4－13）。其中，增设最多的事业部是普惠金融事业部和资本市场相关的事业部，如爱建信托的普惠金融事业部、中诚信托的小微金融事业部，以及建信信托的证券市场事业部、长安信托的资本市场事业部。部分事业部的设立也反映了该信托公司的资源优势和战略定位，如英大信托设立电网事业部、清洁能源事业部，平安信托设立特殊资产事业部。

表4－13　　2019年信托公司新增事业部

信托公司	新增事业部	信托公司	新增事业部
光大信托	产业创新金融事业部	平安信托	特殊资产事业部
建信信托	财富管理事业部、股权投资事业部、证券市场事业部、项目投融资事业部	长安信托	金融同业事业部、资本市场事业部
爱建信托	普惠金融事业部	华澳信托	房地产事业部
中航信托	家族信托（准）事业部	英大信托	电网事业部、清洁能源事业部
中诚信托	小微金融事业部	国民信托	华中信托事业部
中粮信托	农业金融事业部、特殊资产事业部、家族办公室事业部、消费金融事业部、证券投资事业部	华融信托	产业金融与不动产部、资本市场管理总部、资产经营管理总部、资产证券化管理总部、资产证券化管理总部。金融市场板块下设金融市场总部

（三）加大财富中心布局，继续发力财富管理

2019年信托公司年报及公开信息显示，新增财富中心的信托公司有11家（见表4－14）。例如，光大信托新增北京、上海、广州、青岛、南京、武汉、成都、郑州、宁波、深圳、杭州、西安、福州、天津财富中心；国民信托新增上海财富中心，国投信托、华鑫信托和华融信托则进行了财富管理部门新设。

表4－14　　2019年信托公司新增财富中心或部门

信托公司	新增财富中心或部门	信托公司	新增财富中心或部门
爱建信托	财富部更新为财富管理中心	中建投信托	财富业务总部下新增业务管理部
民生信托	客户经营总部	国投信托	财富管理总部
华鑫信托	财富管理部、江苏财富管理中心	华宸信托	财富管理总部
华澳信托	资金市场部	国民信托	上海财富管理中心
华融信托	财富管理总部（含事业一部、事业四部）	光大信托	北京、上海、广州、青岛、南京、武汉、成都、郑州、宁波、深圳、杭州、西安、福州、天津财富中心
厦门信托	财富管理中心新下设华东财富中心、华南财富中心、西南财富中心		

在“资管新规”出台后，信托企业转型必然要发力主动管理业务，而财富管理无疑是这一转型中的重要一环。因此，信托公司纷纷选择在财富管理领域拓展布局，增加资金端竞争力。

纵观全国的财富中心的布局，不难发现新设的财富中心大多集中于一线、二线城市，其主要原因在于高净值的客户集中在一线、二线城市，他们对理财的关心程度、认知程度以及接受理解能力普遍较高，自然而然地成为财富中心的主要客户群体。

财富中心的快速扩张一方面体现出我国居民财富快速增长后，对财富保值升值的需求，另一方面，金融机构的资金端也开始从机构向高净值客户人群转变，拓宽零售市场线条，发掘新的融资途径从而形成市场竞争力。在人员配置上，信托公司更加倾向于在财富私行与投行资管两端均有从业经验的人，减少时间成本。

（四）服务信托部门设立，顺应监管导向回归本源

从前文中的信息可以看出，江苏信托与四川信托均在2019年内设立了服务信托部。服务信托起源于委托人、受益人各种各样不同的诉求，不仅仅是投资需求，其最能体现信托的制度价值，是可以将信托公司与其他金融机构区别开来的业务。服务信托同时也是海外信托业的重要形态，是中国信托业的重要发展方向。服务信托的发展不仅有利于整个资产管理行业的繁荣，也满足了社会的多元化需求。

从当前形势来看，由于资产管理业务与投资银行的手续费率逐年下滑，服务信托在手续费率的绝对值上虽然低于其他业务，但是，服务信托有其巨大的规模优势，存在较大的盈利空间。服务信托作为信托公司的重要盈利板块，大力发展必会持续产生收入，也有望创造新的业务机会。

在信托行业转型时期，为了适应监管的相关要求，更成功地实现转型，要先后转变以下三个方面的观念。一是观念上的转变，要认识到先前赚大钱、赚快钱的时代已经一去不复返，在当前监管下，这是最重要的一个转变，也是最为关键的、最基础的转变，只有思想转变了，后续的工作才能更好推进；二是专业能力的转变，在新监管下，对于专业能力有了更高的要求，最好选择小而精的业务方向；三是要引导客户观念的转变，特别是资产端的重要客户与潜在客户。

从长远发展的角度来看，信托公司若想持续改善与做大服务信托的规

模，首先，要重点关注资产证券化、家族信托与年金信托等方向；其次，要不断提升财富管理的专业化能力，引进专业化人才，拓展高端客户、增加信托产品的种类；最后，风险防范必不可少，务必加强风险管理与资产处置的能力，尤其是加强存量资产的风险处置，同时要严防新增风险的出现。

（五）优化职能部门设置，提升管理效率

从2019年信托公司年报及公开信息显示，约有26家信托公司对职能部门进行了调整，调整包括增设、裁撤、合并、拆分多种形式，以求实现更好地适应公司业务发展的目的，具体信息如表4-15所示。职能部门的增设主要体现在项目审批和项目处理环节。其中，光大信托、中航信托等10家公司增设了项目审批环节的部门，如光大信托增设独立审批人综合办公室、独立审批人团队，中航信托增设合规管理部，建信信托增设业务评审及管理部。长安信托、中海信托等9家公司增设项目运营环节的部门，如长安信托增设信托财务部，中海信托增设运营管理部。杭州工商信托、长安信托等8家公司增设项目处理环节的部门，如杭州工商信托增设公共关系部，长安信托、华信信托增设消费者权益保护部、办公室，外贸信托、湖南信托、中海信托增设资产保全部。

表4-15　2019年信托公司职能部门增设情况

信托公司	项目审批	项目运营	项目处置	其他
中航信托	合规管理部	—	—	—
建信信托	业务评审及管理部	—	—	—
兴业信托	业务审批中心、风险管理部	—	—	创新与战略规划部
百瑞信托	项目评审一部、项目评审二部	—	—	—
云南信托	风险管理部、法律合规部	—	—	—
国民信托	内控合规部	—	—	—
中泰信托	法律合规部	—	—	—
光大信托	独立审批人综合办公室、独立审批人团队	—	—	党群工作部/工会

续表

信托公司	项目审批	项目运营	项目处置	其他
杭工商信托	法律事务部	—	公共关系部	—
中信信托	—	信托运营部	—	
国联信托	—	运营管理部、资产管理部	—	—
五矿信托	—	标品信托管理部	—	—
民生信托	—	资产运营总部	—	—
华润信托	—	资金管理部	—	智能与信息化部、纪委办公室
长安信托	—	信托财务部	消费者权益保护办公室	—
中海信托	—	运营管理部	资产保全与创新研究部	—
外贸信托	—	登记管理部	资产保全部	—
山西信托	—	—	资产保全部分为一、二、三部	—
湖南信托	—	—	资产保全部	—
华信信托	—	—	金融消费者权益保护部	—
中诚信托	—	—	综合保障部	党建工作部
厦门信托	—	—	—	董事会办公室
天津信托	—	—	—	战略管理/创新中心
西藏信托	—	—	—	纪检监察室

职能部门的删减主要体现在项目审批和项目运营环节。其中，中泰信托、光大信托等3家公司删减了部分项目审批环节的部门，但这类部门的裁撤同样伴随其他部门的新增。例如，光大信托裁撤了审批部，但增设了独立

审批人综合办公室和独立审批人团队；中泰信托将合规管理部、法律事务部合并为法律合规部。中泰信托、中信信托等4家信托公司删减了部分项目运营环节的部门，该删减也主要体现为调整。例如，中信信托删减了登记托管部、运营管理组，但增设了信托运营部；国联信托删减了信托事务管理部，但增设了运营管理部和资产管理部。此外，还有一些涉及后台部门的调整。例如，中信信托裁撤了金融实验室；华润信托裁撤了信息技术部的同时增设了智能与信息化部。

通过对信托公司2019年组织架构变化的整理分析，总体看呈现以下三大趋势：

第一，新增许多专业化部门与事业部，这一组织架构的变化与信托业务的转型息息相关。由于增设的多是与标品投资相关的部门（如中信信托、江苏信托与建信信托等），充分体现出信托公司整体非标转标的业务转型。

第二，新增区域部门的趋势也愈发明显。区域部门的设立能够更好地提高对当地客户的服务水平，从而达到辐射全国的目的，尤其是在实力强大的信托公司中，这一趋势尤为显著（如江苏信托、五矿信托等）。

第三，部分信托公司逐步完善中后台的项目审批、运营与处置机制体系，整体上约有26家信托公司对其进行调整，调整包括增设、裁撤、合并、拆分等多种形式，目的是实现更好地适应公司业务发展的目的。职能部门的增设主要体现在项目审批与项目运营环节，例如，前文的建信信托建立的业务评审及管理部，中信信托增加信托运营部、裁撤登记托管部与运营管理组。

四、人均经营业绩与用人成本

（一）人均净利润持续下降，降幅缩窄

2019年，信托行业加权平均人均净利润为244.23万元，是2011年以来的最低值，相比2018年下降10.95%，降幅有所收窄。人均净利润超过行业平均数的公司有33家，中位数为251.18万元。图4－8显示了自2009年以来，信托行业人均净利润及其增长率走势图。可以发现，信托行业人均净利润2012年首次突破300万元，2013年持续增长至341万元后，基本保持稳定。2019年行业净利润下降，从业人员却小幅增长，造成人均净利润下降。

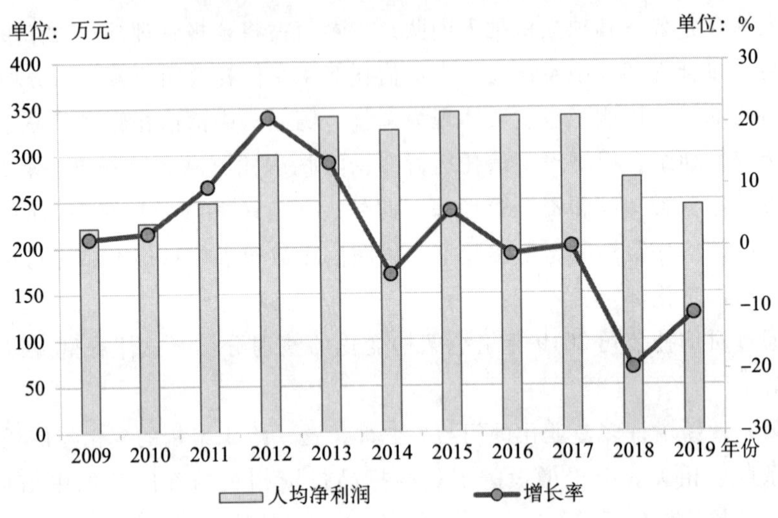

图4-8 2009~2019年信托行业人均净利润及其增长率走势图

虽然2019年的人均净利润增长不多，但行业排名前10位的信托公司人均利润远高于2018年人均利润。表4-16列示了2019年人均净利润排名前10位和后10位的信托公司及其2018年排名和净利润排名。重庆信托人均净利润1,760.48万元，继续稳居行业首位，2018年重庆信托人均净利润为1,858.59万元。重庆信托之所以蝉联榜首，在于加强事前交易对手或者债务人调查，审慎选择交易对手、甄选项目，及时化解已发生风险、降低损失程度。此外，江苏信托以人均净利润1,448.22万元位居第2，华能信托、华润信托与中航信托依然居前10位，进步最为明显的属国联信托，2018年人均净利润仅为244.24万元，居第35位，2019年人均净利润增加至1,115.33万元，位居第3。中海信托、湖南信托、中铁信托、外贸信托在2019年跌出前10位。其中，中海信托在2018年人均净利润为830.25万元，2019年降低到362.34万元。中海信托在2019年净利润大幅下滑，为7.39亿元，而2018年净利润为15.9亿元。

2019年人均净利润排名后10位的信托公司表现不佳。2018年人均净利润为负的信托公司仅为2家，而2019年人均净利润为负的信托公司增至4家。从人均净利润的变化能看出，信托公司实力整体上升，但经营状况两极分化愈发严重，资本实力发展不均衡趋势更加明显，不排除2019年经济形势与监管趋严的影响，行业内部差距继续拉大。

表 4-16　2019 年人均净利润排名前 10 位和后 10 位的信托公司

排名	信托公司	2019 年人均净利润（万元）	2018 年人均净利润排名	净利润排名	排名	信托公司	2019 年人均净利润（万元）	2018 年人均净利润排名	净利润排名
1	重庆信托	1,760.48	1	3	58	新时代信托	60.10	49	47
2	江苏信托	1,448.22	2	7	59	中粮信托	45.56	64	65
3	国联信托	1,115.33	35	56	60	金谷信托	34.32	52	57
4	华能信托	870.55	4	4	61	浙金信托	23.51	60	59
5	华润信托	767.73	7	5	62	山西信托	12.75	66	66
6	平安信托	627.58	8	2	63	新华信托	10.29	62	63
7	中航信托	605.97	5	8	64	华宸信托	-69.58	67	67
8	英大信托	577.93	22	35	65	华信信托	-98.99	14	29
9	百瑞信托	572.16	13	22	66	华融信托	-130.26	65	64
10	五矿信托	518.71	6	11	67	安信信托	-891.40	68	68

（二）人均信托资产规模整体下降

在经历了 2018 年较大幅度的调整后，2019 年信托公司资产规模整体有所下降，进入了波动相对较小的平稳下行阶段。截至 2019 年年末，全国 67 家信托公司信托资产规模为 21.5 万亿元，较 2018 年年末的 22.7 万亿元同比下降 5.29%。平均来看，每家信托公司管理的信托资产规模为 3,210.04 亿元，同比下降 3.93%。在已披露年报的 67 家信托公司中，信托资产规模同比下降的信托公司超过七成（47 家），其中，下降小于 10% 和下降 10%~30% 的信托公司最多，分别有 19 家和 23 家。仅三成信托公司（20 家）信托资产规模同比实现增长，增长幅度大多小于 30%。

表 4-17 列示了 2019 年信托资产规模和人均信托资产规模排名前 10 位的信托公司。在人均信托资产规模的排名中，仅有 2 家信托公司人均信托资产规模超过 30 亿元，建信信托以人均 32.89 亿元位列第 1，相较 2018 年的人均规模减少 10.28%，交银信托以 32.28 亿元排名第 2。此外，还有 4 家信托公司人均信托资产规模超过 20 亿元。

表4－17　　2019年信托资产规模和人均信托资产规模排名前10位的信托公司

单位：亿元

排名	信托公司	信托资产规模	人均信托资产规模	信托公司	人均信托资产规模	信托资产规模
1	中信信托	15,741.56	20.99	建信信托	32.89	13,912.32
2	建信信托	13,912.32	32.89	交银信托	32.28	7,618.50
3	华润信托	9,548.86	25.40	华润信托	25.40	9,548.86
4	五矿信托	8,849.76	15.80	英大信托	22.12	3,981.24
5	中融信托	7,654.52	10.95	渤海信托	21.85	5,966.03
6	交银信托	7,618.50	32.28	中信信托	20.99	15,741.56
7	光大信托	7,506.17	7.94	华能信托	19.86	7,250.47
8	华能信托	7,250.47	19.86	江苏信托	19.77	3,677.23
9	上海信托	6,926.52	17.40	西藏信托	18.80	1,973.70
10	中航信托	6,657.92	15.74	上海信托	17.40	6,926.52

人均集合信托资产规模与人均新增集合信托规模能更好地反映出人均经营效率。如表4－18所示，2019年交银信托依然排在人均集合信托资产规模第1名，为20.72亿元，较2018年的21.35亿元同比下降2.95%，但领先第2名8.44亿元。排名第2的五矿信托进步较为明显，较上年的8.42亿元同比增长45.84%。平安信托与中海信托跌出人均集合信托资产规模前10位。其中，平安信托跌至第14位；而百瑞信托与中融信托冲进前10。长城新盛信托与华宸信托的期末集合信托规模均不足1,000万元。

在人均新增集合信托规模的排名中，五矿信托超越交银信托，位列第1，为7.65亿元，较上年4.06亿元同比增长88.42%。而交银信托较上年下降明显，2018年其人均新增集合信托规模为10.29亿元，2019年同比下降37.02%。重庆信托与百瑞信托虽新增集合信托规模排名分别为第12名与第10名，但人均新增集合排名靠前，分别为第3名与第4名。整体来看，58家信托公司的人均新增集合规模均为1,000万元以上。

表4－18　　2019年年末人均集合信托资产与人均新增集合信托规模排名前10位的信托公司

排名	信托公司	人均集合信托资产规模（万元）	期末集合资产排名	信托公司	人均新增集合信托规模（万元）	新增集合规模排名
1	交银信托	207, 213. 23	4	五矿信托	76, 484. 25	1
2	五矿信托	122, 813. 32	2	交银信托	64, 841. 41	7
3	中信信托	106, 370. 31	1	重庆信托	60, 397. 12	12
4	中航信托	104, 896. 78	5	百瑞信托	52, 865. 93	10
5	重庆信托	102, 392. 43	17	中信信托	50, 849. 22	2
6	建信信托	98, 290. 69	7	中航信托	50, 279. 68	5
7	百瑞信托	91, 952. 17	15	民生信托	41, 161. 64	4
8	新时代信托	91, 523. 25	13	华能信托	36, 759. 98	9
9	中融信托	87, 647. 10	3	江苏信托	35, 435. 31	22
10	华润信托	66, 758. 50	11	光大信托	35, 424. 23	3

（三）人均信托业务收入稳中向好

2019年，人均信托业务收入总体较2018年有增长趋势。表4－19列示了2019年信托业务收入与人均信托业务收入排名前10位的信托公司。人均信托业务收入排名第1的为重庆信托，与2018年基本持平。华能信托由2018年的第7跃升至第2，人均信托业务收入为869. 88万元，较2018年的697. 08万元同比增长24. 79%。而平安信托则由2018年的第2降至2019年的第5，人均信托业务收入减少185. 28万元，同比降低19. 55%。另外，英大信托与百瑞信托冲进人均信托业务收入的前10位，38家信托公司的人均信托业务收入达到300万元以上，但也有4家信托公司的人均信托业务收入不足100万元，分别为安信信托、山西信托、中泰信托与华宸信托。

表4－19　　2019年信托业务收入与人均信托业务收入排名前10位的信托公司

单位：万元

排名	信托公司	信托业务收入	人均信托业务收入	信托公司	人均信托业务收入	信托业务收入
1	中信信托	478, 847. 88	638. 46	重庆信托	1256. 64	201, 061. 93
2	中融信托	409, 795. 22	586. 26	华能信托	869. 88	317, 505. 18
3	光大信托	374, 475. 22	396. 27	中航信托	847. 67	358, 565. 40
4	中航信托	358, 565. 40	847. 67	渤海信托	773. 93	211, 282. 72

续表

排名	信托公司	信托业务收入	人均信托业务收入	信托公司	人均信托业务收入	信托业务收入
5	平安信托	353, 054. 90	762. 54	平安信托	762. 54	353, 054. 90
6	五矿信托	352, 709. 94	629. 84	中信信托	638. 46	478, 847. 88
7	华能信托	317, 505. 18	869. 88	五矿信托	629. 84	352, 709. 94
8	兴业信托	248, 616. 71	423. 54	英大信托	623. 71	112, 267. 97
9	建信信托	237, 506. 45	561. 48	江苏信托	619. 88	115, 297. 54
10	长安信托	213, 874. 62	245. 27	百瑞信托	588. 18	113, 518. 02

图4－9列示了2009～2019年人均总收入、人均信托收入及其增长率走势图。可以看到，2019年的人均总收入略有回升，人均总收入增长率也由负转正，人均信托业务收入与2018年基本持平，人均信托业务收入增长率也由负转正。总体来看，2019年信托行业的人均总收入与人均信托业务收入扭转了2017年与2018年的下降趋势，开始有所回升，稳中向好。

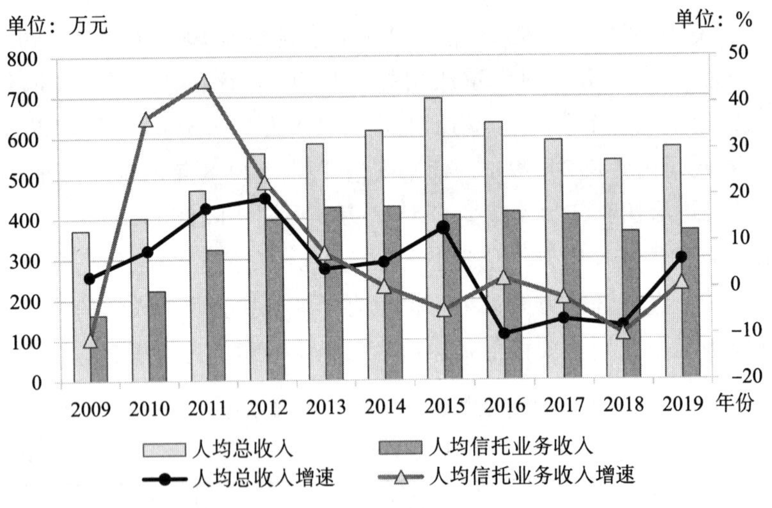

图4－9　2009～2019年人均总收入、人均信托业务收入及其增长率走势图

从信托功能角度看，2019年信托业务结构变化较为明显，在日益严厉的“去通道”监管环境下，融资类信托占比有所上升，事务管理类信托占比显著下降，投资类信托则基本稳定。以事务管理信托为主的通道类业务占比不断下降，说明信托业回归主业，服务实体经济的转型取得显著成效。信托业逐渐摆脱对融资类业务的过度依赖，主动提升投资管理能力。

（四）信托公司用人成本差异较大

2019年有7家信托公司披露了现金流量表，其中，“支付给职工以及为职工支付现金”这一指标反映了企业实际支付给职工以及为职工支付的现金，包括本金支付的员工工资、奖金、各种津贴和补贴，以及为职工支付的其他费用等。用这一指标除以员工数量，可以粗略反映信托公司的用人成本。

由图4-10可以看出，7家信托公司中人均支付资金超过100万元的仅有1家，低于40万元的有1家，其余5家信托公司为50万~65万元。对比仅有的少数几家公司历史数据看，个别信托公司人均实付资金出现下滑，但多数公司保持了相对稳定的态势。

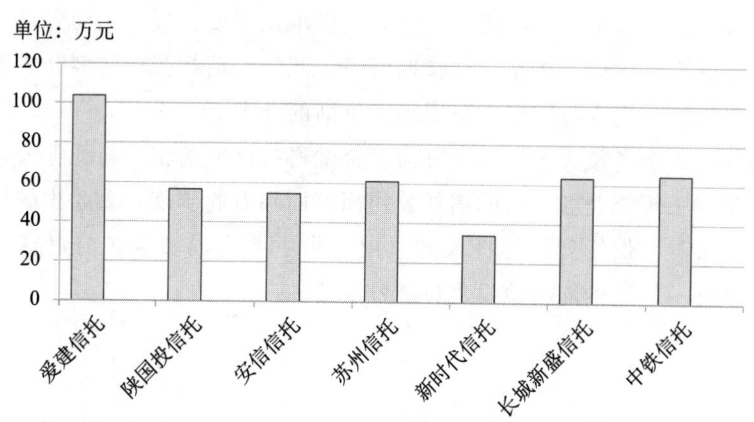

图4-10　2019年部分信托公司人均实付资金

总体来看，信托行业正处于转型发展的新时期，信托公司盈利能力可能呈现下降趋势，信托行业人均支付资金也可能呈现下降趋势。但是，不同信托公司、不同岗位人员薪酬待遇可能呈现进一步分化趋势，信托公司也需要持续优化薪酬激励与考核机制以支持和保障信托公司转型发展。

五、小结

2020年5月银保监会发布《信托公司资金信托管理暂行办法（征求意见稿）》，其中，对资金信托非标债权投资进行明确限制，特别是集合资金信托计划非标债权投资不得超过全部集合资金信托计划合计实收信托50%

的规定，可能对信托公司业务发展造成较大影响。从长远来看，该办法是希望引导信托行业转型发展，引导信托回归本源，开展资产管理业务，在此背景下，信托行业人才培养与发展也将呈现出新特点。

第一，传统业务人员需求下降，标准化投资与金融科技人才等创新人才需求上升。资管行业监管统一后，信托传统融资业务发展越来越受到限制，通道业务也严重萎缩，随着信托公司开始逐步构建以客户为中心的全新业务生态，具有跨背景的复合型人才、跨行业的综合性人才越来越受到青睐。

第二，权益投资人才需求上升。在信托行业转型过程中，信托公司开始积极布局权益类业务团队，但是，信托公司相较于券商和基金公司而言，投研能力较弱，急需完善相应的人员配置。

第三，提升风控合规能力对人力资源管理提出新要求。最近几年，信托公司风险项目暴露增加，风险处置能力变得越发重要，提升主动管理与风控能力对于资管机构而言将是一项长期任务。此外，信托公司转型开展投资类业务对于风控合规人员的能力也提出了更高的要求。

第四，金融科技人才是未来方向。金融科技已成为银行与证券公司的标配，但是对于传统业务起家的信托公司而言面临着起步晚、人才少的被动局面。目前来看，信托公司能投入的适用场景主要为消费金融与财富管理领域，未来这一领域的能力建设也将越发重要。

2019 年信托公司年报分析之五：客户服务篇

百瑞观点：

- 信托项目净利润大幅提升，行业竞争程度加强
- 信托项目营业收入增加，利息收入占比有所下滑
- 信托项目销售净利率下滑，投资者收益处于低位
- 信托项目支出小幅上升，受托人报酬占比增加
- 已清算信托项目规模下降，集合信托占比提升
- 已清算信托项目加权收益率提升，行业排名变化大
- 被动管理信托规模降低，主动管理信托收益率上行
- 客户服务能力的提升源自核心竞争力的加强
- 扩大服务主体类型，提高信托客户黏性
- 增强主动管理能力，研发新型金融产品
- 发力家族信托业务，提升为高净值客户服务能力

2019 年，全球经济复苏步伐放缓，中国经济运行总体平稳。在金融供给侧结构性改革的引领下，信托业坚持业务回归本源，服务提质增效，经营状况整体良好，风险水平总体可控，实现了向高质量发展转型的良好开局。2020 年 5 月，银保监会发布了《信托公司资金信托管理暂行办法（征求意

见稿)》。尽管是征求意见稿，但改革方向已定。以非标转标的形式打破刚性兑付、统一监管标准、促进公平竞争，对于推动信托业务回归本源具有积极意义，但也给信托公司带来巨大转型压力，需要信托公司实现新的业务突破。

一、信托项目净利润提升，信托项目支出上升

（一）信托项目净利润大幅提升，行业竞争程度加强

1. 信托项目净利润总额增加，持续为客户创造价值

2019年，在面对诸多挑战的情况下，信托行业转型和高质量发展取得显著成效，经营业绩稳步提升，持续为客户创造了更多价值。2019年，信托项目累计实现净利润12,047.50亿元，增速大幅提高，扭转了净利润下滑的态势。由图5－1可以看出，2011～2015年，信托项目净利润呈现高速增长态势，年均增速高达50%以上。但受国内外经济环境与金融监管政策影响，2016～2019年，信托项目净利润维持宽幅震荡走势，且振幅呈逐年增加的趋势。

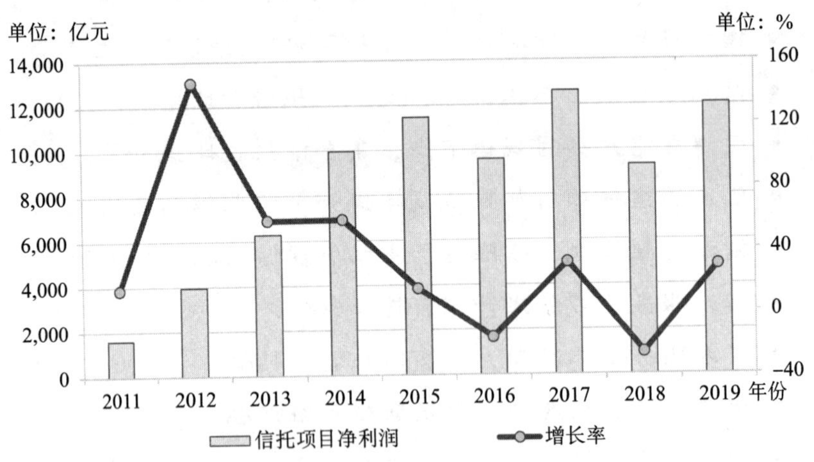

图5－1　2011～2019年信托项目净利润及增长率走势图

2020年5月，银保监会于发布《信托公司资金信托管理暂行办法（征求意见稿）》，该意见指出，集合资金信托投资于非标债权资产的合计金额在任何时点均不得超过全部集合资金信托合计实收信托的50%。这给国内绝大多数信托公司带来严峻考验。以非标转标的形式打破刚性兑付、消除影

子银行、降低社会融资成本、推进资本市场发展是我国监管部门维护金融秩序、促进经济转型的重要战略。因而，即使在最终稿上，关于标品的认定和整改的时间可能会有放松，但改革的方向不会变。这必将给信托公司带来巨大转型压力，需要信托公司实现新的突破。因此，2020年信托资产规模很可能出现负增长，信托项目净利润也将受到较大冲击。

2. 信托公司利润排名变化显著，行业竞争程度加强

从表5-1所示排名来看，2019年，在67家信托公司中，中信信托重返信托项目净利润榜首，实现净利润781.97亿元，同比增长高达30.95%，建信信托以730.39亿元位列第2。华润信托、中融信托、光大信托、华能信托、交银信托、外贸信托、中航信托和五矿信托依次位列第3至第10。其中，华润信托与外贸信托的信托项目净利润增速明显；中融信托与光大信托的业绩也有所增长，排名相应出现提升；华能信托、交银信托与中航信托3家公司的信托项目净利润虽然仍位居前10，但是排名均有所下滑；五矿信托则维持了相对稳定的净利润，排名依旧位于第10。值得注意的是，渤海信托、上海信托与兴业信托由于业绩增幅小，纷纷在2019年跌出行业前10的排名，从2018年的第5位、第7位和第8位降至2019年的第16位、第12位和第11位。

从表5-1所示的绝对数值来看，2019年，在67家信托公司中，共计8家公司信托项目净利润超过400亿元，相比2018年增加3家。其中，中信信托和建信信托依旧为行业龙头，净利润均高于700亿元，华润信托净利润接近700亿元；共计14家公司信托项目净利润超过300亿元，相比2018年增加6家；共计40家公司信托净利润超过100亿元，相比2018年增加2家；仅有1家公司净利润不足10亿元，相比2018年减少3家。

表5-1　2019年信托项目净利润排名前10位的信托公司

排名	信托公司	2019年信托项目净利润（亿元）	2018年信托项目净利润（亿元）	2018年排名
1	中信信托	781.97	597.13	2
2	建信信托	730.39	623.04	1
3	华润信托	685.69	88.93	40
4	中融信托	503.90	294.73	9

续表

排名	信托公司	2019年信托项目净利润（亿元）	2018年信托项目净利润（亿元）	2018年排名
5	光大信托	460.58	228.36	13
6	华能信托	457.54	489.98	3
7	交银信托	437.63	427.38	4
8	外贸信托	431.82	-80.69	64
9	中航信托	384.71	337.46	6
10	五矿信托	383.98	262.26	10
—	行业平均值	197.50	136.78	—
—	行业求和	12,047.50	9,300.99	—

从图5-2所示的行业集中度来看，2019年，排名前10位的信托公司信托项目净利润总额为5,258.21亿元，占全行业的43.64%，相比2018年降低0.03个百分点。CR10、CR8与CR4均出现轻微下降，表明行业竞争加强。排名后50%的公司信托项目净利润总额为1,899.41亿元，占全行业的15.77%，相比2018年提高3.01个百分点。行业超过80%的净利润由排名前50%的信托公司获得，信托公司强弱分化的局面依旧明显。整体而言，2019年信托行业的集中度小幅下降，信托公司两极分化的态势显著。随着近期行业监管变严，信托公司转型压力增加，预计行业竞争程度将有所提升，行业集中度可能呈现下降走势。

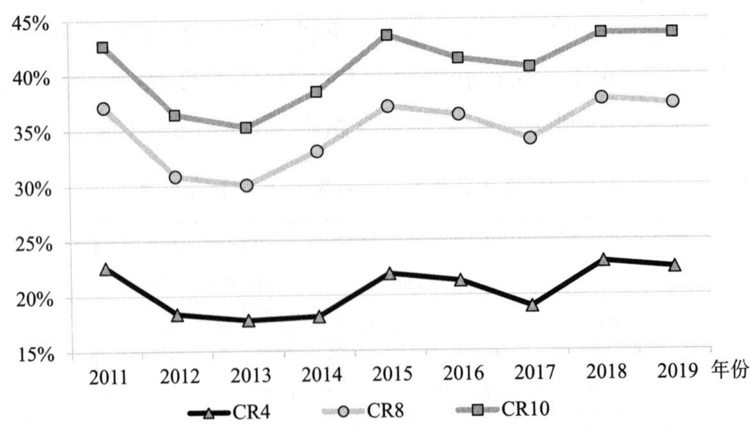

图5-2 2011~2019年信托项目净利润集中度走势图

3. 信托项目净利润增长率分化，四成公司出现负增长

从图5－3所示的信托项目净利润增速分布来看，2019年，在67家信托公司中，净利润增长率为正值的公司共有40家，较2018年增加16家。其中，9家公司信托项目净利润增幅超过1倍，尤其是排名第1位、第2位与第3位的粤财信托、华润信托与外贸信托项目净利润增幅分别高达15.67倍、6.71倍与6.35倍之多；23家公司信托项目净利润增幅超过30%，较2018年增加13家。信托项目利润增长率为负值的公司有29家，较2018年减少15家。其中，3家公司信托项目净利润跌幅超过50%，最大跌幅达62.66%；19家公司信托项目净利润下滑超过10%。

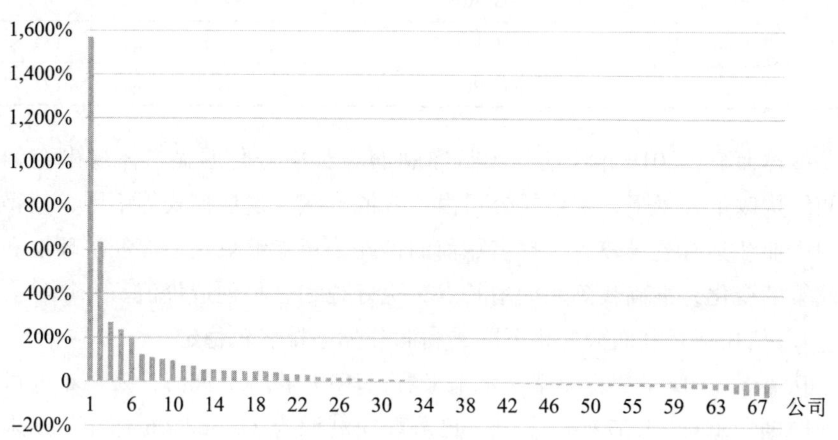

图5－3　2019年67家信托公司信托项目净利润增长率分布图

从表5－2所示的信托项目净利润增量来看，2019年，华润信托排名位居榜首，增长高达596.76亿元；外贸信托、陕国投信托、华鑫信托与云南信托的信托项目净利润实现大幅增长，分别高达512.50亿元、459.29亿元、293.64亿元与275.81亿元，排名依次为第2位、第3位、第4位与第5位；排名前10位的公司信托净利润增长额均在120亿元以上，相较2018年大幅增长。2019年，共计18家公司信托项目净利润减幅超过20亿元，相较2018年减少14家；其中，共计5家公司减幅超过100亿元，相较2018年减少9家。此外，结合表5－1可以看出，信托项目净利润增长呈现出强者恒强的特征，增长额度排名前10的公司与净利润排名前10的公司重合度较高，重合的有华润信托、外贸信托、光大信托、中融信托、中信信托与五矿信托6家公司。

表5－2　2019年信托项目净利润增长额度排名前10位的信托公司　单位：亿元

排名	信托公司	2019年信托项目净利润	2018年信托项目净利润	增长额度
1	华润信托	685.69	88.93	596.76
2	外贸信托	431.82	－80.69	512.50
3	陕国投信托	228.21	－231.09	459.29
4	华鑫信托	184.83	－108.81	293.64
5	云南信托	158.63	－117.18	275.81
6	光大信托	460.58	228.36	232.22
7	粤财信托	246.39	14.78	231.62
8	中融信托	503.90	294.73	209.17
9	中信信托	781.97	597.13	184.85
10	五矿信托	383.98	262.26	121.72

整体而言，2019年，信托项目净利润增长率分化明显，体现出金融供给侧结构改革背景下各家信托公司由于资源禀赋、发展模式等不同，使得转型期内业绩具有差异较大。排名靠前的信托公司能够更快适应经济环境和监管政策的变化，准确找到利润增长点，更好地为客户创造价值。

4. 信托项目利润分配率下降，利润分配额排名较稳定

从表5－3所示的行业整体水平来看，2019年，67家信托公司年度可供分配净利润总计14,374.44亿元，已分配净利润为11,362.06亿元，期末未分配利润为3,041.55亿元，增长率分别为6.13%、－7.05%和149.43%。信托项目分配率为79.04%，与往年信托利润分配率相比处于较低水平（2011～2019年信托利润平均分配率为85.23%）。整体而言，已分配信托项目利润走势与信托项目净利润走势基本一致，2011～2015年，已分配信托项目利润持续稳定增长，但2016～2019年，其却呈现震荡走势。

从表5－4所示的公司排名来看，2019年，信托公司已分配利润排名较为稳定，排名前10位的信托公司已分配信托利润均超过300亿元。中信信托已分配利润虽然同比有所下降，但依旧以727.15亿元位居榜首，较第2位建信信托多出188.83亿元。结合2018年和2019年的数据，在已分配利润排名前10的公司中，有7家公司重合，兴业信托、渤海信托和平安信托在2019年跌出前10，而华宝信托、光大信托和上海信托分别凭借457.70亿元、384.94亿元和359.77亿元的已分配利润跻身第4、第8与第9名。

表5-3　2011~2019年信托项目收益及其分配情况

年度	信托项目净利润（亿元）	可供分配信托项目利润（亿元）	本期已分配信托项目利润（亿元）	期末未分配信托项目利润（亿元）	信托项目利润分配率*（%）
2011	1,606.6	1,942.66	1,950.37	-7.11	100.4
2012	3,960.35	3,893.11	3,537.67	490.45	90.87
2013	6,273.66	6,474.81	6,004.09	732.53	92.73
2014	9,966.69	10,461.09	8,483.15	2,330.32	81.09
2015	11,458.07	14,679.02	11,337.78	3,341.24	77.24
2016	9,596.7	12,746.63	10,037.07	2,890.45	78.74
2017	12,615.36	15,526.79	11,865.45	3,661.34	76.42
2018	9,303.83	13,449.18	12,224.62	1,224.57	90.89
2019	12,047.50	14,374.44	11,362.06	3,041.55	79.04

*信托项目利润分配率=本期已分配信托项目利润÷可供分配信托项目利润。

表5-4　2019年已分配信托项目利润排名前10位的信托公司　单位：亿元

排名	信托公司	2019年本期已分配信托利润
1	中信信托	727.15
2	建信信托	538.32
3	中融信托	495.78
4	华宝信托	457.70
5	华能信托	430.02
6	中航信托	415.49
7	交银信托	396.00
8	光大信托	384.94
9	上海信托	359.77
10	华润信托	333.76

（二）信托项目营业收入增加，利息收入占比有所下滑

2019年，信托项目营业收入合计高达1.48万亿元，同比增长37.91%。从表5-5所示的营业收入构成来看，利息收入与投资收益依旧贡献了较大份额，占比分别为50.99%和38.44%，结合2016~2018年的数据可知，利息收入占比再次出现下滑，这与近年来我国监管部门鼓励加强主动管理类投

资的政策导向一致。公允价值变动损益由负转正，显示2019年信托公司在股票二级市场的投资选择及风险控制能力有所加强。相比而言，汇兑损益由正转负，这既与国际经济形势不确定性提高密切相关，也与信托公司在外汇市场的风控方案和投资策略有关。

表5-5　　2018年、2019年信托项目营业收入结构

类别	2019年		2018年	
	金额（亿元）	占比（%）	金额（亿元）	占比（%）
利息收入	7,534.76	50.99	7,531.03	70.28
投资收益	5,681.10	38.44	4,598.45	42.91
公允价值变动损益	1,225.17	8.29	-1,782.91	-16.64
租赁收入	0.51	0	0.83	0.01
汇兑损益	-0.64	0	0.84	0.01
手续费及佣金收入	3.17	0.02	2.82	0.03
其他收入	333.71	2.26	404.46	3.77
营业收入合计	14,777.90	100	10,715.96	100

从图5-4所示的营业收入集中度来看，2019年，信托行业的CR4、CR8、CR10分别为22.14%、36.00%、42.24%，CR4、CR8与CR10均小幅下滑。整体而言，信托项目营业收入集中度与信托项目净利润集中度展现出相似的走势。

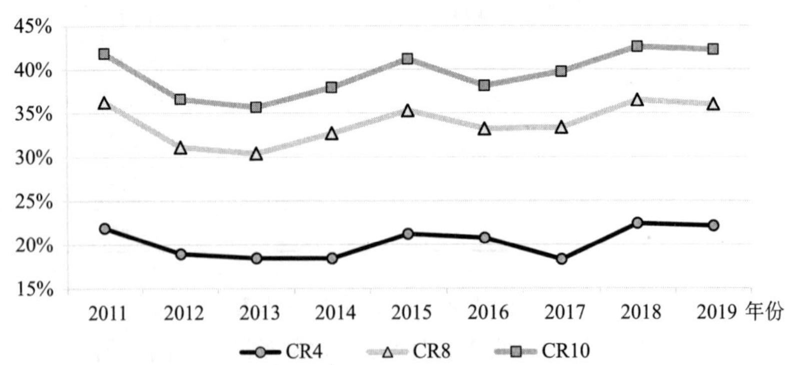

图5-4　2011~2019年信托项目营业收入集中度走势图

根据产业经济学理论可知，前4位企业市场占有率（CR4）的数值可以

将行业集中类型划分为六个等级，依次为极高寡占型（CR4≥75%）、高集中寡占型（65%≤CR4<75%）、中上集中寡占型（50%≤CR4<65%）、中下集中寡占型（35%≤CR4<50%）、低集中寡占型（30%≤CR4<35%）与原子型（CR4<30%）。根据2011～2019年CR4、CR8与CR10的发展走势来看，短期内我国信托行业将处于原子型集中状态，行业分化程度仍将加剧，信托业务竞争程度日趋激烈。因此，各家信托公司需要在监管政策的引导下，加速金融科技创新投入，加快数字化业务转型，不断提高综合竞争实力。

（三）信托项目销售净利率下滑，投资者收益处于低位

为保证数据的可比性和连续性，本书沿用历年销售净利率的算法，即信托项目销售净利率=信托项目净利润÷信托项目营业收入。从图5-5所示的时间走势来看，信托项目销售净利率2017～2019年连续下滑，2019年下降为81.5%，为自2012年以来的最低值。2019年信托行业面临低位运行的宏观经济和不断加强的监管力度，行业受托资产规模稳步下调，回归本源、服务实体经济成为行业转型发展的共识。在这一背景下，信托行业加速业务转型，不断拓展业务边界，削弱了规模经济收益，这可能是造成销售净利率下降的主要原因。

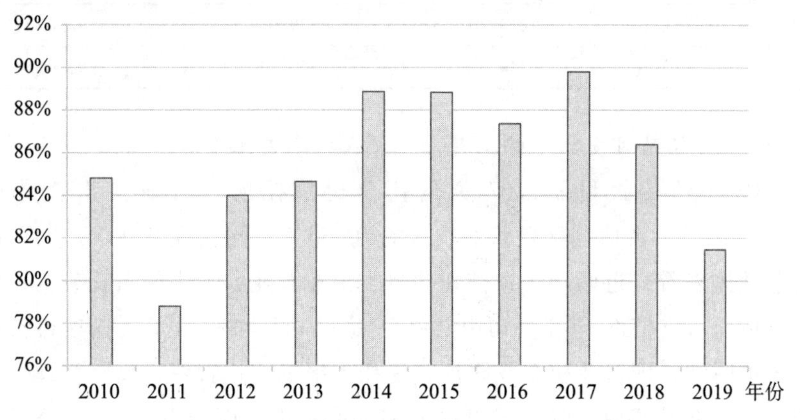

图5-5　2010～2019年信托项目销售净利率情况

从表5-6所示的公司排名来看，华宸信托以销售净利率97.68%再次高居榜首，江苏信托、吉林信托、国民信托与北方信托的信托项目销售净利率也均大于94%，依次位于第2，第3，第4与第5。此外，华宸信托、新

时代信托、江苏信托与吉林信托连续两年的信托项目销售净利率均位于前列。这说明在新的经济环境和监管政策下，上述4家信托公司具有较高的为客户服务和代人理财的能力，可以有效地将大部分信托收入转化为信托利润向客户分配，以最大限度实现投资者收益最大化。整体而言，2019年信托项目销售净利率最低值为56.72%，最高值为97.68%，行业平均值为81.5%。销售净利率超出90%的公司有20家，销售净利率低于70%的公司有6家，相比2018年基本持平。

表5－6　　2019年信托项目销售净利率排名前10位的信托公司

排名	信托公司	净利润（亿元）	营业收入（亿元）	销售净利率（%）
1	华宸信托	1.90	1.94	97.68
2	江苏信托	289.95	303.72	95.46
3	吉林信托	43.23	45.36	95.30
4	国民信托	142.25	151.24	94.06
5	北方信托	108.29	115.19	94.00
6	新时代信托	78.89	84.09	93.81
7	中泰信托	19.28	20.60	93.60
8	中粮信托	82.88	89.03	93.09
9	西部信托	213.20	229.07	93.07
10	粤财信托	246.39	265.23	92.90

（四）信托项目支出小幅上升，受托人报酬占比增加

2019年的年报显示，67家信托公司信托项目营业支出合计达到1,530.10亿元，占信托项目营业收入的10.35%，同比提升0.13个百分点。从行业整体来看，近两年来，信托项目支出在营业收入中的占比较为稳定。

具体而言，67家信托公司中共有39家公司详细列示了信托项目营业支出的8项明细，即营业税金及附加、受托人报酬、托管费、投资管理费、销售服务费、交易费用、资产减值损失和其他费用，而余下的29家公司没有列示营业支出细项，仅列了营业支出、营业费用等一级会计科目，或者业务及管理费1项明细。另外，通过对比2017～2019年公布信托项目营业支出细项的公司，发现共有37家信托公司连续三年持续公布了明细数据。这37家信托公司的营业支出合计达到901.37亿元，占营业支出总额的58.91%，

具有一定代表性。因此，为保证数据的可比性与连续性，此处仅以37家公司为分析对象。

从表5－7和图5－6所示的营业支出明细构成可以看出，37家信托公司信托项目支出合计达到901.37亿元，同比上升14.60%。其中，受托人报酬绝对值为411.11亿元，受托人报酬占比为45.80%，是信托项目支出的最主要部分。

表5－7　2018年、2019年37家公司信托项目支出结构对比

项目	2019年		2018年	
	金额（亿元）	占比（%）	金额（亿元）	占比（%）
营业税金及附加	19.96	2.22	19.80	2.52
受托人报酬	411.11	45.80	356.12	45.28
托管费	41.22	4.59	47.95	6.10
投资管理费	10.69	1.19	46.37	5.90
销售服务费	95.05	10.59	57.97	7.37
交易费用	3.06	0.34	9.35	1.19
资产减值损失	3.56	0.40	54.88	6.98
其他费用	313.01	34.87	194.05	24.67
支出合计	901.37	100.00	786.5	100.00

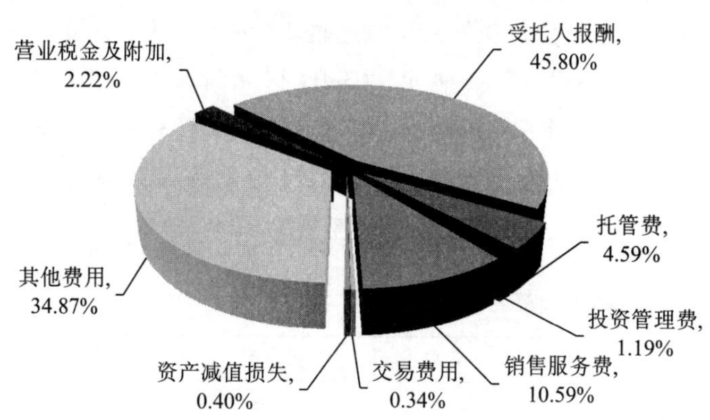

图5－6　2019年37家公司信托项目支出细项占比

营业税金及附加、托管费、投资管理费、交易费用以及资产减值损失分别为19.96亿元、41.22亿元、10.69亿元、3.06亿元与3.56亿元，占比依次为2.22%、4.59%、1.19%、0.34%与0.40%，较2018年均出现不同程度的下降。

销售服务费与其他费用为95.05与313.01亿元，占比依次达到10.59%和34.87%。特别是销售服务费占比较2018年与2017年分别增加了3.22与5.94个百分点，说明在业务转型过程，信托公司为了更好地服务客户、争取客户、增加市场销售份额，在销售服务方面投入了较多人力、财力和物力。

从资产减值损失来看，2015~2019年全行业资产减值损失金额分别为8.19亿元、9.94亿元、3.40亿元、63.07亿元、238.67亿元，[①] 绝对数额2018年、2019年上升较快，与这两年信托项目风险暴露加速有一定关系。从占比来看，最近两年资产减值损失的占比也有大幅上升，2018年年末和2019年年末占比分别为4.18%和13.86%。

1. 受托人报酬占比有所提升，外贸信托位列第1

2019年的年报数据显示，在67家信托公司中，共计46家公司公布了受托人报酬。受托人报酬的总额为600.62亿元，占比为53.51%，与2018年相比增加7.10个百分点。

如表5-8所示，在公布受托人报酬的46家信托公司中，受托人报酬平均值为13.06亿元，共计13家公司高于行业平均水平，数量与2018年相比减少3家。共计21家公司受托人报酬超过10亿元，其中，外贸信托、华润信托与光大信托分别以63.13亿元、63.09亿元与37.78亿元位列前3；共计6家公司受托人报酬不足3亿元，较2018年减少3家。这表明绝大多数信托公司都能够坚守让渡自身收益、忠实维护受益人利益最大化的经营理念，维持客户的投资收益水平，保障对客户信托利润的分配。

表5-8　2019年受托人报酬支出排名前10位的信托公司

排名	信托公司	支出（亿元）	受托人报酬（亿元）	受托人报酬占比（%）
1	外贸信托	64.17	63.13	98.38
2	华润信托	83.66	63.09	75.41

① 图5-6中为37家披露信托项目营业支出明细的公司资产减值损失数据。部分信托公司将信托项目资产减值损失作为与营业支出并列项列示，因此，两处数据存在不一致。

续表

排名	信托公司	支出（亿元）	受托人报酬（亿元）	受托人报酬占比（%）
3	光大信托	58.28	37.78	64.82
4	中航信托	53.82	34.67	64.42
5	爱建信托	30.25	29.83	98.61
6	华能信托	79.39	26.88	33.86
7	上海信托	48.47	24.62	50.80
8	中融信托	97.30	21.50	22.10
9	建信信托	62.57	17.23	27.54
10	中建投信托	23.79	17.18	72.23

2. 营业税金及附加较为稳定，中信信托位居榜首

2019年的年报数据显示，在67家信托公司中，共计59家公司公布了营业税金及附加项数据，营业税金的总额为34.47亿元，在营业支出中占比为2.42%，相比2018年下降0.08个百分点。从表5－9所示的绝对数值排名来看，59家信托公司的营业税金支出平均值为0.58亿元。其中，中信信托、建信信托与华能信托分别以3.00亿元、1.59亿元与1.50亿元位列前3。

表5－9　2019年信托项目营业税金及附加支出绝对值排名前10位的信托公司

排名	信托公司	支出（亿元）	营业税金及附加（亿元）	占总支出比重（%）
1	中信信托	198.04	3.00	1.51
2	建信信托	62.57	1.59	2.54
3	华能信托	79.39	1.50	1.89
4	华润信托	83.66	1.50	1.79
5	交银信托	61.65	1.49	2.41
6	光大信托	58.28	1.36	2.33
7	上海信托	48.47	1.19	2.46
8	中航信托	53.82	1.13	2.11
9	平安信托	59.20	1.02	1.72
10	外贸信托	64.17	0.87	1.36

从表5－10所示的占比排名情况来看，西藏信托营业税金及附加占总支出

比重最高，达到16.18%，远远高出行业均值2.42%；华宸信托和吉林信托紧随其后，税金占比分别达到9.31%与6.56%。此外，还有7家信托公司营业税金占总支出比重为4%~6%，而其余49家信托公司的税金占比均低于4%。

表5-10　2019年信托项目营业税金及附加支出占比排名前10位的信托公司

排名	信托公司	支出（亿元）	营业税金及附加（亿元）	占总支出比重（%）
1	西藏信托	2.00	0.32	16.18
2	华宸信托	0.05	0.00	9.31
3	吉林信托	2.13	0.14	6.56
4	北方信托	6.91	0.39	5.71
5	国民信托	8.98	0.51	5.66
6	西部信托	15.87	0.81	5.12
7	中粮信托	6.15	0.31	5.09
8	江苏信托	13.77	0.69	4.99
9	新华信托	5.75	0.26	4.60
10	华宝信托	14.27	0.63	4.42

3. 信托项目托管费占比下降，建信信托跃居首位

2019年的年报数据显示，在67家信托公司中，共计39家公司披露了信托项目托管费数据，托管费总额为41.86亿元，在营业支出中占比为4.63%，相比2018年和2017年有所下滑，这主要源于期末集合信托资产规模的减少。

从表5-11所示的公司排名来看，在披露信托项目托管费数据的39家信托公司中，托管费的平均值为1.07亿元，共计15家信托公司托管费超过行业平均水平。其中，建信信托、中原信托与交银信托分别以3.64亿元、3.24亿元与3.15亿元位列前3；排名前10位的信托公司托管费占比为59.79%，相较2018年提高了1.74个百分点，除北京信托、陆家嘴信托、西部信托以外，其余7家信托公司与2018年相重合。

表5-11　2018年、2019年信托公司托管费排名前10位的信托公司　单位：亿元

排名	信托公司	2019年托管费	信托公司	2018年托管费
1	建信信托	3.64	交银信托	3.8
2	中原信托	3.24	上海信托	3.47

续表

排名	信托公司	2019 年托管费	信托公司	2018 年托管费
3	交银信托	3.15	建信信托	3.33
4	上海信托	2.84	华能信托	3.02
5	光大信托	2.44	中原信托	2.68
6	中航信托	2.40	中航信托	2.35
7	华能信托	2.16	国民信托	2.13
8	北京信托	1.75	光大信托	2.05
9	陆家嘴信托	1.71	中融信托	1.54
10	西部信托	1.69	云南信托	1.47

4. 销售服务费大幅上升，中融信托领跑行业

2019 年的年报数据显示，在 67 家信托公司中，共计 33 家公司报告了销售服务费数据，总额为 95.18 亿元，相比 2018 年增加了 64.18%。

图 5－7 显示，信托公司平均销售服务费从 2010 年的 2,110 万元快速增长至 2015 年的 16,672 万元，随后开始下滑，至 2017 年减少到 9,849 万元，2018 年开始再次快速增长，到 2019 年一跃至历史最高值的 28,843 万元。与此同时，2011～2019 年，信托公司的每百万元集合信托销售服务费也展现出了从平稳增长到急速下滑再到快速回升的走势，2019 年增长至 1,903 元，基本回升到了 2015 年的水平。

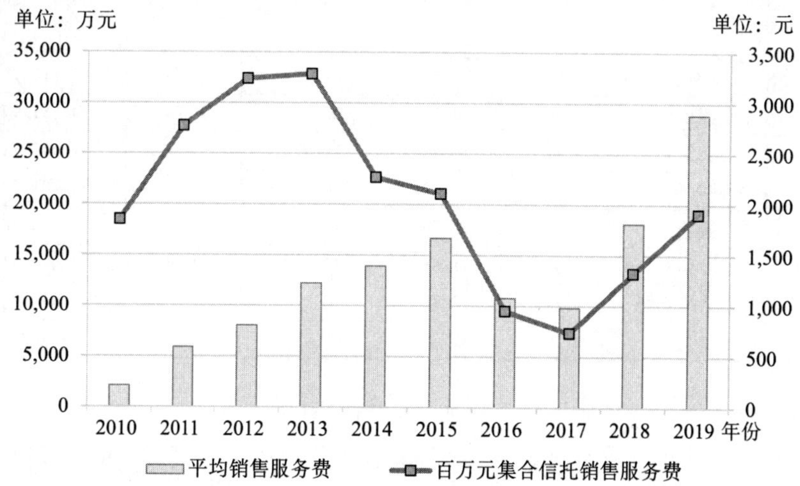

图 5－7　2011～2019 年信托项目平均销售服务费及集合信托销售服务费率测算

从表5－12所示的公司排名来看，在披露信托项目销售服务费的33家信托公司中，销售服务费平均值为28,843万元，共计10家信托公司销售服务费超过行业平均水平。其中，中融信托以37.10亿元连续四年位居第1，占2019年已公布销售服务费数据的32家公司总量的38.97%，遥遥领先于其他信托公司。与此同时，中融信托的销售服务费率和每百万元集合信托销售服务费在2019年也位居第1，分别为0.61%与6,055.86元。

排名前10位的信托公司销售服务费占总数比重为87.30%，相较2018年显著提高。通过对比2019年和2018年销售服务费前10名榜单发现，除华鑫信托、国投泰康信托以外，2019年的其余8家信托公司与2018年相重合，行业前10名比较稳定。相比之下，排名后23位的信托公司销售服务费合计为12.09亿元，不足中融信托的35%，排名后10位的信托公司销售服务费合计为0.91亿元，这些数据显示销售服务费行业分化程度较大。从销售服务费率和每百万元集合信托销售服务费的数据情况来看，信托公司销售服务费具有两极分化的特征。

表5－12　　2019年销售服务费排名前10位的信托公司

排名	信托公司	销售服务费（亿元）	总支出（亿元）	占总支出比重（%）	销售服务费率（%）	每百万元集合信托销售服务费（元）
1	中融信托	37.10	97.30	38.13	0.61	6,055.86
2	中航信托	9.09	53.82	16.90	0.20	2,049.44
3	陆家嘴信托	7.60	24.34	31.23	0.51	5,114.79
4	华能信托	6.96	79.39	8.77	0.34	3,381.97
5	光大信托	6.24	58.28	10.71	0.14	1,442.71
6	中建投信托	4.87	23.79	20.48	0.47	4,701.33
7	华鑫信托	3.49	21.59	16.15	0.29	2,860.68
8	民生信托	3.41	21.83	15.62	0.21	2,085.81
9	国投泰康信托	2.22	15.70	14.17	0.19	1,930.93
10	交银信托	2.10	61.65	3.41	0.04	429.62

5. 投资管理费显著下降，行业分化相对明显

2019年的年报数据显示，在67家信托公司中，共计20家公司列示了投资管理费数据，总额为31.32亿元，相比2018年减少32.46%。

从表5－13所示的公司排名来看，在披露信托项目投资管理费数据的

20 家信托公司中，投资管理费的平均值为 1.57 亿元，仅有 3 家信托公司投资管理费超过行业平均水平。其中，东莞信托、北方信托与天津信托分别以 14.06 亿元、6.51 亿元与 4.64 亿元位列前 3；排名第 1 位的东莞信托投资管理费占比 44.88%，排名前 5 位的信托公司投资管理费占比为 88.02%。相比之下，排名后 14 位的信托公司投资管理费合计为 3.64 亿元，不足东莞信托的 25%，排名后 10 位的信托公司投资管理费合计为 0.37 亿元，不足东莞信托的 3%，排名后 5 位的信托公司投资管理费合计为 0.21 亿元，不足东莞信托的 2%。整体而言，由于资源禀赋、发展模式、市场定位与战略目标等的不同，2019 年信托公司投资管理费显示出较强的行业分化态势。

表 5－13　　2019 年投资管理费排名前 10 位的信托公司

排名	信托公司	支出（亿元）	投资管理费（亿元）	占总支出比重（%）
1	东莞信托	14.27	14.06	98.53
2	北方信托	6.91	6.51	94.21
3	天津信托	15.36	4.64	30.21
4	上海信托	48.47	1.32	2.72
5	北京信托	16.63	1.04	6.25
6	云南信托	21.03	1.00	4.76
7	中融信托	97.30	0.87	0.89
8	粤财信托	18.84	0.70	3.72
9	光大信托	58.28	0.70	1.20
10	中航信托	53.82	0.12	0.22

二、已清算信托项目规模超 8 万亿元，加权年化收益率上行

2019 年 67 家信托公司的年报数据显示，全行业已清算信托规模共计 8.16 万亿元，相比 2018 年缩减 0.99 万亿元，降幅为 10.82%；全行业已清算信托项目加权平均年化收益率为 5.60%，相比 2018 年提升 0.43 个百分点；全行业已清算信托项目共计 15,848 个，相比 2018 年减少 2,183 个，降幅为 12.11%。

（一）已清算信托项目规模下降，行业差异明显

1. 已清算信托项目规模下降，集合信托占比提升

2019 年，全行业已清算信托规模共计 8.16 万亿元，同比缩减 0.99 万亿元。从规模增速来看，2019 年，全行业已清算集合信托项目规模共计

3.49万亿元，同比增加0.22万亿元，增幅为6.72%；全行业已清算单一信托项目规模共计3.21万亿元，同比缩减0.80万亿元，降幅为19.95%；全行业已清算财产权信托项目规模共计1.45万亿元，同比缩减0.41万亿元，降幅为22.04%。

从规模占比来看，2019年，全行业已清算集合信托项目规模占已清算信托总规模的42.80%，相比2018年增加了7.01个百分点；全行业已清算单一信托项目规模占已清算信托总规模的39.37%，相比2018年减少了4.48个百分点；全行业已清算财产权信托项目规模占已清算信托总规模的17.83%，相比2018年降低了2.53个百分点。

图5-8显示，已清算信托项目总规模在2011~2018年保持稳定增长态势，增长率处于14%~40%，但在2019年出现大幅下滑，降幅达10.82%。其中，已清算集合信托项目总规模始终处于增长态势，增速虽然近期有所下滑，但在2011~2019年均保持为正值；已清算单一类信托项目在2011~2016年呈现平稳增长走势，在2017~2019年却展现出负增长趋势；已清算财产权信托增速在2013~2017年处于高位，在2018年和2019年却出现大幅度下滑。综合来看，由于单一信托项目的委托人经常为机构单位，资金运用与投资方向通常由委托人主导，因此，已清算单一类信托项目增速的持续下降意味着被动管理信托比重下降，主动管理信托比重逐渐增加。导致上述现象的主要原因在于，总量管理下很多信托公司通道类业务让渡主动管理类业务。

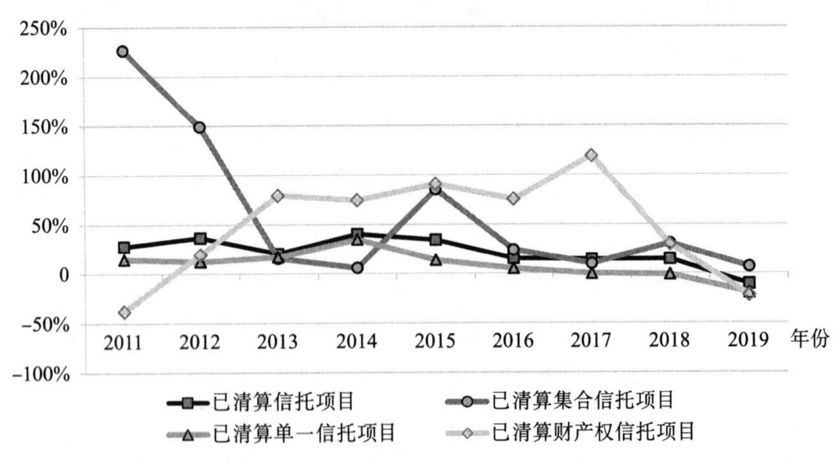

图5-8 2011~2019年已清算信托项目规模增速变化情况

2. 已清算信托规模差异较大，中信信托再次位居榜首

2019 年，全行业已清算信托项目数量的平均值为 233 个，共计 25 家公司已清算信托项目数量超过行业平均水平。其中，中信信托、华能信托与兴业信托分别以 785、774 与 609 个位列前 3（见表 5－14）；中信信托、兴业信托与渤海信托已经连续五年位居前列；排名前 10 位公司已清算的信托项目数量多达 5,702 个，占比为 35.98%；排名后 10 位公司已清算的信托项目数量仅为 434 个，占比为 2.74%。

2019 年，全行业已清算信托实收规模的平均值为 1,200.42 亿元，共计 23 家公司已清算实收规模超过行业平均水平。其中，中信信托、兴业信托与光大信托分别以 6,882.70 亿元、3,818.37 亿元与 3,163.12 亿元位列前 3；中信信托与华能信托已经连续五年位居前列；排名前 10 位的公司已清算信托项目实收规模多达 3.28 万亿元，占比为 40.20%；排名前 20 位的公司已清算信托项目实收规模为 4.97 万亿元，占比为 60.91%；排名后 10 位的公司已清算信托项目实收规模仅为 0.17 万亿元，占比为 2.08%。

表 5－14　2019 年已清算信托项目数量和规模排名前 10 位的信托公司

排名	信托公司	已清算信托项目数量（个）	信托公司	已清算信托实收规模（亿元）	信托公司	单位已清算信托项目实收规模（亿元）
1	中信信托	785	中信信托	6,882.70	华融信托	17.96
2	华能信托	774	兴业信托	3,818.37	金谷信托	14.58
3	兴业信托	609	光大信托	3,163.12	国元信托	10.07
4	中铁信托	574	华能信托	3,114.45	重庆信托	10.02
5	五矿信托	528	渤海信托	3,060.53	平安信托	9.10
6	渤海信托	506	中铁信托	3,018.43	昆仑信托	9.04
7	云南信托	499	平安信托	2,857.06	北京信托	8.84
8	山东信托	481	五矿信托	2,440.67	中信信托	8.77
9	外贸信托	475	中航信托	2,360.40	华澳信托	7.88
10	光大信托	471	华润信托	2,043.22	中海信托	7.64

从表 5－15 所示的项目资金来源构成来看，2019 年，中信信托以 2,826.47 亿元、1,854.60 亿元与 2,201.63 亿元分别位列已清算集合类、

单一类和财产权类信托项目的第1、第2与第3；光大信托以1,802.98亿元与1,129.32亿元分别位列已清算集合类和单一类信托项目的第3与第5。已清算信托规模按照资金来源进行细分，亦能突出行业前列信托公司的优势。

表5-15　2019年已清算集合类、单一类和财产权类信托项目排名前10位的信托公司

单位：亿元

排名	信托公司	集合类	信托公司	单一类	信托公司	财产权类
1	中信信托	2,826.47	渤海信托	2,193.28	中信信托	2,201.63
2	平安信托	1,914.99	中信信托	1,854.60	华能信托	1,095.88
3	光大信托	1,802.98	兴业信托	1,835.92	中铁信托	771.93
4	兴业信托	1,586.02	国民信托	1,693.63	华润信托	746.57
5	五矿信托	1,555.46	光大信托	1,129.32	五矿信托	599.31
6	中铁信托	1,281.19	中航信托	1,110.52	财信信托	549.41
7	华能信托	1,245.62	长安信托	1,100.58	北京信托	500.90
8	华融信托	1,212.52	中铁信托	965.31	金谷信托	486.37
9	中航信托	1,105.61	北方信托	944.62	国元信托	467.42
10	爱建信托	1,054.94	四川信托	882.81	西藏信托	465.28

（二）已清算信托项目加权收益率提升，行业排名变化大

1. 行业年化收益率整体提升，财产权类信托收益率增速显著

2019年，信托行业已清算信托项目加权平均年化收益率为5.60%，相比2018年增长0.43个百分点。其中，已清算单一类信托加权年化收益率为5.91%，相较2018年增长0.14个百分点；已清算集合类信托加权年化收益率为5.39%，相较2018年增长0.39个百分点；已清算财产权类信托加权年化收益率为5.42%，相较2018年增长1.26个百分点。

2011～2019年，各类信托年化收益率走势基本一致，均呈现出先波动增加，再快速下降，又逐渐回升的发展形势（见图5-9）。2019年，单一类信托、集合类信托与财产权类信托加权年化收益率均出现快速增加，进而拉动了本年信托项目年化收益率上升。资本市场表现较好是收益率增加的主要原因。

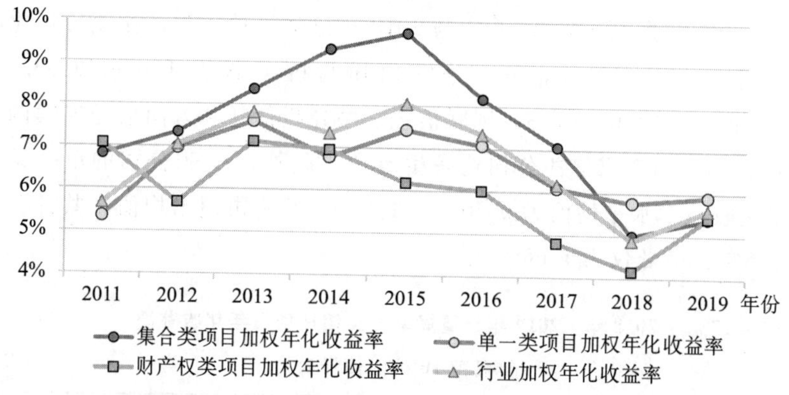

图 5 -9　2011 ~2019 年已清算项目加权年化收益率

2. 公司年化收益率排名变化，财产权类收益率排名变化最大

从表 5 -16 所列示的 2019 与 2018 年已清算集合类信托项目年化收益率排名情况来看，山西信托、中融信托与北京信托 2019 年的年化收益率分别为 9.92%、9.10% 和 9.04%，虽然相比 2018 年有所下滑，但仍旧蝉联前 3 位。此外，华宸信托连续三年位列前 10 位，而其余 6 家信托公司均为 2019 年新晋公司。67 家公司的集合类信托项目年化收益率水平均值为 5.85%；共计 43 家公司集合类信托年化收益率超出均值；共计 16 家公司低于 5%，其中，有 3 家公司为负值，数量相对 2018 年减少 2 家。

表 5 -16　2018 年、2019 年已清算集合类信托项目年化收益率排名前 10 位的信托公司

单位：%

排名	信托公司	2019 年年化收益率	信托公司	2018 年年化收益率
1	山西信托	9.92	山西信托	10.28
2	中融信托	9.10	中融信托	9.75
3	北京信托	9.04	北京信托	9.46
4	英大信托	9.00	华宸信托	9.27
5	华宸信托	8.99	百瑞信托	8.11
6	杭工商信托	8.93	吉林信托	8.08
7	东莞信托	7.87	中信信托	7.99
8	华澳信托	7.75	国联信托	7.90
9	浙金信托	7.69	中泰信托	7.66
10	安信信托	7.61	国投泰康信托	7.53

从表5－17所列示的2019年与2018年已清算单一类信托项目年化收益率排名情况来看，中泰信托、华宸信托与杭工商信托分别以33.55%、12.14%和11.77%位居前3。国联信托、中建投信托和万向信托连续两年位居前10，而其余7家信托公司均发生改变。此外，67家公司的单一类信托项目年化收益率水平均值为6.56%；共计17家公司超出均值；共计7家公司低于5%，最低仅为1.65%。

表5－17　2018年、2019年已清算单一类信托项目年化收益率排名前10位的信托公司

单位：%

排名	信托公司	2019年年化收益率	信托公司	2018年年化收益率
1	中泰信托	33.55	浙金信托	10.30
2	华宸信托	12.14	中原信托	9.06
3	杭工商信托	11.77	安信信托	8.21
4	国联信托	9.99	金谷信托	8.12
5	财信信托	9.60	大业信托	7.72
6	长安信托	8.03	万向信托	7.67
7	外贸信托	7.53	国联信托	7.57
8	中建投信托	7.50	北方信托	7.47
9	万向信托	7.32	吉林信托	7.31
10	西藏信托	7.15	中建投信托	7.20

从表5－18所列示的2019年与2018年已清算财产权类信托项目年化收益率排名情况来看，昆仑信托、百瑞信托与华融信托2019年年化收益率有所提升，分别以9.96%、9.69%和8.77%位居前3。山西信托和云南信托连续两年位居前10，而其余8家信托公司均发生改变。67家公司的财产权类信托项目年化收益率水平均值为4.83%；共计47家公司超出均值；共计9家公司不足2%，最低仅为－5.71%。

表5－18　2018年、2019年已清算财产权类信托项目年化收益率排名前10位的信托公司

单位：%

排名	信托公司	2019年年化收益率	信托公司	2018年年化收益率
1	昆仑信托	9.96	华润信托	9.23
2	百瑞信托	9.69	华融信托	8.41

续表

排名	信托公司	2019年年化收益率	信托公司	2018年年化收益率
3	华融信托	8.77	民生信托	7.84
4	外贸信托	8.09	长安信托	7.82
5	中原信托	7.99	湖南信托	7.69
6	安信信托	7.67	中融信托	7.46
7	中海信托	7.55	云南信托	7.33
8	山西信托	7.19	重庆信托	7.15
9	云南信托	6.77	山西信托	7.01
10	陆家嘴信托	6.72	中航信托	6.95

（三）已清算被动管理类信托规模降低，主动管理类信托加权收益率上行

1. 已清算被动管理类信托规模下滑，事务管理类信托整体比重较大

从表5－19所示的已清算主动信托项目数量和规模分类情况来看，2019年全行业已清算主动管理类信托项目共有7,426个，相比2018年增加987个。其中，融资类、股权投资类、证券投资类、事务管理类、其他类项目数量均出现不同程度增长，总计增幅为15.33%。已清算主动管理类信托项目规模共计2.97万亿元，相比2018年增长6.45%。其中，融资类、股权投资类、其他类项目规模均有所增长，而证券投资类、事务管理类均出现不同程度缩减。从总体来看，融资类信托项目在数量和规模上均占据主动管理类信托项目的半数以上。

从表5－19所示的已清算被动信托项目数量和规模分类情况来看，2019年全行业已清算被动管理类信托项目共有8,422个，相比2018年减少2,749个，融资类、股权投资类、证券投资类、事务管理类、其他类项目数量均出现不同程度下降，总计降幅为24.61%。已清算被动管理类信托项目规模共计5.19万亿元，相比2018年缩减16.56%，除股权投资类以外，融资类、证券投资类、事务管理类、其他类项目规模均有所降低。整体而言，事务管理类信托项目在数量和规模上均占据被动管理类信托项目的半数以上。

表5-19　2018年、2019年已清算主动、被动管理类信托项目数量及规模分类情况

信托项目		2019年		2018年	
		数量（个）	信托规模（亿元）	数量（个）	信托规模（亿元）
主动管理项目	证券投资	1,096	4,975.89	2,197	7,538.98
	股权投资	625	4,071.07	555	3,087.13
	融资类	3,867	16,043.85	2,690	12,807.85
	事务管理类	276	974.24	146	1,781.90
	其他投资类	1,562	3,605.62	851	2,728.06
	合计	7,426	29,670.67	6,439	27,943.02
被动管理项目	证券投资	551	1,203.62	1,031	3,817.64
	股权投资	174	1,768.16	330	1,237.70
	融资类	1,543	8,048.60	2,133	10,577
	事务管理类	6,084	40,310.40	7,525	45,755.33
	其他投资类	60	581.35	152	845.24
	合计	8,422	51,912.13	11,171	62,232.91

2. 主动管理类信托加权收益率上行，证券投资类收益率增长为主因

从表5-20所示的信托项目加权收益率来看，2019年，全行业主动管理类信托项目的加权收益率为5.82%，相比2018年提升1.64个百分点，扭转了2015年以来的下降趋势。其中，融资类、证券投资类和其他投资类的年化收益率较2018年均有所提升，证券投资类年化收益率的增幅最大，从2018年的-1.01%上涨至2019年的1.66%；股权投资类和事务管理类的年化收益率呈现小幅下降。全行业被动管理类信托的加权收益率为5.25%，相比2018年下滑0.07个百分点，连续三年持续降低。其中，仅有证券投资类的年化收益率上行，从2018年的0.26%上涨至2019年的3.21%；融资类、股权投资类、事务管理类和其他投资类的年化收益率均有所下滑，其他投资类降幅最大，从2018年的5.58%减少至2019年的-6.22%，事务管理类年化收益率的降幅较小。

（四）信托项目加权报酬率小幅微升

从表5-20所示的信托项目加权信托报酬率来看，2019年，全行业主

动管理类信托项目的加权报酬率为0.72%，相比2018年回升0.05个百分点。其中，仅有事务管理类的加权报酬率上行，从2018年的0.02%上涨至2019年的0.16%；融资类、股权投资类、证券投资类和其他投资类的加权报酬率均有所下滑，其他投资类降幅最大，从2018年的0.72%减少至2019年的0.54%，融资类和证券投资类加权报酬率的降幅相对较小。

表5－20　2018年、2019年已清算主动、被动管理类信托项目年化收益率、信托报酬率分类情况

单位：%

信托项目		2019年		2018年	
		加权收益率	加权信托报酬率	加权收益率	加权信托报酬率
主动管理项目	融资类	6.85	0.95	6.47	0.96
	股权投资	6.54	0.76	6.61	0.85
	证券投资	1.66	0.17	－1.01	0.24
	事务管理类	5.83	0.16	5.96	0.02
	其他投资类	6.15	0.54	4.18	0.72
	加权平均	5.82	0.72	4.18	0.67
被动管理项目	融资类	6.01	0.18	6.46	0.18
	股权投资	5.53	0.11	6.02	0.18
	证券投资	3.21	0.18	0.26	0.17
	事务管理类	5.31	0.12	5.46	0.10
	其他投资类	－6.22	0.15	5.58	0.22
	加权平均	5.25	0.13	5.32	0.12

2019年，全行业被动管理类信托项目的加权报酬率为0.13%，相比2018年上行0.01个百分点，扭转了近年来下降的态势。其中，股权投资类和其他投资类的加权报酬率出现下降，融资类收益率保持不变，证券投资类和事务管理类的加权报酬率均有所增长，事务管理类增幅最大，从2018年的0.10%提升至2019年的0.12%。

三、客户服务能力的提升源自核心竞争力的加强

（一）扩大服务主体类型，提高信托客户黏性

在中国整个金融市场中，信托行业具有牌照稀缺、所有权可让渡、可投

资资产类别灵活等得天独厚的发展条件。作为一个资产管理机构，信托公司无论是在财产来源、交易结构设计、服务领域范围，还是在股权、债权处理和事务管理等方面，相较于其他金融机构都具有天然优势。信托牌照最大的特点就是服务样式多样，能够寻找到和每一类金融机构深度合作的切入点，也可以为几乎每一类金融机构提供服务。

当前，我国信托公司的服务种类十分有限，业务主体的类型也主要是房地产公司、地方政府和商业银行。实际上，信托业务多样，可以采用信托合同、遗嘱或者法律法规规定的其他书面文件等多种书面形式来设立；委托人合法拥有的本外币资金、动产、不动产，以及知识产权等财产、财产权都可以作为信托业务的受托财产；信托目的可以是私益信托，可以是他益信托，也可以是公益信托；信托资金可以运用到货币市场、资本市场和实业领域。如此多的服务类型实际上保证了信托公司不仅可以服务地产公司和地方政府，还可以与基金公司、工商类企业、慈善组织等机构建立密切联系，为这些企业提供样式繁多的金融服务。

1．探寻合作方式，强化机构客户服务

基金公司是指经中国证券监督管理委员会批准，在中国境内设立，从事证券投资基金管理业务的企业法人。信托公司开展FOF类业务和MOM类业务是其与基金公司合作，为基金公司提供服务的一种方式。和其他金融机构相比，信托公司在开展FOF自主管理业务方面具有如下优势。第一，信托公司具有丰富的、可供选择的产品和产品管理经验。传统阳光私募以信托产品形式运作，在此领域深耕多年的信托公司积累了丰富的跨市场产品管理经验，在证券信托服务平台上还有丰富的可供选择的私募产品，客户在挑选底层资产上有较大的自由度。第二，较强的销售能力和资源整合能力。信托公司主导的FOF模式不仅可为优秀的或有潜力的投资顾问提供除了银行渠道之外的资金，还可以通过信托公司直销渠道进行信托计划的推介和发行。第三，降低投资者门槛，双重管理降低非系统性风险。当前很多优秀的私募基金可能都不接受普通投资者的申购，FOF的母基金作为机构投资者，往往能够投资一些普通投资者不能投资的好基金。此外，从产品优质性上来看，通过优选私募基金作为投资对象，同时选择多个私募基金来构建的投资组合，也有助于进一步分散风险，并且在低风险的情况下通过双重专业管理获取相对较高的收益。

工商企业是指从事产品生产和提供服务活动的营利性的经济组织，是国民经济基础的核心。近年来，工商企业信托正在成为信托公司新的增长点。在“资管新规”倡导“脱虚向实”，进一步强调金融扶持实体经济发展根本目标的背景下，工商企业信托的发展已成为不少信托公司广泛深入研究的命题。工商企业信托具有非常独特的行业属性，不同行业之间差异化严重，而且还伴随有企业的不同生命周期。针对工商企业的特殊性，信托公司在展业过程中产生了更加多样的资金运用模式，包括股权、债权、股债联动、定增、并购等方式。在企业发展的早期，信托公司更多基于对公司未来价值的判断，通过股权方式进入；在企业快速发展过程中，信托公司可以通过股权加债权的方式配套给予企业金融支持；在企业成熟期，信托公司可以使用更多的并购贷款等方式服务工商企业。

慈善组织是我国慈善事业开展的主导力量，未来也将是慈善信托的主要服务对象之一。慈善组织数量众多、覆盖社会公益事业的各个领域，具有广泛的群众基础。我国的慈善组织主要有三种类型：第一类是基金会，具体可以细分为公募基金会、非公募基金会；第二类是民政部下属的中华慈善总会、地方各级慈善会；第三类是社会团体、社会服务机构（原来称为民办非企业单位）。慈善组织在慈善项目资源、项目实施以及社会影响力等方面具有优势，有助于慈善信托目的的实现。而信托公司在服务慈善组织的时候，要充分发挥自身在资产管理方面的优势，实现慈善信托财产的保值增值。

2. 健壮财富团队，提高个人客户服务

在监管政策导向下，信托公司对个人客户的服务亦须加强。财富管理团队建设是扩大此类服务主体范围的基石。由于银行和企业短期投入产出比较高的原因，之前信托产品大多数销售给机构客户，零售端客户占比较小。但随着市场竞争越来越同质化，信托行业已成为一个红海中的红海，银行等金融机构客户越来越难做。加之2016年国家进行去杠杆，颁布了一系列规章制度消除监管套利空间，这极大地限制了银行投资信托的业务。此外，商业银行等金融机构的资金和客户始终是银行或其他金融机构的，信托公司如果单纯依靠商业银行，不仅资金渠道极不稳定，而且客户黏性低。对于金融机构来说，资金端和资产端本是不可或缺的两条腿，因此，组建财富团队、强化个人客户服务是未来很多信托公司发力的方向。

信托公司、银行、证券、第三方财富机构和基金子公司都在财富管理方面争先为客户服务。信托公司在品牌信任、固定收益类投资产品方面具有一定竞争力，应抓住业务转型升级的机遇期，利用信托制度优势，努力提升客户服务。同时，信托公司应发挥自身优势做好财富管理业务，以及做好产品体系、客户服务、组织架构、激励考核、流程制度、风险管理、信息建设等系统性建设。另外，信托公司还应做好财富管理从产品销售导向到客户需求导向转变。客户财富管理的核心需求是资产配置，因此，信托公司要具备资产提供能力与资产甄选配置能力。

信托公司在做好财富管理业务时，还应加强金融科技的相关服务。随着互联网技术的发展，金融与信息科技的融合度也越来越高，信息系统的安全性、可靠性、有效性直接关系到信托公司运营。借助信息科技，推动财富管理业务发展，已成为各家信托公司加强客户服务的着力点。金融科技在平台设计层面可以与财富管理组织架构匹配，包括前台、中台、后台、基础设施四层架构。前台系统向客户、营销人员提供各类服务，释放中后台的资源，通过自助、移动展业等多样化的服务渠道支持形式，实现以客户为中心的各类服务；中台系统包括营销服务系统、登记过户系统，定位为支撑公司内部运营的核心业务系统，通过组件化的管理，实现客户、产品、团队等业务内容的管理功能；后台系统包括资金清结算系统、估值核算系统、投资交易系统，主要作为运营保障。

（二）增强主动管理能力，研发新型金融产品

1. 增强主动管理能力，提供定制化的金融服务

主动管理类业务是信托业务收入的核心来源，也是信托公司为客户提供的核心服务类型。信托公司主动投资类信托方向主要包括证券市场和产业投资。在证券市场方面，一般与阳光私募合作，以通道形态出现，是信托银信合作的发源地，也会以FOF或者MOM形式出现，是信托公司与证券公司合作的新浪潮。证券市场的主动管理要求信托公司拥有专业高效的投研体系，对市场具有清晰的判断和认识，从而构建量化对冲、固定收益、股权权益和合格境内投资者（QDII）等资产组成的投资组合，并根据市场的变化调整配置比例，以对冲单一资产的配置风险。

在产业投资方面，信托行业的主动管理对信托公司的风险甄别能力、资产端和资金端的管理能力提出了更高的要求。信托公司要强化尽职调查的能

力，增强对项目决策的自主性，建立与投资管理能力相适应的资金池。目前，资金类信托已经暴露出配置期限不匹配、部分行业风险大、面临兑付压力等短板。信托行业开始敢于并胜任积极投资。平安信托将战略结构调整为"零售+若干基金"，四川信托致力于提升证券投资市场规模，安信信托布局新兴行业的投资，这些都取得了较好的收益。

主动管理能力为服务客户的核心，也是信托公司的核心竞争力，先发布局的公司也更具发展潜力。"资管新规"发布以来，各家纷纷开始转型，布局主动管理，这要求公司在资产端有更强的议价能力和投资能力，负债端有更市场化的财富管理团队。信托公司应一方面降低债权融资类业务的占比，另一方面加大证券投资、股权投资、投贷联动等投资类业务的比重，同时大力开拓财富管理渠道，为高净值客户提供定制化的金融服务。这是未来信托公司发展的大趋势。

2. 研发新型金融产品，主动满足客户各类需求

未来信托业有两大发展趋势。一是立足资管，利用优势主动谋变，形成创新产品。中信信托、外贸信托、建信信托、五矿信托、华润信托等公司都已经有了相应的创新尝试。二是从资管再进一步，涉足财富管理业务。与资产管理业务往往从资产端发起不同，财富管理业务从投资人自身角度出发，通过创新思维发掘高净值人群多样化、定制化需求，进而引领金融产品及服务创新。对于财富管理业务来说，服务对象从机构到个人，服务内容从单一标准化变为多元个性化，对于信托公司的制度设计、管理运营能力都提出了很高的挑战。伴随社会主义市场经济建设的深入和金融开放的深化，信托公司要主动研发新型金融产品，积极满足客户各类需求。

私募证券投资信托是一个重要的发展方向。私募证券投资基金是我国政府主管部门监管的，向不特定投资人公开发行受益凭证的证券投资基金，它是通过非公开方式向少数机构投资者和富有的个人投资者募集资金而设立的基金，它的销售和赎回都是基金管理人通过私下与投资者协商进行的。在这个意义上，私募证券投资基金也可以被称为向特定对象募集的基金。借助信托公司平台发行能保证私募认购者的资金安全，在信托公司的甄别与服务下，其产品会更加规范化和透明化。

关于权益类银信合作产品，此类产品募集来的资金用来购买某公司的应收债权，并且多数是有期限的。比如，上海信托银信债权投资类信托产品就

是将募集的信托资金运用于购买各种债权，主要包括银行信贷资产、各类依法合规的受益权以及优秀工商企业的应收账款等，通过回收本息或转让等方式兑现信托财产，实现信托收益。

关于组合投资类产品，如交银信托的信托投资类业务，公司运用信托跨市场、多领域、组合投资的专属优势和银行系信托公司品牌优势，逐步培育形成了公司资产管理的核心竞争力和差异化特色，根据客户不同风险偏好实施资产管理，为客户提供丰富的信托投资理财产品，主要包括固定收益类投资、受托境外理财（QDII）、证券投资信托、私人股权投资（PE）和产业投资基金等产品。

关于债券型FOF产品，在直接投资债券市场困难重重的环境下，信托公司可通过成立债券型FOF产品，投资债券型公募基金来实现投资债券市场的目的。这种途径的优点在于：第一，无须搭建交易系统；第二，无须构建专业的债券投资团队；第三，现有制度无须大幅度变动；第四，债券型基金市场发育非常完善，各个类别的投资品种齐全；第五，完全投资于债券市场的中长期纯债、短期纯债的存续规模和数量巨大，满足投资需求。

（三）发力家族信托业务，提升高净值客户服务能力

1. 回归信托公司本源，发展家族信托业务

我国信托公司开展的信托业务类型从功能上可以区分为理财信托和服务信托，理财信托是信托公司以满足委托人投资理财需要为目的而设立的信托，主要表现为信托公司以受托人身份主动创设并管理的各类集合信托理财产品，以实现一定的投资回报。服务信托是信托公司以满足委托人的个性化财富管理需求为目的，主要表现为信托公司以受托人身份设立并管理的各类单一信托，以实现委托人诸如风险隔离、保护财产、分配财产、传承财富、资产配置、慈善公益、引导子女等方面的特定需求，其典型就是家族信托。从实践来看，我国信托公司过去主要开展的是理财信托业务，服务信托业务特别是家族信托业务是近年来随着家族财富保护和传承需求的出现才刚刚兴起的信托业务，多数信托公司尚处于探索阶段。

家族信托是应用于家族财富管理领域的信托行为，信托目的在于家族财富的保护、分配和传承，受托人须按照委托人设定的家族目标，为受托人管理或者处分信托财产，受益人主要是家族成员。信托公司家族信托业务中提供的最主要服务是受托人服务。

家族财富管理离不开家族信托这一基础工具，正是有了家族信托，家族才能灵活规划财富，以实现不同的家族目标。而要设立家族信托，则离不开受托人。受托人不仅是家族共同财富的持有人，还是信托财产的管理人，更是信托目的的执行人，受托人在信托文件的约束下，通过持有、管理信托财产并分配信托利益等一系列服务，为家族目标的实现保驾护航。

2. 丰富资产配置类型，加强家族资产配置服务

家族除了需要家族信托的受托人服务外，满足家族目标的资产配置服务也是其核心需求，不仅家族信托内的财产需要配置服务，家族信托外的财产同样需要配置服务。

信托公司作为主营信托业务的金融机构，可以通过设立集合资金信托计划，创设满足家族资产配置需求的各类理财产品。信托公司创设的理财产品具有跨市场进行灵活配置的制度优势，不仅可以采取存款、同业拆放、贷款、融资租赁、标准化和非标准化资产的买入返售等债权性投资方式，还可以采取股权投资、证券投资、实物投资以及各类财产权利投资等权益性投资方式；不仅可以在金融市场上配置标准化的金融工具和非标准化的金融理财产品，还可以在金融市场之外的产业市场和实体经济进行形式多样化的资产配置；不仅可以进行国内资产配置，还可以通过合格境内机构投资者以及合格境内投资实体（QDIE）等模式申请相应额度，进行海外资产配置。

因此，信托公司开展家族信托业务，还需要继续提升基于以客户为中心的个性化资产配置能力，并创立多种策略驱动的、满足客户资产配置需求的理财产品。

3. 增加客户服务种类，提升家族增值服务

从家族服务机构的角度来看，任何一家机构想要提供闭环的家族财富管理系统都是非常困难的。所谓难，并不是说在某个点上不赚钱，成就不了商业模式，而是说家族财富管理需要完全站在客户角度，以客户为中心，任何一家服务机构实际上均满足不了家族财富管理的系统性需求。

因此，信托公司通常会与外部其他家族服务机构建立良好的合作关系，构建包括信托公司、商业银行、保险公司、资产管理机构、家族办公室和专业服务机构（如律师事务所、会计师事务所、税务师事务所、医疗机构、移民机构、慈善机构、教育机构等）在内的“六位一体”的服务生态圈，以不断提升对家族客户的增值服务。

信托公司可以与商业银行在信托财产保管与结算、信贷便利、银行理财、贵宾服务等方面建立协作关系，协助客户更好地获得银行服务；可以与保险机构在保险产品配置、理赔服务、高端医疗和养老服务等方面建立协作关系，协助客户更方便地获得保险服务；还可以与移民、教育、慈善组织等专业机构建立专业协作关系，既能更好地规划家族财富管理方案，又方便客户在需要时能够及时获得相关专业服务。

2019 年信托公司年报分析之六：

创新业务篇

百瑞观点：

- 慈善信托、家族信托和资产证券化是最受关注转型方向
- 信托业务创新特点明显，反映行业未来发展方向
- 慈善信托模式创新持续推进，慈善活动效果逐步显现
- 财富管理业务向利润中心升级，家族信托取得新发展
- 资产证券化规模再创新高，未来发展前景可期
- 部分公司将标品投资提升到战略高度，有望迎来突破
- 服务信托重要性获认可，未来发展需要配套支持
- 转型时期研究重要性显现，科技对业务起到促进作用
- 信托业务从融资类业务向投资类转变是大势所趋
- 信托公司财富管理业务有望进入发展新阶段

信托制度灵活性决定了创新是信托特质之一，也是信托过去多年发展的经验之一。随着“资管新规”的发布和金融供给侧结构性改革的推进，信托行业真正进入转型发展的新阶段。利用监管规则不统一的监管套利和交易结构创新，不仅不符合监管导向，也不符合实践发展需求。回归信托本源，要求信托业务创新要紧紧围绕挖掘受托服务功能、服务实体经济发展和人民美好生活需求展开。在 2019 年信托公司年报中，业务创新依然是亮点，业

务创新也体现了信托业发展趋势。

一、2019 年信托业务创新概述

（一）从创新关键词看信托业务创新

从 2019 年信托公司年报来看，慈善信托、家族信托和资产证券化仍然是被提及次数最多的 3 个创新关键词。对比 2017 年和 2018 年统计数据，这 3 个词连续三年成为年报中创新业务相关最高频词汇，这说明其作为信托业务转型方向已经成为行业共识。消费金融和供应链金融进入排名前 5，这也与这两年业务发展动向一致。产业基金、绿色信托、证券投资、服务信托和股权投资排在创新关键词第 5 ~ 10 位。除此以外，境外投资、养老信托、PPP 也是部分公司年报中提到的创新业务方向。如表 6 - 1 所示，对比 2019 年和 2018 年关键词分布，创新业务方向基本一致，但服务信托被提及次数明显增多，这说明信托公司顺应监管导向，探索转型发展方向；对比 2019 年和 2017 年关键词分布，创新业务方向变化相对更大，进入关键词前 10 位的内部顺序也发生变化。这表明，信托行业对某类新业务的探索通常会持续两年左右。如果可以连续三年以上出现在年报创新业务关键词排名前列的，基本上可以认为是相对成熟的创新业务方向。

表 6 - 1　2017 ~ 2019 年信托公司创新业务关键词排名前 10 位　单位：次

排名	2019 年		2018 年		2017 年	
	关键词	次数	关键词	次数	关键词	次数
1	慈善信托	43	慈善信托	51	资产证券化	38
2	家族信托	32	资产证券化	46	慈善信托	36
3	资产证券化	30	家族信托	42	家族信托	28
4	消费金融	16	消费金融	20	消费信托	24
5	供应链金融	12	消费信托	18	产业基金	16
6	产业基金	8	供应链金融	14	PPP	15
7	绿色信托	8	股权投资	11	绿色信托	10
8	标品投资（FOF/证券投资）	7	产业基金	8	主动证券投资	9
9	服务信托	7	绿色信托	6	境外投资	8
10	股权投资	5	保险金信托	5	养老信托	5

（二）创新业务发展特点

1. 受托管理或服务被纳入信托业务类型

2013年以来，私募投行、资产管理、财富管理被认为是信托公司三大主要业务类型。“资管新规”出台以来，信托公司在资产管理业务之外的专属业务受到关注，监管部门也提出了资金信托、服务信托和慈善信托的三个分类。从2019年年报来看，信托服务、受托服务被提及次数增多，部分公司将受托服务作为重要的信托业务类型。例如，中信信托提出，深挖细分市场服务能力，做深投资银行、做精服务信托、做实资产管理、做强财富管理，打造综合金融服务能力。交银信托年报中提到，信托业务分为资产管理类、财富管理类和受托管理类，受托管理类业务包括信贷资产证券化、企业资产证券化、公益慈善信托、消费信托、员工持股计划等。陆家嘴信托提出，打造资产管理、财富管理、信托服务三项核心能力。

除了从财富管理、资产管理、受托服务等功能层面进行划分外，部分信托公司对信托业务方向做了更为具体的描述。例如，外贸信托提出聚焦小微金融、产业金融、资本市场、财富管理四大领域；云南信托顺应强监管态势，严格执行聚焦之后的差异化战略，在服务信托、普惠金融业务、资产证券化等领域继续深耕。

2. 从资产端向客户端转变得到更多公司认可

财富管理作为重要信托业务类型，意味着财富管理不再仅仅是信托产品营销，而是独立的以客户为核心的业务类型。从项目端向客户端的转变，从被动信托到主动信托的转变，都是这种趋势的体现。从信托业务来看，一方面是家族信托成为信托公司公认的转型方向，另一方面是单纯服务客户保值增值需求的资金信托中资产配置类信托逐渐增多。

从2019年年报看，多家公司提到，积极回归信托本源、加强财富管理能力，加快从“以产品为中心”向“以客户为中心”的转变。也有信托公司将以金融产品配置作为组合类信托的重要业务方向，这类业务以高端客户的财富管理需求为出发点，凭借信托公司强大的投资管理能力和专业的资产配置能力，将投资者的资金在多种金融工具间进行投资组合，为投资者获取稳定安全的投资收益。

3. 加强与头部机构合作的趋势更加明显

随着各个行业逐渐加入存量竞争，头部效应逐渐显现，对信托业务而言，与头部机构合作成为多数信托公司的选择。多家信托公司的年报中明确提到与头部机构合作。例如，天津信托普惠消费金融业务稳步推进，进一步加强与蚂蚁金服的全面合作，形成信托放款加资产流转的主要业务模式，并实现该模式在消费、经营两大类资产在不同市场的复制，全年累计新发生业务规模1,600亿元以上。再如，中诚信托年报提到，Pre－ABS及资产证券化业务实现与更多市场头部流量机构、大型汽车金融公司的长期合作，通过提供Pre－ABS服务解决其旺季资金需求，并通过提供资产证券化服务满足其融资和节约资本等诉求。

展望未来，资源和优势向头部机构倾斜的趋势会更加明显，信托公司与头部机构合作的意识会进一步强化，同样，信托公司之间的分化也会进一步加剧。在更加开放、自由和充分竞争的市场中，构建自身差异化竞争优势、找准自身行业定位成为中游信托公司最紧迫的任务。

4. 结合自身特色探索创新业务领域

结合股东背景或地域背景，探索创新业务也是信托公司创新发展特点之一。例如，位于中国农业主产区——东北地区的吉林信托，在多年服务地方农业发展的基础上形成了较为丰富的农牧业投融资经验，顺应国家产业政策导向，通过土地流转信托、发放贷款、权益投资等灵活多样的资金运用方式为现代化农业发展与升级提供金融支持。2019年推出“吉信·吉林振兴”品牌系列信托产品，共发行16笔信托计划，规模47亿元，大力支持地方实体经济和基础设施建设。

中粮信托拓展农地金融，以融资手段为抓手，开展农业产业化项目及大规模订单种植项目，已实际投放资金2,750万元。2019年，中粮信托上线农业产业化平台，覆盖面积达213万亩；重点开展农业产业化综合服务项目建设、提升村集体合作社素质、发展壮大农村集体经济等工作，结合集团主业和产业布局重点关注产粮大县。

5.“利他”宗旨反应未来信托发展方向

宗旨和口号是公司发展目标最直观的反应，从信托行业近几年发展情况来看，部分信托公司的宗旨更多从服务社会、服务他人的角度定位。例如，光大信托的宗旨是“助力社会更美好”；外贸信托明确提出积极践行“金融好社会”宗旨；江苏信托提出秉持“金融服务实体经济”的宗旨等。

可以发现，信托公司的宗旨已经不再局限于为投资者创造价值、创造财富，而是扩展到服务实体经济、服务人民生活、服务社会发展，这与信托受托服务功能发挥和挖掘是一致的。

二、创新业务方向与典型案例

（一）慈善信托

《中华人民共和国慈善法》实施以来，慈善信托取得较快发展。从2019年年报看，慈善信托被提及频次居关键词第1位，原因在于慈善信托不仅是信托创新业务类型，也是信托公司履行社会责任的重要途径，经常被放到企业社会责任部分介绍。

1. 慈善信托单数增长，模式创新持续推进

（1）慈善信托单数持续增长，规模增长乏力

民政部"慈善中国"信息平台的公开数据显示，2019年共成功备案慈善信托126单，数量较上年增加39单，合计备案规模达到10.17亿元，规模较上年减少1.29亿元。对比历史数据看，慈善信托单数持续增长，但规模并未相应增长（见图6－1）。这说明，慈善信托仍处于起步和探索阶段，尚未发展成为慈善活动主流模式。

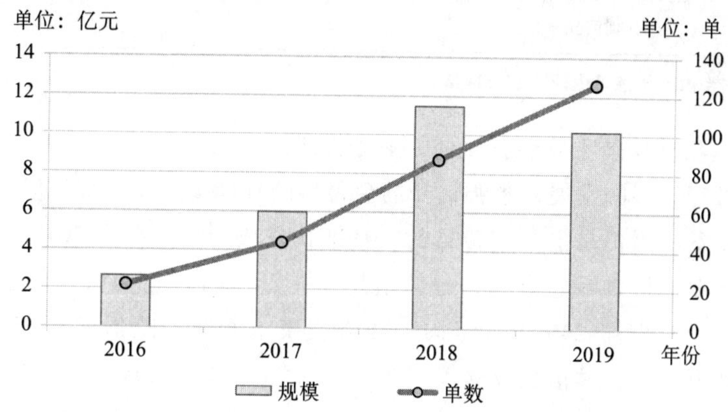

图6－1　2016～2019年备案慈善信托单数和规模

数据来源："慈善中国"官方网站。

现阶段，信托公司仍然是开展慈善信托的主力。2019年，部分信托公司慈善信托业务取得快速发展。备案慈善信托规模排名前10位的信托公司如表6－2所示。备案规模排前3位的光大信托、苏州信托和中建投信托分

别达到55,691.20万元、6,930万元和6,000万元。展望未来，提升慈善信托规模应当是信托公司发力的重点，需要从前期的尝试和探索向规模化、多样化发展。

表6-2　2019年备案慈善信托规模排名前10位的信托公司*

排名	信托公司	单数（单）	规模（万元）
1	光大信托	21	55,691.20
2	苏州信托	4	6,930.00
3	中建投信托	1	6,000.00
4	建信信托	3	2,300.00
5	山东信托	3	2,012.13
6	上海信托	3	1,100.00
7	北京信托	3	1,005.13
8	金谷信托	2	823.71
9	四川信托	3	647.00
10	中航信托	2	525.00

*数据来源于“慈善中国”官方网站。

（2）精准扶贫主要慈善目的，业务模式更多元

经过三年多的发展，慈善信托的慈善目的日趋多元和丰富，但从统计数据看，扶贫济困仍是主要慈善目的，精准扶贫成为信托公司2019年设立慈善信托重要支持领域。例如，建信信托受托管理的“建信联合精准扶贫慈善信托”募集资金246万元，向陕西省安康市所辖医院捐赠“云巡诊车”价值240万元；吉林信托成立了“吉信·天和”精准扶贫1号、2号、3号三支慈善信托计划，信托规模总计60万元，以金融扶贫的方式推动定点慈善工作，为共计315名群众解决了实际生活困难，开创了吉林省扶贫工作和慈善事业的新模式；西部信托设立“西部信托·陕西资本市场助力脱贫攻坚慈善信托”，捐赠对象为陕西省相关政府机构公布的国家级贫困县的贫困大学生。

从慈善信托运作上看，信托公司也在积极探索创新业务模式。“紫金信

托·小银星女童助学慈善信托”以艺术培训课程为财产权设立助学慈善信托，为贫困家庭女童提供艺术教育课程服务。该项目是对慈善信托财产类型的有益尝试和创新，对于推动社会各界资源参与慈善事业，推广慈善信托业务具有积极意义。五矿信托践行绿色发展理念，创新发展绿色金融，成立慈善信托，支持三江源地区基础水文数据采集、生物采集、生态保护站建设以及文化宣传等环保项目，进一步加大对“中华水塔”保护力度。陆家嘴信托发布慈善信托品牌“陆信弘远”，“弘远1号”用于向西部贫困山区学生提供交通补贴，与股东合作的“陆金发扶困慈善信托”用于帮扶上海市因病致困职工。

2. 慈善信托制度环境新发展

2019年，民政部发布《慈善信托信息公开管理办法（征求意见稿）》，对于慈善信托的信息披露作了详细、具体的规定，这有助于社会公众了解慈善信托运作，也对信托公司存续慈善信托的管理提出了更高要求。总体来看，慈善信托的未来发展会更加完善和规范。地方政府也出台一系列措施，鼓励慈善信托发展。例如，广东省慈善信托管理工作细则中明确规定，慈善组织开展慈善信托业务，在社会组织评估时予以激励；广东省中山市制定慈善事业促进办法等。

慈善信托评估也取得新进展。慈善信托的运作效果如何，是否达到制度预期，需要通过评估来验证。由于慈善信托属于新事物，民政部门对慈善信托的熟悉需要一个过程，所以慈善信托评估并未大规模开展。2016年以来，北京市民政局连续开展慈善信托绩效评估工作，在具体操作上，是委托外部机构从规范管理、慈善效益、资产管理和社会评价四个方面对北京市慈善信托进行综合评价。2019年，济南市联合银保监会山东监管局进行济南市慈善信托项目评估，从项目的基本运作情况、财务信息的真实性、合法性、信托公司内部制度的建立和执行情况等方面进行全面评估。慈善信托评估有助于引导慈善信托健康持续发展。

3. 慈善活动效果逐渐显现

慈善活动开展需要和慈善组织合作，信托公司担任慈善信托受托人主要发挥资金管理专业优势。此外，慈善信托通常期限较长，以实现为慈善活动积累更多资金的目的。经过三年多的发展，慈善信托效果开始逐步显现出来。例如，平安信托设立的集合永续型慈善信托“中国平安教育发展慈善信托计划”，通过定向开放募集，壮大资金规模，累计总规模已超过2,000万元，经过两年多的运作管理，已资助包括“幕天公益·捐书助教”、“中国支教2.0·远程网络教室”、“蔚蓝行动·关注特殊儿童教育”等在内的10余个教育类慈善项目，落地公益资金超过1,000万元；万向信托所管理的慈善信托完成慈善资助138笔，共计3,461.95万元。

为了更好地开展慈善活动，越来越多的信托公司发起设立基金会。例如，2019年1月，外贸信托全额捐赠的北京信诺公益基金会正式成立，将通过“基金会+慈善信托”双平台公益慈善运营模式，深入探索扶贫公益新路径；2020年4月，光大信托发起成立浙江光信公益基金会，将发挥金融企业资金管理优势，履行央企社会责任，致力于为慈善领域注入金融力量，为公益慈善活动筹集慈善资金，推动公益慈善事业健康快速发展。据不完全统计，除了这2家新设立的基金会外，长安信托和新华信托也发起设立了基金会。

4. 典型案例——中国信托业抗击新型肺炎慈善信托

2020年1月26日，中国信托业协会发起成立了“中国信托业抗击新型肺炎慈善信托”，旨在号召信托行业积极参与湖北省新冠肺炎防治的帮扶救助工作。

（1）基本要素

慈善目的：主要用于新冠肺炎疫情防控以及对感染者各方面的救助。

信托财产使用方向包括：捐赠给慈善组织及医疗系统单位等可以合法接受捐赠的疫情防控和救治相关机构；向医务人员、志愿者及公众发放防疫保障，抚恤因疫死亡家庭；本次疫情结束后还能够用于公共卫生、应急救助、医疗科研、健康教育及倡导等事业。

委托人：61家中国信托业协会会员单位中的信托公司；

受托人：国通信托有限责任公司；

受益人：符合慈善目的的最终受益人；

托管人：招商银行武汉分行营业部；

监察人：北京市中盛律师事务所、上海市锦天城律师事务所；

开放期设置：本信托为持续开放式；

备案信托期限：无固定期限；

备案信托规模：3,090万元；

备案机关：武汉市民政局。

（2）慈善活动开展

2020年1月29日，该信托成立仅仅3日，就募集到61家信托公司善款3,090万元，慈善信托首批捐赠于2月1日投放完成。截至4月30日，累计已支出捐赠资金1,964.008万元，捐赠对象20个，涉及武汉、孝感、黄冈、襄阳、十堰、随州等重点地区的14家定点医院、4家防控指挥部、1家卫生健康局、1家慈善基金会，项目类型主要为向医疗系统捐赠医疗物资、设备或现金，以缓解一线医疗系统压力。

随着疫情缓解，一线医护人员的物资需求放缓，慈善信托重点工作逐步转向支持疫后复工复产复学及困难人员帮扶等方面。2020年5月，由“中国信托业抗击新型肺炎慈善信托”援助的武汉市复工复课消毒项目签约仪式顺利举行。国通信托与武汉各区政府相关部门、蓝天救援队、武汉市慈善总会达成捐赠意向，由慈善信托和蓝天救援队对武汉市各区复工复课中遇到的预防性消毒需求提供援助。具体合作模式为：在各区政府相关部门统一部署下，慈善信托出资购买消毒物资，武汉市慈善总会负责捐赠物资接收、移交及监督，蓝天救援队负责使用物资对学校、社区提供专业公益消毒服务，首期捐献物资规模预计200万元。

（3）典型意义

慈善信托相较于传统捐赠的意义在于：首先，可以确保疫情防控救助工作的高效、精准，信托目的可以根据实际需要设定，信托设立时间也可以缩减至三天甚至更短，体现出慈善信托对于救助需求的快速、精细化反馈；其次，可以保证疫情防控工作的稳定性和持续性，慈善信托采用开放式的信托期限，可以随时追加信托财产，同时，信托公司也可以发挥其保值增值的功能，使防疫工作具有可持续性；最后，慈善信托有比较好的信息公开和内部管理机制，可以充分确保疫情防控资金在运用时得到有效管理。同时，专业门户网站“慈善中国”披露基本信息，接受公众监督，保证捐赠工作的公正、公开。慈善信托在疫情期间的良好表现充分体现了该类业务的制度优势，有助于促进我国慈善捐赠事业发展。

（二）财富管理与家族信托

1. 积极推动财富管理转型

从2019年年报来看，作为信托行业的重要转型方向，财富管理发展为独立业务类型并向利润中心转变已成为大势所趋。例如，上海信托提到，在财富管理方面，加速由“成本中心”向“利润中心”转变，在产品体系、客户经理体系、客户和渠道体系三个方面进一步深化发展；长安信托明确，加快财富板块机构改革，进一步优化组织架构和激励机制。

除此之外，财富管理平台化也是发展方向。例如，外贸信托提到，财富管理领域坚持“线上+线下”战略，持续以客户为中心，扩展区域布局，升级线上营销，提升服务效率和客户体验，打造行业领先的财富管理平台。四川信托“锦绣财富”平台不断完善，“锦绣云财富”App顺利上线运行，推动建立客户在线咨询、线上预览、电子合同、线上双录等一体化的销售流程。

2. 家族信托取得新发展

家族信托是信托本源业务，也是信托公司战略转型方向。2018年，银保监会信托部发布的《关于加强规范资产管理业务过渡期内信托监管工作的通知》（以下简称37号文）对家族信托进行定义，也明确了家族信托是资金信托之外的重要信托业务类型，这对家族信托的较快发展起到了推动作用。根据调研数据，2019年开展家族信托业务的信托公司有37家，家族信托业务存续规模达到980.15亿元，较2018年同比增长85%。①

从展业模式上看，通过事业部或家族办公室成为主流模式。从2019年年报上看，家族信托展业模式在逐步升级优化。例如，中航信托建立家族信托业务成立（准）事业部，构建了产品体系、拓展体系、顾问体系与品牌体系，成功注册鲲鹏家族办公室②，年内净增家族信托141户，净增业务规模21.3亿元。外贸信托积极拓展多层次客户，提供丰富产品线，打造成为行业领先的家族信托服务商。交银信托不断挖掘家族财富管理业务的新模式和新内涵，积极探索慈善、养老、保险金等新型业务，构建“模块化+定制化”多层次财富管理和传承服务体系。陆家嘴信托设立家族信托办公室，不断推出信托主导型家族信托产品，大力发展信托本源业务，为高净值客户提供资产配置、财产保护、家族传承、税收筹划等增值服务。

从品牌建设上看，建立家族信托品牌的公司数量有所增加。外贸信托、

① 中国信托业协会．中国信托业发展报告（2019～2020）［M］．北京：中国金融出版社，2020.

② 鲲鹏家族办公室财富管理（珠海）有限公司。

中信信托、中航信托等家族信托起步比较早的公司，都建立了自己的财富管理或家族信托品牌。从2019年年报看，建立家族信托品牌的信托公司增多。例如，厦门信托设立“同安系列”家族信托，投资起点为300万元；重庆信托设立“臻善传家系列家族信托”品牌，2019年成功设立3笔家族信托；天津信托成功设立“天信世嘉·信远系列家族信托”3个，资金类家族信托规模持续增长。

从客户来源上看，外部合作仍为主流，信托公司自主开发能力有待加强。信托公司与私人银行或其他机构合作是前期做大规模的基础，以期提升家族信托业务的覆盖广度，快速占领市场，整合市场资源。根据调研数据，信托公司的家族信托客户85%来源于外部机构引荐，其中，75.06%的客户来源于商业银行，8.91%来源于保险机构；只有15%的客户来源于信托公司自主开拓或已有财富客户转化，其中，财富部门直销的客户占比13.79%。[①] 新设立家族信托团队的信托公司基本也采取类似模式，例如，粤财信托2019年年初搭建了专业化的家族信托团队，在团队专业能力优势互补的基础上，与外部机构深入合作，借助外部专业机构的力量，合力为家族信托客户提供专业、高效、定制化的综合服务方案。随着信托公司财富管理业务转型的推进，加强自身客户的转化，提升家族信托客户自主开发能力重要性会逐渐显现。

3. 典型案例——万向信托监护支援信托

万向信托联合杭州市国立公证处、上海市普陀公证处将信托制度与监护制度紧密结合，成功落地全国第一单监护支援信托，在现实服务层面实现“信托制度+监护制度”的创新融合。

(1) 监护支援信托含义

监护支援信托是指运用信托制度的财产保护和隔离功能，结合监护制度，为当事人提供人身和财产管理的专业化、综合性服务，旨在帮助当事人进行人身事务和财产管理的提前安排，确保信托财产真正用于当事人，剩余信托财产按照当事人的意愿进行分配，实现既定的安排。概言之，监护支援信托就是当事人提前安排未来人身事务的同时，将大额财产通过信托进行隔

① 中国信托业协会. 中国信托业发展报告（2019～2020）[M]. 北京：中国金融出版社，2020.

离和保护，由受托人按照当事人提前安排的规则进行信托管理和运行，一旦当事人发生失能失智等情况，由监护人履行当事人的部分权利和义务，保障被监护人生活品质，同时也降低监护人在财产管理方面的风险和负担的一种信托服务。

（2）基本交易结构

图6－2展示了万向信托监护支援信托交易结构图。

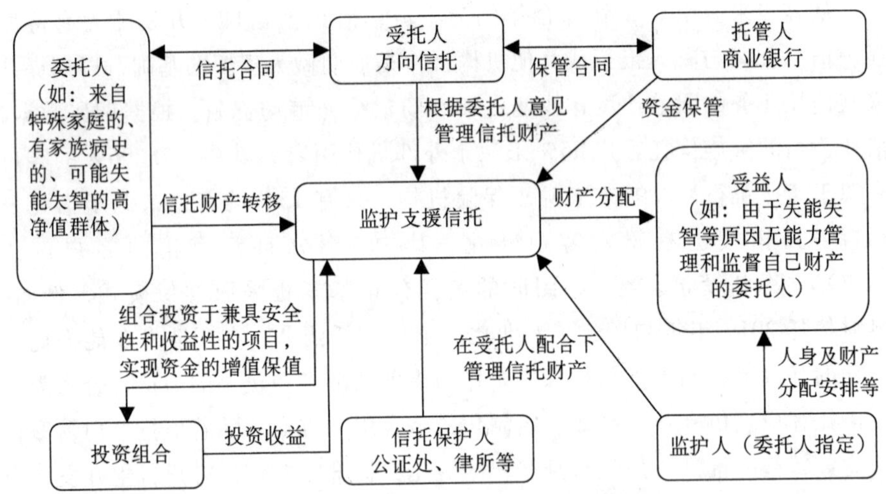

图6－2 万向信托监护支援信托交易结构图

（3）典型意义

监护支援信托属于服务信托的一种，本质上是对信托制度财产保护和隔离功能的运用，核心是通过信托机制支持监护制度更好地运用，属于家族信托的细分领域。监护支援信托可以避免由于监护人的原因导致受益人财产损失，降低监护人在财产管理方面的风险和负担，助推我国监护制度更加广泛和有效地服务于需求群体。监护支援信托的受益人群体主要为对未来人生规划有较强需求的老年人、特殊需求家庭、有家族病史很可能失能失智的人群等。监护支援信托利用监护和信托制度的优势，提供覆盖全生命周期的服务，实现当事人人生各阶段“人＋事＋钱”的综合对接，真正实现当事人人生规划的全面落实，保障其未来的人身和财产权益。

（三）资产证券化

资产证券化属于典型的信托本源业务，随着资产证券化市场的扩容，信托公司资产证券化业务也取得快速发展。“资管新规”明确其不适用于资产证券化业务，这对于信托公司参与证券化业务有一定促进作用。《资金信托新规（征求意见稿）》明确了服务信托定义，在答记者问中提到资产证券化属于服务信托范畴。

1. 2019年资产证券化发行规模再创新高

图6-3显示了2015~2019年资产证券化发行规模的情况。根据Wind统计数据，2019年我国资产证券化市场发行量达到2.36万亿元，同比增长17.37%，再创历史新高。对比历史数据来看，各类资产证券化发行规模均创新高。信贷ABS产品共发行182单，发行规模0.96万亿元，同比增长3.39%，较2018年的55.90%下降较多；企业ABS产品发行1036单，发行规模1.11万亿元，同比增长16.21%，发行规模占资产证券化产品比重为47.04%；ABN发行248单，发行规模0.29万亿元，同比增长129.76%，较2018年提高14.87个百分点，发行规模占资产证券化产品比重为12.22%。从存量数据看，资产证券化业务存量规模为4.2万亿元，其中，信贷ABS规模为2.01万亿元，占比48%；企业ABS规模为1.78万亿元，占比42%；ABN规模为0.4万亿元，占比9.61%。

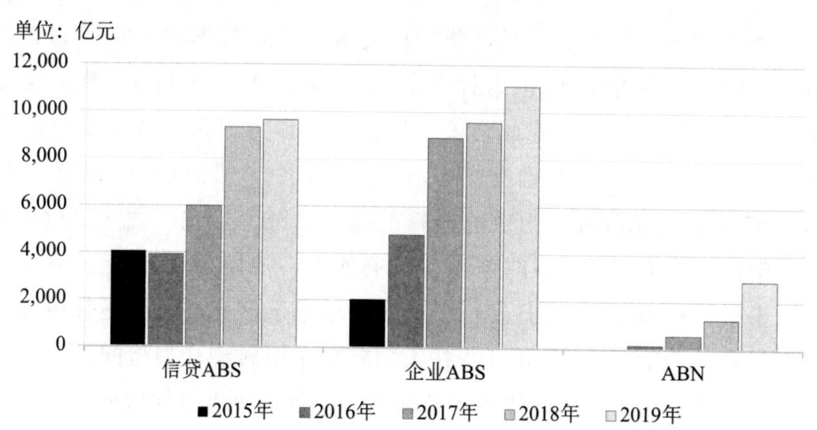

图6-3 2015~2019年资产证券化发行规模情况

2. 信托公司参与热情高，业务集中度高

2019年，信贷资产证券化仍然为信托公司资产证券化业务的主战场，共计23家信托公司参与了信贷资产证券化产品的发行，相比2018年新增8家（见表6-3）。发行规模排名前5位的信托公司市场份额高达72.56%，较2018年降低了7.57个百分点，但集中度仍然较高。

表6－3　　2019年信托公司开展信贷ABS业务情况

信托公司	发行规模（亿元）	发行数量（单）	信托公司	发行规模（亿元）	发行数量（单）
建信信托	2,533.66	34	平安信托	59.78	2
华润信托	1,428.04	22	粤财信托	41.70	2
华能信托	1,325.05	16	中海信托	41.57	4
上海信托	1,074.39	29	中诚信托	40.00	1
交银信托	670.54	12	长安信托	23.33	1
中信信托	484.08	13	云南信托	23.16	1
外贸信托	432.25	11	国投泰康信托	20.90	1
兴业信托	426.88	7	紫金信托	19.20	1
国元信托	308.53	11	金谷信托	4.53	1
中粮信托	295.00	4	中铁信托	4.37	1
英大信托	97.10	2	中航信托	2.70	1
重庆信托	76.60	3	—	—	—

在企业ABS发行方面，只有华能信托和中信信托取得专项计划管理人资格。2019年，华能信托作为计划管理人发行ABS项目11单，规模为74.5亿元（见表6－4）。除此之外，信托公司作为原始权益人参与的企业ABS共有23单，其中，基础资产为信托受益权的企业ABS有14单，规模为166.67亿元；基础资产为企业债权的企业ABS有5单，规模为69.8亿元；基础资产为消费性贷款的企业ABS有4单，规模为40亿元。值得关注的是，中信信托2020年4月发行了市场首单单层信托公司担任管理人的专项计划，5月，由华泰资管担任受托人的首单单层转型计划也问世。这说明未来资产管理机构的牌照优势将逐渐削弱，市场竞争将更加激烈。

表6－4　　2019年华能信托发行ABN项目情况

华能信托发行ABN项目	发行规模（亿元）	基础资产
开源－领途保理供应链1期	4.35	企业债权
一方诚意1期供应链金融	6.05	企业债权
链融科技诚意1期供应链金融	6.78	企业债权

续表

华能信托发行ABN项目	发行规模（亿元）	基础资产
一方诚意2期供应链金融	7.46	企业债权
一方诚意3期供应链金融	6.48	企业债权
链融科技诚意2期供应链金融	3.38	企业债权
开源－世茂住房租赁	2	信托受益权
平安合惠1期	10	信托受益权
平安合惠2期	10	信托受益权
平安合惠3期	10	信托受益权
平安合惠4期	10	信托受益权

2019年有35家信托公司参与了ABN产品的发行，参与数量较2018年增加了10家。ABN发行规模排名前5位的信托公司的市场份额占比为55.40%，同比提升8.58个百分点，ABN业务市场集中度进一步提升。从具体公司看，华能信托发行规模最大，达到637.89亿元，市场份额占比22.04%；此外，天津信托和五矿信托发行规模也超过200亿元（见表6－5）。

表6－5　2019年信托公司开展ABN业务情况

信托公司	发行规模（亿元）	发行数量（单）	信托公司	发行规模（亿元）	发行数量（单）
华能信托	637.89	40	中融信托	35.31	4
天津信托	360.00	29	中海信托	32.81	3
五矿信托	280.89	35	中粮信托	32.64	3
华润信托	184.83	15	爱建信托	31.45	2
西部信托	139.67	4	江苏信托	29.69	2
建信信托	126.73	12	中航信托	26.65	5
平安信托	116.44	13	粤财信托	26.20	3
中铁信托	110.18	10	中信信托	20.35	1
云南信托	85.04	13	陆家嘴信托	19.72	2
金谷信托	76.39	5	长安信托	18.90	1
国投泰康信托	76.28	6	华宝信托	18.32	2
上海信托	69.76	7	紫金信托	15.22	2
中建投信托	66.78	7	中原信托	15.00	1

续表

信托公司	发行规模（亿元）	发行数量（单）	信托公司	发行规模（亿元）	发行数量（单）
交银信托	51.57	5	陕国投信托	7.48	2
光大信托	51.00	2	国通信托	6.95	1
外贸信托	42.32	2	苏州信托	5.96	1
百瑞信托	37.64	3	西藏信托	1.00	1
厦门信托	36.70	5	—	—	—

3. 信托公司债券承销业务取得新发展

2018年4月，银行间市场交易商协会批准中信信托、兴业信托、华润信托、中诚信托、华能信托、上海信托6家信托公司开展非金融企业债务融资工具承销业务。2018年11月，粤财信托、建信信托、中航信托、外贸信托、英大信托、中融信托6家信托公司新增获批该业务资格。目前，共有12家信托公司获准开展非金融企业债务融资工具承销业务。

2018年6月，兴业信托参与分销18洛阳城投PPN001，成功落地信托公司作为承销商分销非金融企业债务融资工具的首笔业务。在此之后，其他获得业务资格的信托公司也陆续有债券承销项目落地。一般债券发行仅公布主承销商名单，因此，在公开渠道的债券承销规模统计中，几乎无法获得信托公司参与分销的债券规模具体数据。根据中国信托业协会的行业调研数据①，12家信托公司均参与了债券的承销，但整体上看，2019年信托公司债券承销业务规模差异较大，以中航信托、华润信托、建信信托为代表，其债券承销规模相对较大，在100亿元以上（见表6-6）。随着信托公司向标品业务转型，未来会有更多信托公司申请债券承销业务资格。

表6-6　2019年信托公司开展非金融企业债务融资工具承销业务情况*

信托公司	承销规模（亿元）	承销单数（单）	市场份额（%）
中航信托	325.85	351	34.53
华润深国投信托	157.5	243	16.69
建信信托	106.5	68	11.28

① 中国信托业协会．中国信托业发展报告（2019～2020）［M］．北京：中国金融出版社，2020.

续表

信托公司	承销规模（亿元）	承销单数（单）	市场份额（%）
华能贵诚信托	90.58	31	9.60
中信信托	87.23	—	9.24
兴业国际信托	78.95	52	8.37
上海国际信托	26.15	26	2.77
中融国际信托	25.3	19	2.68
中国对外经济贸易信托	20	18	2.12
中诚信托	19.94	32	2.11
广东粤财信托	4.1	19	0.43
英大国际信托	1.7	2	0.18

* 中国信托业协会．中国信托业发展报告(2019～2020)［M］．北京：中国金融出版社，2020；上海信托和中诚信托为截至2019年年末的累计数。

4．典型案例——中信信托－南京世茂希尔顿酒店资产支持专项计划

2020年4月，中信信托－南京世茂希尔顿酒店资产支持专项计划于上海证券交易所成功发行。该项目于2019年7月向上海证券交易所备案，2019年12月取得上海证券交易所的无异议函，为全国首单单层SPV结构的商业地产抵押贷款类资产证券化产品（见表6－7、图6－4）。

（1）基本情况

原始权益人：南京世茂房地产开发有限公司，为上海世茂股份有限公司的子公司；

计划管理人：中信信托；

基础资产类型：企业债权；

产品规模：7.1亿元（优先级7.0亿元，次级0.1亿元）；

产品期限：18年（3＋3＋3＋3＋3＋3）；

分级情况：98.59%优先级＋1.41%次级，次级部分由原始权益人全额认购；

评级情况：优先级部分为AAA；

票面利率：2020～2023年，4.98%，2023年之后，4.98%＋调整基点；

还本付息方式：优先级部分按年付息，到期一次性还本；次级部分到期分配剩余收益。

表6－7列示了南京世茂希尔顿酒店资产支持专项计划的主要参与机构。

表6-7　　南京世茂希尔顿酒店资产支持专项计划主要参与机构

承担角色	机构
原始权益人	南京世茂房地产开发有限公司
借款人/项目公司/物业持有人/抵押人	南京世茂新里程置业有限公司
优先收购权人/差额支付承诺人/流动性支持机构/评级下调承诺人/补足承诺人/保证人	上海世茂建设有限公司
优先收购权人/评级下调承诺人/补足承诺人/保证人	上海世茂股份有限公司
计划管理人/交易安排人/销售机构	中信信托有限责任公司
法律顾问	北京市金杜律师事务所
评级机构	联合信用评级有限公司
评估机构	深圳市世联土地房地产评估有限公司
现金流预测机构	中发国际资产评估有限公司
托管人/保管银行	兴业银行北京分行

（2）交易结构

图6-4展示了南京世茂希尔顿酒店资产支持专项计划的交易结构。

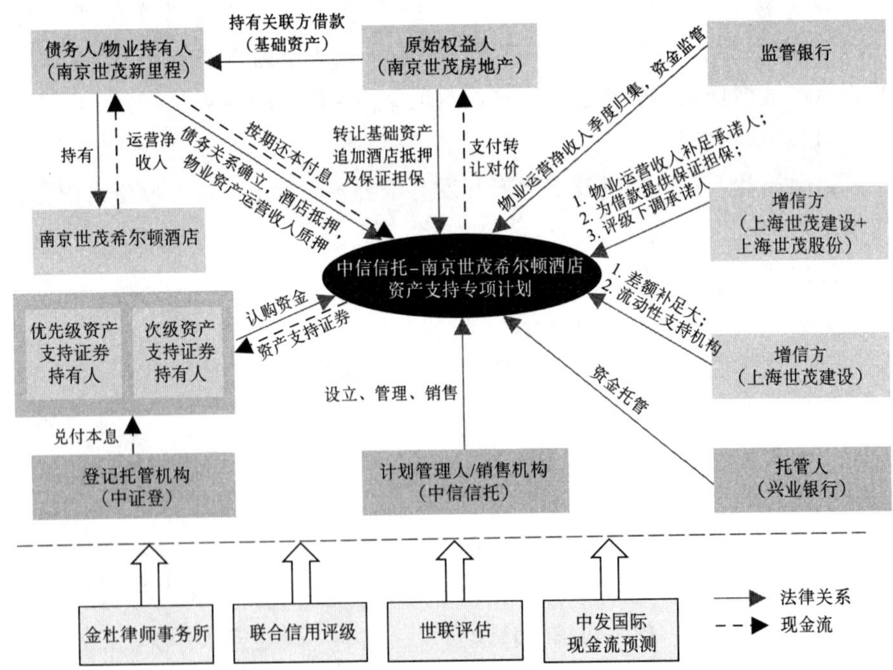

图6-4　南京世茂希尔顿酒店资产支持专项计划交易结构

（3）项目特色

第一，首单单层SPV结构的CMBS。在常见的CMBS交易结构中，一般需要2层SPV。第1层SPV一般为原始权益人通过商业银行或者信托公司，向实际融资人发放委托贷款或信托贷款。通过第1层SPV，原始权益人获得一笔债权或信托受益权，并将其作为第2层SPV的基础资产。而在该项目中，原始权益人南京世茂房地产开发有限公司持有对南京世茂新里程置业有限公司的存量债权，并将该笔债权直接作为基础资产，省去了常见结构中设置第1层SPV形成基础资产的过程。

第二，由信托公司担任资产支持专项计划的管理人。根据《证券公司及基金管理公司子公司资产证券化业务管理规定》第六条，“管理人是指为资产支持证券持有人之利益，对专项计划进行管理及履行其他法定及约定职责的证券公司、基金管理公司子公司”。但该文件第五十条同时规定，“经中国证监会认可，期货公司、证券金融公司、中国证监会负责监管的其他公司以及商业银行、保险公司、信托公司等金融机构，可参照适用本规定开展资产证券化业务”。

根据证监会《关于信托公司试点参与企业资产证券化业务有关事项的函》（债券部函〔2018〕488号），证监会与银保监会信托部会商和征求意见，一致同意在已获得特定目的信托受托机构资格且资产证券化业务经验丰富的信托公司中选择公司治理和内控体系完善、监管评级良好、合规状况良好的信托公司参与试点，在初期小范围试点的基础上稳妥推进。目前，仅有华能信托、中信信托具有交易所ABS计划管理人的试点资格。

资产证券化属于典型的本源业务，随着信托行业转型推进，未来应当允许更多担任资产支持专项计划管理人为信托公司转型提供更多选择。

（四）证券投资

1. 证券投资信托规模小且占比稳定

证券投资是信托资金五大投向之一，图6-5显示了2013~2019年投向证券市场资金规模和占比。截至2019年年末，证券投资类信托存续规模为1.96万亿元，较2018年年末减少约0.24万亿元，同比下降10.79%；在全部17.94亿元资金信托中的占比为10.92%，较2018年小幅下降0.67个百分点。对比历史数据看，证券投资类信托规模于2017年达到峰值3.1万亿元，2018年和2019年处于持续下降态势。

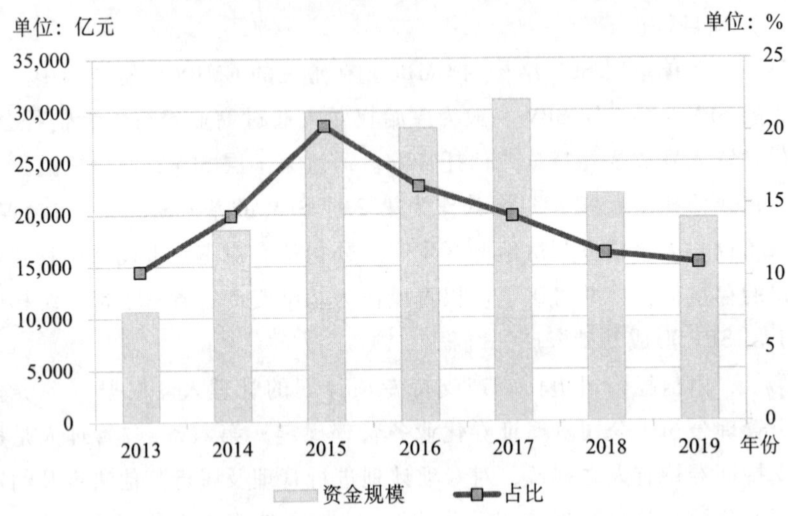

图 6-5　2013～2019 年投向证券市场资金规模和占比*

*数据来源于中国信托业协会。

如图 6-6 所示，从具体投向上看，债券投资占比最高，维持在 60% 左右，其次为股票，占比在 30% 左右，基金占比 10%。随着信托向标品投资发展，未来证券投资类信托占比可能提升，内部结构也可能发生变化。

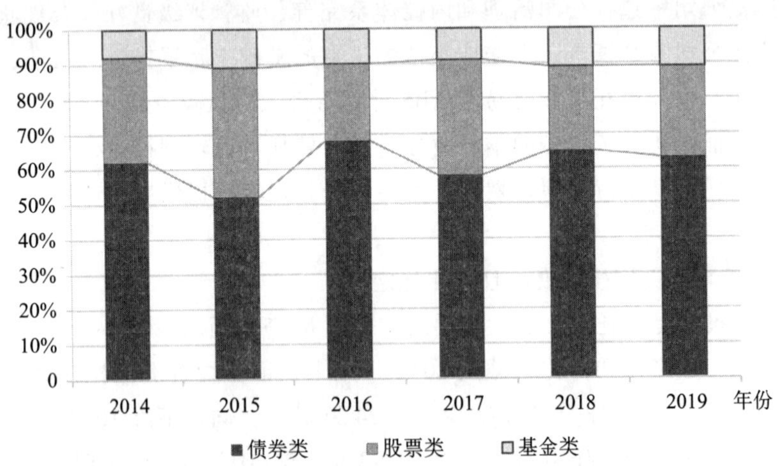

图 6-6　2014～2019 年证券投资信托细分市场产品余额占比变化*

*数据来源于中国信托业协会。

2. 信托公司差异较大，头部效应明显

证券投资信托在不同信托公司的定位存在显著差异，部分公司以证券投资运营为主，系统建设上投入较大；部分公司以主动管理债券投资为主；也有个别公司全面布局固收和权益市场。从业务规模来看，行业集中度明显。根据2019年年报数据，投向证券市场信托资金规模排名前10位的公司，证券投资类信托规模为1.6万亿元，占总规模的64.93%。

随着信托转型的持续推进，信托公司普遍重视证券投资业务发展。在2019年年报中，许多信托公司对标准化产品投资做了描述，有的上升到战略层面。例如，建信信托战略规划明确提出，着力提升证券投资管理能力，做大做强证券业务；百瑞信托提出发展以标准化产品投资为核心的资产管理业务；中融信托参与境内外一级、一级半和二级证券市场的标准化产品投资业务；上海信托优化现金丰利、红宝石客户结构，进一步拓展个人客户占比，并通过整合公司资源、搭建投研平台，建立投研一体化队伍，丰富产品类型，完善投资决策体系，不断提高标准化产品的投资交易能力和资产配置能力；长安信托进一步理清资本市场业务发展思路，通过成立资本市场事业部的模式，为长期开展资本市场业务奠定基础；华鑫信托加大标准化产品投资研究，提升固定收益等证券投资的投资管理能力。

在资本市场领域，外贸信托作为标准化产品投资起步较早的公司，其证券信托业务坚持服务类业务加资管类业务的双翼发展体系。服务类业务以渠道客户和私募管理人客户为根基，植入科技基因，打造独立、专业、高效、领先的基金行政服务商；资管类业务持续丰富产品线，布局“固收+”、FOF等产品体系，夯实投研能力，打造特色化的资管业务。

3. FOF业务成为信托公司主要切入点

由于信托公司在标品业务领域并无优势，因此开展FOF业务切入资本市场成为多数公司的选择，一方面可以解决信托公司投研能力、专业能力不足的问题，另一方面可以为客户提供资产配置服务，满足客户多元化投资需求，并逐步培养和提升自身专业能力。

从具体公司看，华润信托、外贸信托和华宝信托等证券投资业务开展较早的公司，基于与私募基金长期合作的优势，也较早开展了FOF业务。例如，外贸信托在2015年就在FOF产品体系方面搭建了乾元、坤元和晋元三条产品线，乾元TOT专注于筛选配置国内私募对冲基金，坤元TOT与全市场债券类投资管理人合作发行定制化产品，晋元 TOT 主要投资于股票类私募基金，截至 2019 年年末，管理规模超过 20 亿元。近年来，中信信托、上海信托、中航信托、北京信托、百瑞信托等信托公司开始探索 FOF 业务。例如，中信信托 2018 年 6 月发起设立了首支多资产、多策略产品“中信信托·睿信稳健配置 TOF 金融投资集合资金信托计划”。展望未来，FOF/MOM 业务仍然会是信托公司开展标品信托业务的重要切入点之一。

4. 典型案例——指数增强灵均慧选 1 期金融投资集合资金信托计划

中信信托设立发行“指数增强灵均慧选 1 期金融投资集合资金信托计划”，采用结构化设计，募集到 A 类信托资金后，与募集的 B 类信托资金投资于“灵均择时股票专项 1 期私募证券投资基金”（契约型基金），目标基金管理人为宁波灵均投资管理合伙企业（证券类私募基金管理人）。A 类信托单位获得指数收益 + 增强收益，在刨除 A 类信托单位收益后，B 类信托单位获得剩余的收益。

（1）项目基本情况

信托名称：中信信托指数增强灵均慧选 1 期金融投资集合资金信托计划。

发行机构：中信信托有限责任公司。

信托项目产品结构：本信托项目信托受益权分 A、B 类，本次募集 A 类。产品分期发行，本信托项目总规模预计 1.2 亿元人民币，本次发行 A 类 1 期信托受益权，规模预计大于 3,000 万元。

信托期限：A 类 1 期信托封闭期 1 年，封闭期满后每月开放赎回，本信托计划存续期 120 个月。

投资门槛：符合权益类投资产品的合格投资人，单笔认购金额为 40 万元起，累进金额为 10 万元的整数倍。

预期收益率：慧选 1 期 A 类的预期/参考收益率挂钩中证 500 指数收益率 + 增强收益率（7.5% 年化）。

信托利益分配方式：本信托计划 A 类信托单位指数挂钩日为本信托计划成立日之后的第四个交易日，封闭期截止到成立日第二年对日前一天（含）。封闭期内委托人不得向受托人提出赎回申请。本信托计划到期后，受托人按照 A 类信托单位净值（A 类信托单位净值 = 1.0000 + 中证 500 指数收益率 + 产品存续期间增强收益率（浮动费用后），整体反映了指数收益与增强收益）对A类受益人进行分配。

（2）交易结构（见图6－7）

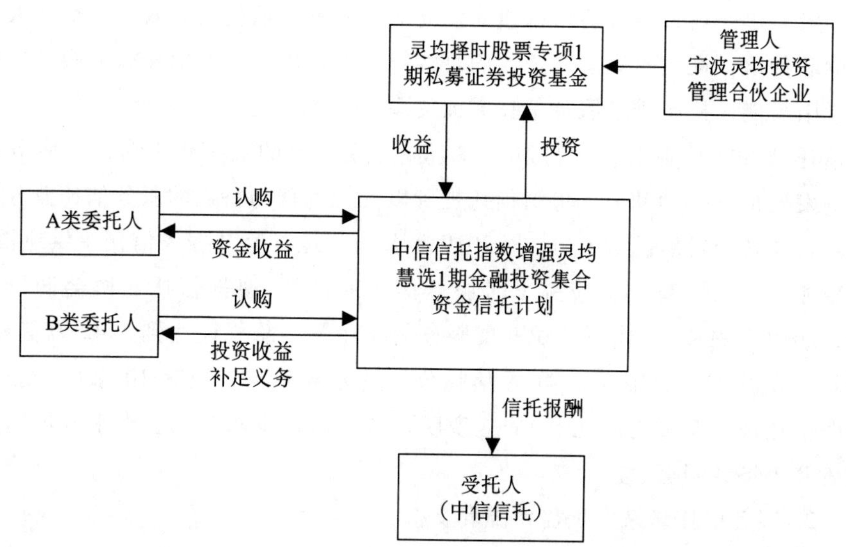

图6－7　中信信托指数增强灵均慧选1期金融投资集合资金信托计划结构图

（3）项目特色

该产品的实质是B类委托人付出了固定成本，将中证500指数涨跌幅的风险转嫁给了A类委托人。B类委托人的收益为灵均择时股票专项1期私募证券投资基金在扣除A类委托人的固定增强收益和信托层面相关费用后，相对于中证500指数的超额收益部分。

（五）服务信托

服务信托是“资管新规”发布后，2018年信托业年会上提出的一个概念，2020年5月银保监会发布的《资金信托新规（征求意见稿）》对服务信托作了明确定义，“服务信托业务，是指信托公司运用其在账户管理、财产独立、风险隔离等方面的制度优势和服务能力，为委托人提供除资产管理服务以外的资产流转，资金结算，财产监督、保障、传承、分配等受托服务的信托业务”。服务信托属于信托公司专属业务，在行业转型时期，可能成为信托业务未来发展重要方向。

1. 信托公司参与服务信托明显增多

从2019年年报看，多家信托公司披露服务信托开展情况。例如，万向信托积极探索服务信托业务新模式、新场景；落地全国第一单监护支援信托，将监护制度与信托制度紧密结合，让当事人的人生规划更加全面；落地全国第一单委托人身故后依据遗嘱设立的遗嘱家族信托，有效保障委托人财产顺利传承；推出家庭孝基金，满足客户养老需求。中航信托探索服务信托的无限可能，持续推进服务信托方面的理论创新和业务实践探索，设立了服务信托（数字）业务部，打造支撑新业务模式下的数字化平台，为服务信托的发展提供强劲动力。粤财信托提到以受托管理为特点的服务信托业务是近年行业转型发展的重要方向，2019 年公司落地首笔“服务信托 + 供应链”创新业务——“普惠供应链 1 号服务信托项目”。根据信托业协会调研数据，2019 年有 41 家信托公司开展服务信托业务，总规模达到 3.42 万亿元，平均值规模 833.25 亿元；41 家信托公司的差异较大，仅有 10 家信托公司服务信托规模在平均值之上。[①] 这说明，服务信托刚刚起步，未来发展需要监管和市场共同努力。

2. 服务信托未来发展需要配套支持

（1）制度建设层面

第一，明确服务信托业务统计和分类。现行信托业务统计中，没有对服务信托业务进行专门的统计。信托公司开展的资产证券化、家族信托、账户管理等服务信托业务，在现行的统计方式下，或计入财产权信托，或计入事务管理类信托。并且，由于各家信托公司对服务信托的理解不一定完全一致，这将导致难以准确地统计当前服务信托的规模，无法精准把握服务信托的发展情况。

第二，完善信托财产的登记制度。由于有关信托财产的登记机关、登记内容、登记流程等事项均不明确，因此以动产、不动产等作为信托财产的服务信托业务开展受到一定的阻碍，信托财产隔离的制度优势也难以充分发挥。

第三，完善税收制度。相关税收制度的不健全增加了服务信托的成本。在业务实践中，税务机关一般不区分“名义转让”与“实质转让”，导致多重征税的问题。在信托设立阶段，委托人将信托财产转让给信托公司可能将

---

① 中国信托业协会．中国信托业发展报告（2019 ~ 2020）［M］．北京：中国金融出版社，2020.

产生增值税、契税等纳税义务，在信托终止时，就信托财产所有权的“名义转让”将再次产生增值税、契税等纳税义务。在多重征税问题的困扰下，以动产、不动产等作为信托财产的服务信托业务开展将受到较大的限制。

（2）业务开展层面

由于服务信托的展业模式与传统的投融资业务模式差异较大，信托公司的人力资源配置、IT系统配置一时难以跟上业务发展的脚步。以家族信托为例，信托公司不仅需要为委托人提供合适的信托投资产品，也需要为其提供综合性的财富管理方案、税收筹划方案等，这对信托公司的人才储备提出了更高的要求。另外，部分信托公司开展的账户管理服务信托业务需要以配套的IT系统为依托。由于信托公司服务信托的费率水平相对较低，如果服务信托无法达到一定的规模，业务收入将难以覆盖人力资源储备、IT系统建设的成本，信托公司将难有较大的动力发展服务信托。因此，服务信托发展需要信托公司战略层面的规划和布局。

3. 典型案例

（1）东莞信托·惠信-1+X医学健康管理服务信托

东莞信托于2019年发起设立惠信-1+X医学健康管理服务信托。该信托根据委托人的意愿，将委托人合法为其客户提供的医学管理服务所收取的服务对价作为信托财产，东莞信托为受益人的利益及特定目的管理和处分信托财产。在业务开展过程中，委托人与委托人的客户签署相关医学管理服务类协议及承诺书，签署完毕后，按照协议约定支付相应的医学健康管理服务对价，该服务对价将由客户直接支付到委托人委托东莞信托设立的信托专户，成功支付后则协议生效。待一定数量的客户缴款后，委托人将当期参与医学健康管理服务的客户清单及当期信托成立指令按照信托合同中约定方式送至东莞信托，东莞信托对清单及信托专户资金核对无误后宣布当期信托成立。

该案例属于账户管理类服务信托。东莞信托作为受托人，仅负责账户管理、清算分配。该信托存续期间，信托专户内的闲置资金可用于投资银行存款、国债、利率债等低风险高流动性的金融产品。

（2）西部信托·信账1号服务信托

西部信托于2019年设立信账1号服务信托。该信托的委托人为成都随喜商务服务有限公司，服务场景为对购房人税费资金的安全保管及收付管理。委托人同购房人签署“服务协议”，以其基于代办不动产证事项而形成对购房人的应收服务费债权（办理产证涉及的契税、印花税、登记费和共有人工本费）作为信托财产，在西部信托设立财产权信托。服务费将由购房人直接划付至西部信托设立的信托专户，西部信托对服务费进行管理，并按约定用于缴纳税费，在信托账户支付税费资金时审核完税凭证等相关材料。

（3）粤财信托·普惠供应链1号服务信托

2019年粤财信托落地“服务信托+供应链”创新业务——普惠供应链1号服务信托。该项目基于深圳某大型电子通讯企业与其上游数百家中小微企业供应商之间的真实贸易背景，以提升中小微企业应收账款管理效率为出发点，由公司发起设立单一系列财产权信托，供应商将持有的对核心企业的应收账款交付信托财产；信托存续期间，粤财信托通过特有的账户系统、供应链管理系统，提供信托财产的登记、保管和信托利益分配服务，满足中小微企业对应收账款的权利保管、权益流转和到期托收需求，助力中小微企业解决财务管理不规范、账期管理不科学、回款难度偏大等问题，这是服务信托与供应链业务结合的有益尝试，在行业内也具有一定示范效应。

三、行业理论研究与技术创新

（一）转型时期研发重要性显现

与其他金融机构相比，信托公司的研究能力相对较弱。近年来，随着信托行业转型的推进，信托公司对研发的重视程度提升，研究重要性开始显现。从2019年年报来看，针对具体业务的研究逐渐增多，构建自身独立的投研体系成为趋势。

1. 信托研究逐渐实现业务流程覆盖

行业转型时期，对于监管政策、外部环境进行解读和研究必不可少，许多公司还出版了内部刊物，传达理论和业务研究最新进展。部分信托公司在年报中进行了介绍。例如，吉林信托提到，针对监管变化，编制政策解读类报告，对监管形势进行分析，对未来业务拓展进行探讨；出版季度期刊《吉林信托》，对金融领域的理论与实践进行研究、探讨等。此外，信托研究也已经不限于宏观形势层面，研发在投资和风险防控方面发挥的作用日益重要。从年报看，平安信托提到针对创新类业务加强深度研究，建信信托提到打造投资研究核心能力。

2. 针对具体业务的研究日益深化

为了应对业务转型需要，信托研究从行业宏观研究向业务转型升级。多家信托公司提到，针对行业转型发展，对服务信托、资产证券化、产品净值化等课题进行研究。多家信托公司在家族财富管理领域发布专题研究报告、召开研讨会。例如，中航信托联合瑞银财富管理、惠誉全球家族智库、Campden Wealth 联合发布《2020 中国家族财富管理暨家族办公室调研报告》；建信信托联合胡润研究院发布《2019 中国家族财富可持续发展报告——聚焦家族信托》；五矿信托联合国家金融与发展实验室共同发布《家族企业更迭风险、对冲策略与家族精神——家族财富管理调研报告(2019)》。粤财信托，2019 年联合大成律师事务所主办了“大湾区财富管理服务机构研讨会”，与来自私行、律所、信托、保险、家族办公室等 200 多家专业机构共同探索家族财富管理整体解决方案，研讨家族财富管理生态联盟构建。家族信托系列研究报告的发布和研讨会的召开对于高净值人群了解家族信托起到积极作用，也有助于推动家族信托发展的理论建设和模式创新。

3. 构建自身投研体系成为趋势

随着信托业务向标品投资转型，投研体系的重要性日益显现，构建自身投资体系成为信托公司下一阶段比较紧迫的任务。例如，外贸信托年报提到，资管类业务持续丰富产品线，布局“固收+”、FOF 等产品体系，夯实投研能力，打造特色化的资管业务。投研能力的提升离不开投研体系的构建，信托公司投研体系的建设可能会逐步向证券公司、基金公司投资体系靠拢。信托公司投资体系通常内嵌于资产管理部门，例如，中航信托资产管理部内设投研团队。未来信托公司投研体系如何建设可能成为重要课题。

（二）金融科技支持和促进创新发展

1. 科技被逐渐提升到战略高度

从 2019 年年报来看，许多信托公司将科技提升到战略高度，将科技作为战略目标实现的重要保障。建信信托战略规划里提到“加强科技赋能，打造数字建信、智慧建信”；中航信托年报提到，2019 年确立数字化转型目标，在业内率先提出“信托科技”概念，通过数字研究院持续围绕数据管理、应用、经营、服务等方面开展研究，积极推进数字化在财富管理、小微金融、不动产等领域中的应用，打造公司在数据信托方面的领先优势；平安信托荣获《金融时报》评定的年度最佳科技赋能信托公司奖。

2. 科技对信托创新业务起到积极支持

科技对信托业务的支持和推动作用日益显现，信托业务逐渐从“科技保障”向“科技引领”升级。资产证券化、家族信托、消费金融和小微企业信托业务、服务信托等发展，都离不开科技的支持。从2019年年报来看，科技对业务的支持作用也得到充分体现。例如，外贸信托在小微金融领域，以构建“绿色、共享小微金融生态圈”为目标，紧抓消费金融市场发展机遇，开拓梯队客户，加快产品创新迭代，提升科技能力；山西信托提到，依托金融科技助力消费金融发展已找到突破口。

服务信托作为信托创新业务，其发展也离不开科技。外贸信托服务类业务以渠道客户和私募管理人客户为根基，植入科技基因，打造独立、专业、高效、领先的基金行政服务商；中航信托设立了服务信托（数字）业务部，打造支撑新业务模式下的数字化平台，为服务信托的发展提供强劲动力。

此外，中航信托还设立“中航信托·中慈联科技扶贫慈善信托”，引入区块链技术，助力公益慈善事业发展；万向信托推出慈善账户服务平台，由万向信托联合上海万向区块链股份公司沟通开发，在线提供定制化的慈善咨询和账户开立服务、平台应用区块链技术，对慈善信托各个环节数据进行跟踪，为捐赠人带来更为便捷、高效、透明和可信的慈善体验。

3. 科技能力可能成为资产管理机构核心竞争力

在数字化大背景下，原来仅仅服务于信托公司内部运营管理的信息系统已不能满足实践发展需求。科技不仅可以决定信托业务创新发展的边界，也直接决定信托公司运营和管理效率。科技有望实现对信托公司前台、后台的覆盖，重塑信托业务模式和业务流程，提升业务效率和客户体验，提升风险管理水平、降低管理成本。根据信托业协会调研数据，2019年58家信托公司科技投入超过13亿元，平均每家公司超过2,000万元，不过信托公司之间差异较大，有6家公司投入超过5,000万元，其中1家超过1亿元。[①] 随着行业转型推进和科技的持续发展，科技能力成为信托公司在大资管竞争中

① 中国信托业协会. 中国信托业发展报告（2019～2020）［M］. 北京：中国金融出版社，2020.

的核心竞争力。

四、信托创新业务发展展望

《资金信托新规（征求意见稿）》的出台，预示着信托行业将真正进入发展新阶段，信托创新业务的步伐会加快，创新业务也有望呈现新局面。

（一）资产证券化与非标转标可能成为方向

根据《资金信托新规（征求意见稿）》对服务信托的定义，资产证券化属于服务信托范畴，属于监管鼓励开展的业务，也是信托公司公认的转型方向。未来，资产证券化市场会持续发展，参与资产证券化业务的信托公司也会越来越多，行业竞争也将更加激烈。信托公司一方面需要提升主动管理能力、积极申请业务资格、提升服务附加值，进而争取业务机会；另一方面也需要挖掘证券化业务价值，发挥自身优势，将证券化业务从单纯的服务信托，拓展为资产管理业务、私募投行业务和服务信托的结合，实现全链条、全流程服务，实现非标业务向标准化业务的升级。

《资金信托新规（征求意见稿）》规定，信托公司管理的全部集合资金信托计划投资于同一融资人及其关联方的非标准化债权类资产的合计金额不得超过信托公司净资产的30%。信托公司管理的全部集合资金信托计划向他人提供贷款或者投资于其他非标准化债权类资产的合计金额在任何时点均不得超过全部集合资金信托计划合计实收信托的50%。国务院银行业监督管理机构另有规定的除外。根据该规定，除了开展标品投资外，非标转标成为信托公司必须面对的转型方向。非标转标可以协助企业从公开市场融资、降低企业融资成本，但也对信托公司的资源获取能力和项目运营能力提出了更高要求。非标转标的主要方式是资产证券化，信托公司需要建立专业团队，也需要积极申请银行间市场债券承销人等资格，为全链条参与非标转标业务奠定基础。

（二）股权投资可能迎来新发展

随着非标融资类信托受到限制，向投资类业务发展是大势所趋。2020年3月30日，中共中央、国务院发布的《关于构建更加完善的要素市场化配置体制机制的意见》指出，要完善股票市场基础制度并加快发展债券市场，健全多层次的资本市场体系、增加有效金融服务供给，并坚持向市场化和法治化改革。抓住时代机遇、发展股权投资、实现业务模式升级、提升服务实体经济能力是信托公司的转型方向之一。股权投资对专业能力的要求与融资类信托有很大差别，一方面，需要信托公司培养专业团队、逐步提升对资产的判断和把控能力，进而建立自身主动投资能力；另一方面，产业背景信托公司可以发挥股东背景优势，加强与股东的联动和协同，切入股东产业链，逐渐形成自己在细分市场的差异化竞争优势。

（三）标品投资会更多受到信托公司青睐

在新的监管环境下，标品投资对信托公司业务发展的重要性明显提升。长远来看，标品投资会是信托公司主要业务方向，也是信托公司和其他资产管理机构竞争的重要业务。

从发展路径上看，信托公司标品投资初期要以与其他资产管理机构合作为主，开展FOF/MOM业务，并逐渐培养和建立自身的主动投资能力。与其他资管机构合作不仅有助于做大规模，而且可以建立与市场上相关机构的合作关系，融入证券投资市场，熟悉不同机构投资偏好和专业优势。从发展意义上看，FOF/MOM业务主要是选择市场上优秀的管理人和优秀的基金，对专业能力要求相对较低，但也有助于信托公司丰富信托产品线。

长远来看，主动证券投资类业务对专业能力有很高要求，不仅需要专业团队和投资能力，也需要组织架构、人力资源、风控合规等的完善和支持，属于系统工程，需要从战略层面规划和布局。

（四）财富管理业务即将迈入新阶段

信托业务转型需要财富端转型同步推进。“资管新规”发布之后，许多信托公司财富管理层面的产品按照固收类、权益类、资产配置类（证券投资系列）、定制类（家族信托）来分类，说明财富端的转型已经在推进过程中。部分信托产品仍然按照房地产、基础设施、工商企业的分类，已经远远落后于行业的发展。

财富管理首先需要从被动销售产品向主动配置产品升级，要改变财富管理仅仅是营销现有信托产品的定位，主动去挖掘客户需求、引导客户投资偏好，让客户逐渐接受证券投资类信托产品。其次，要尝试发行资产配置型信托产品，从传统的非标固收类产品向资产配置型产品转变，引导客户适应多元化的产品类型。最后，信托公司要丰富和统筹规划信托产品线，发展为产品类型丰富、服务功能齐全、资产配置能力强的财富管理机构。

附　　表

附　　表

2019年年末信托公司注册资本排名

单位：亿元

排名	信托公司	注册资本	排名	信托公司	注册资本
1	重庆信托	150	35	华鑫信托	35.7
2	平安信托	130	36	四川信托	35
3	中融信托	120	37	长安信托	33.3
4	中信信托	112.76	38	国通信托	32
5	华润信托	110	39	华融信托	30.36
6	昆仑信托	102.27	40	国元信托	30
7	兴业信托	100	41	西藏信托	30
8	外贸信托	80	42	国联信托	30
9	民生信托	70	43	国投泰康信托	26.71
10	华信信托	66	44	华澳信托	25
11	光大信托	64.18	45	中海信托	25
12	华能信托	61.94	46	建信信托	24.66
13	东莞信托	60.94	47	中诚信托	24.57
14	五矿信托	60	48	紫金信托	24.53
15	新时代信托	60	49	财信信托	24.51
16	交银信托	57.65	50	中粮信托	23
17	安信信托	54.69	51	金谷信托	22
18	上海信托	50	52	北京信托	22
19	中铁信托	50	53	浙金信托	17
20	中建投信托	50	54	天津信托	17
21	华宝信托	47.44	55	吉林信托	15.96
22	山东信托	46.59	56	杭工商信托	15
23	中航信托	46.57	57	西部信托	15
24	爱建信托	46.03	58	山西信托	13.57
25	新华信托	42	59	万向信托	13.39
26	英大信托	40.29	60	云南信托	12
27	中原信托	40	61	苏州信托	12
28	百瑞信托	40	62	北方信托	10.01
29	陆家嘴信托	40	63	大业信托	10
30	陕国投信托	39.64	64	国民信托	10
31	粤财信托	38	65	华宸信托	8
32	江苏信托	37.6	66	中泰信托	5.17
33	厦门信托	37.5	67	长城新盛信托	3
34	渤海信托	36	—	—	—

附　表

2019年年末信托公司人员数量排名

单位：人

排名	信托公司	人员数量	排名	信托公司	人员数量
1	光大信托	945	35	渤海信托	273
2	长安信托	872	36	中原信托	254
3	四川信托	792	37	新时代信托	249
4	中信信托	750	38	国民信托	241
5	中融信托	699	39	山西信托	241
6	陕国投信托	639	40	交银信托	236
7	兴业信托	587	41	国投泰康信托	233
8	五矿信托	560	42	山东信托	229
9	外贸信托	554	43	厦门信托	226
10	民生信托	550	44	华澳信托	224
11	爱建信托	525	45	中海信托	213
12	安信信托	466	46	华鑫信托	207
13	平安信托	463	47	财信信托	202
14	中建投信托	452	48	杭工商信托	200
15	建信信托	423	49	百瑞信托	193
16	中航信托	423	50	粤财信托	193
17	万向信托	407	51	紫金信托	191
18	上海信托	398	52	江苏信托	186
19	华润信托	376	53	英大信托	180
20	国通信托	368	54	吉林信托	177
21	西部信托	367	55	苏州信托	175
22	华能信托	365	56	国元信托	169
23	东莞信托	352	57	天津信托	160
24	陆家嘴信托	348	58	重庆信托	160
25	中诚信托	342	59	大业信托	157
26	华宝信托	325	60	金谷信托	155
27	云南信托	320	61	华信信托	149
28	中粮信托	299	62	新华信托	148
29	北京信托	290	63	中泰信托	107
30	华融信托	280	64	西藏信托	105
31	浙金信托	278	65	华宸信托	94
32	北方信托	276	66	国联信托	90
33	昆仑信托	275	67	长城新盛信托	88
34	中铁信托	275	—	—	—

附 表

2019 年年末信托公司净资产排名

单位：万元

排名	信托公司	净资产	排名	信托公司	净资产
1	中信信托	2, 968, 253. 06	35	长安信托	746, 668. 48
2	重庆信托	2, 485, 667. 12	36	爱建信托	744, 041. 79
3	平安信托	2, 330, 435. 84	37	粤财信托	721, 761. 81
4	华润信托	2, 210, 242. 41	38	财信信托	697, 647. 48
5	江苏信托	2, 048, 618. 46	39	国元信托	694, 660. 59
6	华能信托	2, 043, 079. 47	40	国投泰康信托	653, 636. 89
7	建信信托	1, 977, 685. 94	41	中海信托	633, 978. 86
8	中融信托	1, 831, 537. 36	42	华鑫信托	616, 366. 46
9	外贸信托	1, 771, 664. 86	43	新华信托	596, 072. 43
10	中诚信托	1, 764, 112. 94	44	天津信托	573, 005. 50
11	兴业信托	1, 668, 816. 62	45	东莞信托	565, 774. 27
12	上海信托	1, 522, 757. 62	46	陆家嘴信托	552, 549. 34
13	五矿信托	1, 385, 372. 02	47	厦门信托	530, 570. 00
14	昆仑信托	1, 320, 232. 45	48	西部信托	530, 111. 16
15	渤海信托	1, 313, 421. 37	49	国联信托	513, 101. 00
16	中航信托	1, 280, 975. 46	50	苏州信托	489, 923. 34
17	华信信托	1, 228, 925. 36	51	北方信托	469, 285. 33
18	交银信托	1, 210, 003. 16	52	西藏信托	464, 362. 32
19	陕国投信托	1, 097, 736. 37	53	中泰信托	455, 253. 00
20	民生信托	1, 095, 997. 98	54	中粮信托	438, 101. 47
21	光大信托	1, 071, 113. 26	55	杭工商信托	428, 468. 00
22	山东信托	981, 041. 30	56	华澳信托	413, 135. 81
23	英大信托	941, 233. 21	57	紫金信托	406, 410. 32
24	百瑞信托	926, 384. 58	58	金谷信托	404, 357. 76
25	北京信托	926, 193. 11	59	吉林信托	401, 762. 84
26	华宝信托	916, 383. 02	60	万向信托	363, 715. 58
27	中铁信托	905, 695. 77	61	云南信托	302, 257. 10
28	中原信托	883, 280. 58	62	国民信托	274, 918. 40
29	华融信托	875, 077. 46	63	浙金信托	217, 552. 92
30	新时代信托	861, 616. 25	64	大业信托	195, 716. 18
31	中建投信托	834, 455. 23	65	山西信托	193, 037. 57
32	国通信托	815, 215. 15	66	长城新盛信托	114, 605. 23
33	四川信托	801, 230. 16	67	华宸信托	106, 949. 89
34	安信信托	769, 631. 09	—	—	—

附　表

2019年信托公司营业收入排名

单位：万元

排名	信托公司	营业收入	排名	信托公司	营业收入
1	中信信托	637,796.95	35	粤财信托	121,261.95
2	华能信托	504,618.04	36	国通信托	116,543.85
3	平安信托	467,860.03	37	中海信托	112,372.14
4	中融信托	451,862.40	38	紫金信托	110,324.71
5	光大信托	418,548.54	39	东莞信托	109,918.43
6	五矿信托	415,665.12	40	国联信托	108,267.00
7	中航信托	357,158.17	41	杭工商信托	107,793.00
8	重庆信托	334,260.99	42	华澳信托	99,362.94
9	江苏信托	323,543.00	43	厦门信托	97,713.00
10	建信信托	319,605.89	44	中原信托	96,845.43
11	华润信托	307,407.42	45	云南信托	88,412.05
12	兴业信托	298,298.86	46	财信信托	86,943.62
13	渤海信托	292,411.33	47	天津信托	84,264.51
14	外贸信托	278,872.85	48	西藏信托	79,624.35
15	上海信托	267,114.54	49	苏州信托	79,531.22
16	长安信托	262,534.45	50	北方信托	77,448.24
17	爱建信托	255,832.05	51	国民信托	70,288.76
18	中建投信托	239,548.14	52	西部信托	69,739.03
19	四川信托	232,301.31	53	国元信托	68,491.55
20	民生信托	231,097.19	54	华信信托	57,276.33
21	中诚信托	206,790.32	55	浙金信托	55,468.40
22	昆仑信托	193,887.33	56	吉林信托	52,872.52
23	山东信托	188,666.60	57	金谷信托	51,747.24
24	交银信托	184,593.43	58	中粮信托	51,419.38
25	中铁信托	182,569.94	59	大业信托	48,303.64
26	陕国投信托	174,212.44	60	新时代信托	42,011.29
27	北京信托	171,293.24	61	长城新盛信托	39,019.40
28	百瑞信托	161,701.04	62	中泰信托	27,021.46
29	国投泰康信托	153,258.78	63	山西信托	24,978.78
30	英大信托	152,791.51	64	华融信托	21,939.38
31	华宝信托	147,751.61	65	新华信托	17,142.27
32	陆家嘴信托	144,144.50	66	华宸信托	419.79
33	万向信托	141,451.03	67	安信信托	-47,932.25
34	华鑫信托	128,197.28	—	—	—

附　表

2019 年信托公司信托业务收入排名

单位：万元

排名	信托公司	信托业务收入	排名	信托公司	信托业务收入
1	中信信托	478, 847. 88	35	华鑫信托	92, 751. 25
2	中融信托	409, 795. 22	36	东莞信托	87, 567. 35
3	光大信托	374, 475. 22	37	紫金信托	76, 852. 01
4	中航信托	358, 565. 40	38	浙金信托	73, 003. 08
5	平安信托	353, 054. 90	39	杭工商信托	72, 577. 00
6	五矿信托	352, 709. 94	40	中原信托	69, 200. 41
7	华能信托	317, 505. 18	41	中海信托	67, 142. 84
8	兴业信托	248, 616. 71	42	财信信托	65, 108. 73
9	建信信托	237, 506. 45	43	西部信托	65, 097. 23
10	长安信托	213, 874. 62	44	北方信托	64, 508. 32
11	渤海信托	211, 282. 72	45	云南信托	61, 735. 62
12	爱建信托	206, 191. 94	46	华融信托	58, 624. 07
13	重庆信托	201, 061. 93	47	厦门信托	58, 113. 00
14	四川信托	191, 520. 33	48	粤财信托	56, 707. 10
15	中建投信托	191, 147. 59	49	苏州信托	54, 909. 37
16	上海信托	185, 138. 20	50	国民信托	54, 871. 80
17	民生信托	171, 640. 40	51	华澳信托	51, 496. 21
18	外贸信托	160, 328. 23	52	华宸信托	431. 21
19	中诚信托	136, 246. 16	53	西藏信托	51, 157. 78
20	交银信托	136, 104. 63	54	大业信托	47, 380. 25
21	华润信托	132, 026. 54	55	国元信托	37, 560. 81
22	万向信托	127, 941. 90	56	安信信托	35, 663. 80
23	中铁信托	116, 161. 52	57	长城新盛信托	35, 562. 07
24	江苏信托	115, 297. 54	58	中粮信托	34, 749. 61
25	百瑞信托	113, 518. 02	59	华信信托	33, 798. 92
26	北京信托	112, 408. 24	60	天津信托	33, 476. 95
27	英大信托	112, 267. 97	61	新时代信托	31, 506. 93
28	陆家嘴信托	109, 686. 71	62	金谷信托	26, 334. 95
29	山东信托	103, 777. 10	63	国联信托	23, 881. 00
30	国投泰康信托	103, 373. 54	64	新华信托	22, 079. 30
31	昆仑信托	102, 293. 48	65	吉林信托	20, 096. 38
32	国通信托	97, 907. 37	66	山西信托	18, 233. 27
33	华宝信托	97, 663. 57	67	中泰信托	6, 000. 62
34	陕国投信托	94, 452. 37	—	—	—

附　表

2019 年信托公司自营业务收入排名

单位：万元

排名	信托公司	自营业务收入	排名	信托公司	自营业务收入
1	江苏信托	208, 245. 46	35	厦门信托	39, 600. 00
2	华能信托	187, 112. 86	36	中诚信托	38, 278. 33
3	华润信托	175, 380. 88	37	华鑫信托	35, 446. 03
4	中信信托	158, 949. 07	38	杭工商信托	35, 216. 00
5	重庆信托	133, 199. 06	39	陆家嘴信托	34, 457. 79
6	外贸信托	118, 544. 62	40	紫金信托	33, 472. 70
7	平安信托	114, 805. 13	41	吉林信托	32, 776. 14
8	昆仑信托	91, 593. 85	42	国元信托	30, 930. 74
9	山东信托	84, 889. 50	43	西藏信托	28, 466. 57
10	国联信托	84, 386. 00	44	中原信托	27, 645. 02
11	建信信托	82, 099. 44	45	云南信托	26, 676. 43
12	上海信托	81, 976. 34	46	金谷信托	25, 412. 29
13	渤海信托	81, 128. 61	47	苏州信托	24, 621. 85
14	陕国投信托	79, 760. 07	48	华信信托	23, 477. 41
15	中铁信托	66, 408. 41	49	东莞信托	22, 351. 08
16	粤财信托	64, 554. 85	50	财信信托	21, 834. 89
17	五矿信托	62, 955. 18	51	中泰信托	21, 020. 84
18	民生信托	59, 456. 79	52	国通信托	18, 636. 48
19	北京信托	58, 885. 00	53	中粮信托	16, 669. 77
20	天津信托	50, 787. 56	54	国民信托	15, 416. 96
21	华宝信托	50, 088. 04	55	万向信托	13, 509. 13
22	国投泰康信托	49, 885. 24	56	北方信托	12, 939. 92
23	兴业信托	49, 682. 15	57	新时代信托	10, 504. 36
24	爱建信托	49, 640. 11	58	山西信托	6, 745. 51
25	长安信托	48, 659. 83	59	西部信托	4, 641. 80
26	交银信托	48, 488. 80	60	长城新盛信托	3, 457. 33
27	中建投信托	48, 400. 55	61	大业信托	923. 39
28	百瑞信托	48, 183. 02	62	华宸信托	-11. 41
29	华澳信托	47, 866. 73	63	中航信托	-1, 407. 23
30	中海信托	45, 229. 30	64	新华信托	-4, 937. 03
31	光大信托	44, 073. 32	65	浙金信托	-17, 534. 68
32	中融信托	42, 067. 18	66	华融信托	-36, 684. 69
33	四川信托	40, 780. 98	67	安信信托	-83, 596. 05
34	英大信托	40, 523. 54	—	—	—

附 表

2019 年信托公司净利润排名

单位：万元

排名	信托公司	净利润	排名	信托公司	净利润
1	中信信托	340, 085. 06	35	杭工商信托	59, 798. 00
2	华能信托	315, 792. 04	36	陕国投信托	58, 152. 80
3	华润信托	288, 666. 69	37	天津信托	57, 815. 10
4	重庆信托	273, 754. 81	38	厦门信托	54, 251. 00
5	平安信托	265, 154. 55	39	紫金信托	53, 214. 83
6	江苏信托	241, 851. 93	40	四川信托	52, 138. 33
7	五矿信托	210, 462. 16	41	长安信托	51, 456. 74
8	光大信托	207, 768. 85	42	东莞信托	50, 080. 74
9	中航信托	193, 934. 12	43	国通信托	50, 045. 84
10	建信信托	189, 785. 85	44	西藏信托	49, 161. 12
11	外贸信托	179, 104. 66	45	苏州信托	46, 567. 58
12	中融信托	157, 408. 01	46	国元信托	44, 053. 58
13	上海信托	150, 601. 47	47	中原信托	41, 151. 74
14	爱建信托	123, 786. 43	48	云南信托	40, 325. 01
15	兴业信托	121, 698. 37	49	西部信托	34, 224. 15
16	交银信托	112, 635. 37	50	华澳信托	30, 617. 63
17	渤海信托	111, 586. 88	51	财信信托	24, 550. 27
18	百瑞信托	109, 282. 56	52	北方信托	24, 545. 80
19	昆仑信托	99, 135. 74	53	长城新盛信托	23, 060. 77
20	英大信托	98, 825. 19	54	吉林信托	20, 535. 02
21	中诚信托	96, 731. 65	55	国民信托	18, 918. 41
22	国投泰康信托	91, 931. 02	56	新时代信托	14, 964. 87
23	民生信托	90, 446. 82	57	中泰信托	12, 941. 46
24	国联信托	90, 342. 00	58	中粮信托	12, 619. 23
25	中建投信托	88, 800. 14	59	大业信托	10, 742. 12
26	北京信托	87, 377. 99	60	浙金信托	10, 475. 52
27	粤财信托	83, 799. 55	61	金谷信托	5, 251. 13
28	中铁信托	83, 676. 31	62	山西信托	3, 046. 67
29	华宝信托	76, 559. 04	63	新华信托	1, 558. 64
30	中海信托	73, 917. 80	64	华宸信托	−6, 053. 80
31	万向信托	69, 830. 82	65	华信信托	−15, 244. 73
32	山东信托	66, 390. 60	66	华融信托	−41, 227. 34
33	华鑫信托	65, 426. 02	67	安信信托	−397, 120. 60
34	陆家嘴信托	64, 378. 09	—	—	—

附 表

2019年信托公司人均净利润排名

单位：万元

排名	信托公司	人均净利润	排名	信托公司	人均净利润
1	重庆信托	1,760.48	35	厦门信托	237.94
2	江苏信托	1,448.22	36	华宝信托	232.70
3	国联信托	1,115.33	37	中融信托	228.19
4	华能信托	870.55	38	中建投信托	213.59
5	华润信托	767.73	39	兴业信托	209.28
6	平安信托	627.58	40	陆家嘴信托	191.60
7	中航信托	605.97	41	万向信托	182.33
8	英大信托	577.93	42	东莞信托	178.22
9	百瑞信托	572.16	43	民生信托	173.19
10	五矿信托	518.71	44	中原信托	164.69
11	交银信托	492.61	45	华澳信托	142.08
12	西藏信托	486.74	46	国通信托	137.68
13	中信信托	478.66	47	吉林信托	134.69
14	建信信托	470.93	48	云南信托	126.00
15	粤财信托	470.78	49	财信信托	123.00
16	上海信托	446.34	50	中泰信托	119.83
17	渤海信托	434.19	51	西部信托	103.24
18	外贸信托	424.54	52	陕国投信托	93.95
19	国投泰康信托	392.87	53	北方信托	87.35
20	天津信托	363.62	54	国民信托	79.49
21	中海信托	362.34	55	大业信托	68.42
22	昆仑信托	357.89	56	四川信托	68.33
23	华鑫信托	337.25	57	长安信托	65.39
24	中铁信托	325.00	58	新时代信托	60.10
25	杭工商信托	299.00	59	中粮信托	45.56
26	山东信托	295.07	60	金谷信托	34.32
27	光大信托	289.37	61	浙金信托	23.51
28	中诚信托	286.19	62	山西信托	12.75
29	北京信托	272.00	63	新华信托	10.29
30	苏州信托	270.18	64	华宸信托	-69.58
31	爱建信托	265.64	65	华信信托	-98.99
32	国元信托	265.30	66	华融信托	-130.26
33	紫金信托	258.32	67	安信信托	-891.40
34	长城新盛信托	244.03	—	—	—

附 表

2019 年信托公司资本利润率排名

单位:%

排名	信托公司	资本利润率	排名	信托公司	资本利润率
1	长城新盛信托	22.37	35	东莞信托	9.03
2	万向信托	21.24	36	华宝信托	9.03
3	光大信托	21.11	37	渤海信托	8.87
4	国联信托	18.41	38	中融信托	8.79
5	爱建信托	17.77	39	国通信托	8.62
6	华能信托	16.42	40	民生信托	8.49
7	西藏信托	16.31	41	华澳信托	7.70
8	五矿信托	16.01	42	昆仑信托	7.64
9	中航信托	15.76	43	兴业信托	7.50
10	国投泰康信托	15.13	44	国民信托	7.13
11	杭工商信托	14.70	45	长安信托	7.00
12	云南信托	14.29	46	西部信托	6.95
13	华润信托	13.81	47	山东信托	6.90
14	紫金信托	13.49	48	四川信托	6.72
15	江苏信托	12.64	49	国元信托	6.36
16	中信信托	12.61	50	大业信托	5.64
17	百瑞信托	12.52	51	中诚信托	5.61
18	粤财信托	12.42	52	陕国投信托	5.44
19	陆家嘴信托	12.37	53	北方信托	5.43
20	平安信托	12.05	54	吉林信托	5.37
21	外贸信托	11.82	55	浙金信托	4.93
22	中海信托	11.72	56	中原信托	4.81
23	建信信托	11.62	57	财信信托	3.43
24	重庆信托	11.57	58	中粮信托	2.92
25	中建投信托	11.28	59	中泰信托	2.91
26	上海信托	11.17	60	新时代信托	1.75
27	英大信托	11.13	61	山西信托	1.59
28	天津信托	10.64	62	金谷信托	1.30
29	厦门信托	10.56	63	新华信托	0.26
30	华鑫信托	10.30	64	华信信托	-1.22
31	北京信托	10.11	65	华融信托	-2.17
32	苏州信托	10.04	66	华宸信托	-5.88
33	交银信托	9.80	67	安信信托	-40.22
34	中铁信托	9.48	—	—	—

附　表

2019 年信托公司信托报酬率排名

单位:%

排名	信托公司	信托报酬率	排名	信托公司	信托报酬率
1	杭工商信托	2.51	35	兴业信托	0.39
2	东莞信托	2.22	36	渤海信托	0.38
3	华信信托	1.89	37	华鑫信托	0.38
4	长城新盛信托	1.49	38	中原信托	0.38
5	爱建信托	1.10	39	华宸信托	0.37
6	中建投信托	1.09	40	华融信托	0.35
7	重庆信托	1.01	41	英大信托	0.34
8	百瑞信托	0.97	42	厦门信托	0.33
9	国通信托	0.94	43	云南信托	0.33
10	万向信托	0.87	44	昆仑信托	0.32
11	民生信托	0.81	45	陕国投信托	0.31
12	浙金信托	0.74	46	中信信托	0.30
13	中航信托	0.72	47	华澳信托	0.28
14	中泰信托	0.72	48	安信信托	0.26
15	紫金信托	0.71	49	上海信托	0.26
16	四川信托	0.69	50	中铁信托	0.26
17	光大信托	0.66	51	金谷信托	0.24
18	国联信托	0.66	52	国民信托	0.22
19	大业信托	0.63	53	吉林信托	0.22
20	北京信托	0.60	54	新华信托	0.22
21	中诚信托	0.60	55	中粮信托	0.22
22	陆家嘴信托	0.58	56	天津信托	0.21
23	财信信托	0.58	57	西部信托	0.21
24	中融信托	0.58	58	粤财信托	0.21
25	苏州信托	0.55	59	交银信托	0.20
26	国投泰康信托	0.54	60	西藏信托	0.20
27	五矿信托	0.54	61	中海信托	0.20
28	山西信托	0.51	62	北方信托	0.20
29	平安信托	0.50	63	华宝信托	0.19
30	华能信托	0.44	64	华润信托	0.14
31	长安信托	0.42	65	国元信托	0.13
32	山东信托	0.41	66	建信信托	0.10
33	江苏信托	0.41	67	新时代信托	0.10
34	外贸信托	0.40	—	—	—

附　表

2019 年年末信托公司信托资产规模排名　　单位：亿元

排名	信托公司	信托资产规模	排名	信托公司	信托资产规模
1	中信信托	15, 741. 56	35	国通信托	2, 068. 40
2	建信信托	13, 912. 32	36	厦门信托	2, 010. 28
3	华润信托	9, 548. 86	37	云南信托	2, 008. 49
4	五矿信托	8, 849. 76	38	国投泰康信托	2, 002. 30
5	中融信托	7, 654. 52	39	北京信托	1, 997. 84
6	交银信托	7, 618. 50	40	西藏信托	1, 973. 70
7	光大信托	7, 506. 17	41	民生信托	1, 964. 06
8	华能信托	7, 250. 47	42	安信信托	1, 940. 48
9	上海信托	6, 926. 52	43	爱建信托	1, 830. 94
10	中航信托	6, 657. 92	44	中建投信托	1, 800. 96
11	渤海信托	5, 966. 03	45	中原信托	1, 788. 90
12	兴业信托	5, 632. 91	46	国元信托	1, 779. 60
13	华宝信托	4, 892. 29	47	北方信托	1, 694. 26
14	长安信托	4, 656. 80	48	中粮信托	1, 572. 75
15	外贸信托	4, 457. 65	49	新华信托	1, 453. 44
16	平安信托	4, 426. 08	50	紫金信托	1, 430. 65
17	中铁信托	4, 254. 14	51	华融信托	1, 424. 61
18	英大信托	3, 981. 24	52	万向信托	1, 337. 99
19	江苏信托	3, 677. 23	53	华澳信托	1, 322. 03
20	新时代信托	3, 224. 43	54	财信信托	1, 069. 92
21	西部信托	3, 186. 67	55	金谷信托	1, 002. 91
22	中海信托	3, 063. 43	56	苏州信托	950. 24
23	陕国投信托	2, 887. 13	57	浙金信托	889. 99
24	粤财信托	2, 787. 94	58	大业信托	751. 11
25	昆仑信托	2, 718. 32	59	东莞信托	736. 89
26	山东信托	2, 645. 81	60	国联信托	733. 14
27	华鑫信托	2, 620. 76	61	吉林信托	649. 00
28	中诚信托	2, 493. 55	62	华信信托	615. 80
29	百瑞信托	2, 433. 51	63	杭工商信托	500. 57
30	陆家嘴信托	2, 334. 76	64	山西信托	383. 28
31	四川信托	2, 334. 18	65	中泰信托	324. 05
32	国民信托	2, 230. 73	66	长城新盛信托	178. 55
33	天津信托	2, 167. 06	67	华宸信托	21. 38
34	重庆信托	2, 124. 96	—	—	—

附　表

2019 年年末信托公司集合信托资产规模排名　　单位：万元

排名	信托公司	集合信托资产规模	排名	信托公司	集合信托资产规模
1	中信信托	79, 777, 730. 41	35	江苏信托	10, 316, 713. 51
2	五矿信托	68, 775, 457. 84	36	西部信托	9, 525, 533. 03
3	中融信托	61, 265, 323. 81	37	国通信托	8, 926, 207. 65
4	交银信托	48, 902, 323. 37	38	紫金信托	8, 900, 995. 33
5	中航信托	44, 371, 336. 73	39	中原信托	7, 926, 782. 63
6	光大信托	43, 270, 521. 19	40	华融信托	7, 193, 980. 61
7	建信信托	41, 576, 960. 34	41	中粮信托	6, 908, 942. 82
8	外贸信托	31, 384, 926. 24	42	厦门信托	6, 833, 384. 00
9	平安信托	26, 878, 033. 78	43	万向信托	6, 779, 902. 51
10	长安信托	25, 517, 962. 29	44	天津信托	6, 334, 306. 93
11	华润信托	25, 101, 195. 64	45	粤财信托	6, 102, 014. 41
12	上海信托	23, 140, 237. 70	46	北方信托	5, 384, 333. 81
13	新时代信托	22, 789, 289. 16	47	东莞信托	5, 236, 479. 91
14	华能信托	20, 591, 349. 90	48	苏州信托	4, 890, 400. 64
15	百瑞信托	17, 746, 769. 22	49	杭工商信托	4, 655, 867. 00
16	兴业信托	17, 035, 862. 00	50	财信信托	4, 369, 552. 00
17	重庆信托	16, 382, 789. 01	51	云南信托	4, 198, 305. 50
18	民生信托	16, 343, 807. 50	52	国元信托	4, 092, 015. 42
19	陕国投信托	15, 447, 618. 38	53	华信信托	4, 022, 833. 60
20	陆家嘴信托	14, 862, 543. 27	54	浙金信托	3, 707, 607. 08
21	渤海信托	14, 834, 288. 99	55	大业信托	3, 665, 683. 10
22	安信信托	14, 231, 482. 35	56	西藏信托	3, 247, 669. 49
23	中海信托	13, 496, 216. 00	57	华澳信托	3, 095, 487. 87
24	北京信托	13, 422, 593. 35	58	金谷信托	2, 914, 626. 30
25	四川信托	13, 097, 748. 92	59	国联信托	2, 446, 079. 00
26	昆仑信托	13, 003, 527. 89	60	国民信托	2, 407, 253. 38
27	中铁信托	12, 884, 818. 00	61	新华信托	2, 369, 706. 46
28	华宝信托	12, 804, 325. 03	62	英大信托	1, 472, 890. 45
29	华鑫信托	12, 186, 874. 82	63	山西信托	972, 301. 00
30	中诚信托	11, 553, 071. 27	64	中泰信托	714, 014. 76
31	国投泰康信托	11, 521, 484. 34	65	吉林信托	521, 590. 14
32	爱建信托	11, 328, 755. 69	66	长城新盛信托	77, 853. 33
33	山东信托	11, 160, 882. 69	67	华宸信托	59, 312. 82
34	中建投信托	10, 361, 898. 48	—	—	—

附　表

2019 年年末信托公司单一信托资产规模排名　　单位：万元

排名	信托公司	单一信托资产规模	排名	信托公司	单一信托资产规模
1	中信信托	57, 428, 007. 00	35	陆家嘴信托	8, 027, 945. 17
2	渤海信托	41, 591, 605. 45	36	中原信托	7, 999, 018. 31
3	华润信托	40, 588, 494. 11	37	国投泰康信托	7, 121, 626. 50
4	建信信托	39, 730, 735. 85	38	英大信托	6, 745, 255. 66
5	华宝信托	35, 400, 941. 30	39	外贸信托	6, 687, 253. 95
6	上海信托	27, 822, 705. 33	40	万向信托	6, 049, 103. 28
7	兴业信托	27, 111, 839. 00	41	中海信托	6, 046, 845. 00
8	交银信托	27, 093, 881. 20	42	北京信托	5, 623, 328. 18
9	光大信托	25, 646, 547. 07	43	中粮信托	5, 567, 094. 94
10	江苏信托	25, 630, 993. 33	44	爱建信托	5, 266, 459. 82
11	中航信托	20, 591, 127. 36	45	财信信托	5, 142, 967. 00
12	华能信托	19, 796, 512. 83	46	国联信托	4, 885, 360. 00
13	国民信托	19, 220, 459. 38	47	华融信托	4, 797, 346. 32
14	长安信托	17, 813, 638. 49	48	天津信托	4, 582, 177. 99
15	中铁信托	17, 803, 527. 00	49	中建投信托	4, 328, 092. 58
16	平安信托	14, 324, 901. 06	50	安信信托	4, 148, 884. 48
17	粤财信托	13, 827, 062. 57	51	吉林信托	4, 050, 052. 03
18	西部信托	13, 785, 879. 64	52	苏州信托	3, 547, 635. 84
19	华鑫信托	13, 493, 482. 56	53	大业信托	3, 289, 831. 13
20	山东信托	13, 383, 368. 10	54	民生信托	3, 283, 136. 52
21	陕国投信托	12, 984, 790. 59	55	百瑞信托	3, 118, 181. 50
22	云南信托	12, 202, 782. 50	56	新时代信托	3, 087, 967. 00
23	厦门信托	11, 976, 787. 00	57	紫金信托	2, 982, 280. 92
24	五矿信托	11, 829, 736. 34	58	浙金信托	2, 946, 153. 85
25	中诚信托	11, 675, 296. 92	59	重庆信托	2, 679, 236. 13
26	新华信托	11, 033, 611. 94	60	山西信托	2, 616, 486. 52
27	北方信托	10, 304, 986. 69	61	中泰信托	2, 386, 394. 41
28	国元信托	10, 246, 357. 55	62	金谷信托	2, 186, 681. 45
29	四川信托	9, 991, 466. 44	63	华信信托	2, 032, 211. 00
30	国通信托	9, 686, 362. 51	64	东莞信托	1, 629, 496. 65
31	昆仑信托	9, 467, 928. 71	65	长城新盛信托	1, 540, 857. 95
32	中融信托	9, 416, 322. 37	66	杭工商信托	229, 868. 00
33	西藏信托	8, 874, 271. 39	67	华宸信托	154, 527. 52
34	华澳信托	8, 493, 669. 58	—	—	—

附　表

2019 年年末信托公司财产权信托资产规模排名　　单位：万元

排名	信托公司	财产权信托资产规模	排名	信托公司	财产权信托资产规模
1	建信信托	57, 815, 527. 55	35	吉林信托	1, 918, 358. 79
2	华能信托	32, 116, 842. 44	36	山东信托	1, 913, 812. 74
3	英大信托	31, 594, 287. 70	37	爱建信托	1, 714, 177. 75
4	华润信托	29, 798, 888. 65	38	中诚信托	1, 707, 083. 14
5	中信信托	20, 209, 858. 11	39	华澳信托	1, 631, 182. 00
6	上海信托	18, 302, 271. 26	40	中航信托	1, 616, 728. 76
7	兴业信托	12, 181, 426. 00	41	国投泰康信托	1, 379, 864. 01
8	中铁信托	11, 853, 068. 00	42	厦门信托	1, 292, 631. 00
9	中海信托	11, 091, 216. 00	43	北方信托	1, 253, 308. 98
10	天津信托	10, 754, 108. 35	44	财信信托	1, 186, 715. 00
11	西部信托	8, 555, 257. 58	45	新华信托	1, 131, 040. 64
12	粤财信托	7, 950, 328. 50	46	苏州信托	1, 064, 323. 37
13	五矿信托	7, 892, 452. 80	47	安信信托	1, 024, 480. 66
14	西藏信托	7, 615, 041. 67	48	北京信托	932, 517. 21
15	外贸信托	6, 504, 321. 98	49	江苏信托	824, 617. 92
16	新时代信托	6, 366, 995. 68	50	华宝信托	717, 662. 30
17	中融信托	5, 863, 545. 93	51	国民信托	679, 632. 20
18	金谷信托	4, 927, 778. 05	52	大业信托	555, 628. 84
19	光大信托	4, 811, 557. 53	53	万向信托	550, 889. 18
20	昆仑信托	4, 310, 392. 52	54	华鑫信托	527, 252. 32
21	云南信托	3, 683, 836. 55	55	东莞信托	502, 890. 93
22	百瑞信托	3, 470, 154. 22	56	陆家嘴信托	457, 092. 65
23	国元信托	3, 457, 661. 81	57	陕国投信托	438, 848. 34
24	中建投信托	3, 319, 656. 49	58	四川信托	252, 558. 52
25	中粮信托	3, 251, 459. 81	59	山西信托	243, 982. 77
26	长安信托	3, 236, 411. 05	60	交银信托	188, 812. 01
27	渤海信托	3, 234, 401. 67	61	长城新盛信托	166, 750. 65
28	平安信托	3, 057, 881. 91	62	中泰信托	140, 083. 04
29	紫金信托	2, 423, 206. 28	63	杭工商信托	120, 000. 00
30	华融信托	2, 254, 740. 73	64	华信信托	102, 938. 26
31	浙金信托	2, 246, 115. 12	65	民生信托	13, 686. 78
32	重庆信托	2, 187, 600. 54	66	国联信托	—
33	国通信托	2, 071, 461. 09	67	华宸信托	—
34	中原信托	1, 963, 226. 10	—	—	—

附　表

2019 年年末信托公司主动管理信托资产规模排名

单位：亿元

排名	信托公司	主动管理信托资产规模	排名	信托公司	主动管理信托资产规模
1	中信信托	7,258.62	35	华鑫信托	969.73
2	五矿信托	6,500.22	36	国投泰康信托	880.88
3	中融信托	5,829.02	37	爱建信托	847.94
4	中航信托	4,688.80	38	云南信托	784.07
5	光大信托	4,406.83	39	中原信托	760.89
6	华润信托	3,368.81	40	国通信托	689.62
7	建信信托	3,244.60	41	华融信托	650.53
8	外贸信托	3,060.21	42	厦门信托	639.64
9	平安信托	2,574.77	43	东莞信托	617.74
10	华能信托	2,478.82	44	中粮信托	582.21
11	渤海信托	2,420.06	45	万向信托	507.46
12	百瑞信托	2,094.99	46	苏州信托	483.92
13	交银信托	1,991.83	47	杭工商信托	462.34
14	上海信托	1,981.20	48	金谷信托	443.89
15	昆仑信托	1,869.35	49	紫金信托	424.87
16	长安信托	1,819.90	50	华信信托	398.81
17	粤财信托	1,713.16	51	财信信托	384.00
18	民生信托	1,688.33	52	西藏信托	319.57
19	中铁信托	1,627.63	53	浙金信托	318.47
20	安信信托	1,580.60	54	新时代信托	295.35
21	陕国投信托	1,575.61	55	华澳信托	268.20
22	重庆信托	1,446.55	56	吉林信托	245.99
23	四川信托	1,412.99	57	新华信托	235.29
24	北京信托	1,331.98	58	大业信托	205.11
25	兴业信托	1,315.74	59	国民信托	196.59
26	中海信托	1,219.96	60	北方信托	188.13
27	中建投信托	1,207.61	61	国联信托	176.44
28	西部信托	1,197.79	62	国元信托	168.04
29	天津信托	1,164.53	63	英大信托	135.51
30	陆家嘴信托	1,161.89	64	山西信托	118.19
31	江苏信托	1,135.63	65	长城新盛信托	106.18
32	山东信托	1,096.77	66	中泰信托	56.60
33	中诚信托	1,075.16	67	华宸信托	6.29
34	华宝信托	1,018.60	—	—	—

附　表

2019 年信托公司已清算信托项目收益率排名

单位:%

排名	公司简称	已清算信托项目收益率	排名	公司简称	已清算信托项目收益率
1	中泰信托	26.13	35	陆家嘴信托	5.96
2	华宸信托	11.14	36	中粮信托	5.95
3	杭工商信托	9.06	37	西部信托	5.94
4	昆仑信托	8.17	38	五矿信托	5.91
5	中融信托	7.64	39	国通信托	5.87
6	百瑞信托	7.59	40	中信信托	5.76
7	山西信托	7.48	41	紫金信托	5.67
8	中建投信托	7.02	42	金谷信托	5.65
9	安信信托	6.89	43	吉林信托	5.65
10	浙金信托	6.88	44	建信信托	5.60
11	国联信托	6.87	45	中诚信托	5.58
12	东莞信托	6.81	46	华澳信托	5.54
13	万向信托	6.73	47	长安信托	5.50
14	外贸信托	6.64	48	新华信托	5.42
15	英大信托	6.51	49	云南信托	5.42
16	山东信托	6.49	50	华润信托	5.34
17	上海信托	6.42	51	财信信托	5.31
18	中原信托	6.38	52	华宝信托	5.09
19	新时代信托	6.34	53	江苏信托	5.03
20	华能信托	6.33	54	厦门信托	5.02
21	苏州信托	6.30	55	华鑫信托	4.99
22	华融信托	6.27	56	国民信托	4.93
23	中航信托	6.23	57	交银信托	4.85
24	西藏信托	6.22	58	国元信托	4.79
25	民生信托	6.22	59	兴业信托	4.78
26	四川信托	6.19	60	平安信托	4.63
27	粤财信托	6.16	61	中铁信托	4.59
28	中海信托	6.15	62	大业信托	4.25
29	北京信托	6.15	63	天津信托	4.23
30	光大信托	6.15	64	长城新盛信托	2.41
31	北方信托	6.09	65	华信信托	2.29
32	渤海信托	6.08	66	爱建信托	1.84
33	国投泰康信托	6.04	67	陕国投信托	-0.63
34	重庆信托	5.99	—	—	—

附　表

2019 年信托公司已清算集合信托项目收益率排名

单位:%

排名	公司简称	已清算集合信托项目收益率	排名	公司简称	已清算集合信托项目收益率
1	山西信托	9.92	35	华融信托	6.14
2	中融信托	9.10	36	苏州信托	6.13
3	北京信托	9.04	37	五矿信托	6.07
4	英大信托	9.00	38	外贸信托	6.03
5	华宸信托	8.99	39	金谷信托	5.92
6	杭工商信托	8.93	40	中诚信托	5.91
7	东莞信托	7.87	41	建信信托	5.90
8	华澳信托	7.75	42	国联信托	5.88
9	浙金信托	7.69	43	中信信托	5.88
10	安信信托	7.61	44	渤海信托	5.81
11	新时代信托	7.58	45	交银信托	5.55
12	中建投信托	7.36	46	华宝信托	5.54
13	中粮信托	7.36	47	陆家嘴信托	5.52
14	百瑞信托	7.27	48	中铁信托	5.09
15	中泰信托	7.21	49	厦门信托	5.08
16	四川信托	7.20	50	西藏信托	5.02
17	万向信托	7.20	51	新华信托	5.00
18	昆仑信托	7.09	52	云南信托	4.98
19	国通信托	7.09	53	国元信托	4.96
20	西部信托	6.93	54	中海信托	4.78
21	中航信托	6.93	55	江苏信托	4.56
22	吉林信托	6.68	56	兴业信托	4.44
23	山东信托	6.65	57	平安信托	4.28
24	紫金信托	6.64	58	华润信托	4.26
25	国投泰康信托	6.59	59	财信信托	3.73
26	上海信托	6.54	60	华鑫信托	3.33
27	民生信托	6.52	61	大业信托	3.13
28	光大信托	6.44	62	国民信托	2.95
29	粤财信托	6.44	63	长安信托	1.20
30	北方信托	6.32	64	华信信托	0.06
31	华能信托	6.27	65	爱建信托	-0.30
32	天津信托	6.25	66	陕国投信托	-5.22
33	中原信托	6.22	67	长城新盛信托	—
34	重庆信托	6.15	—	—	—

附　表

2019 年信托公司已清算单一信托项目收益率排名

单位:%

排名	信托公司	已清算单一信托项目收益率	排名	信托公司	已清算单一信托项目收益率
1	中泰信托	33.55	35	陕国投信托	5.91
2	华宸信托	12.14	36	平安信托	5.90
3	杭工商信托	11.77	37	重庆信托	5.90
4	国联信托	9.99	38	西部信托	5.89
5	财信信托	9.60	39	光大信托	5.82
6	长安信托	8.03	40	上海信托	5.80
7	外贸信托	7.53	41	华润信托	5.78
8	中建投信托	7.50	42	华鑫信托	5.76
9	万向信托	7.32	43	英大信托	5.74
10	西藏信托	7.15	44	新华信托	5.64
11	华信信托	7.01	45	浙金信托	5.62
12	吉林信托	6.93	46	中信信托	5.57
13	陆家嘴信托	6.90	47	中航信托	5.53
14	中融信托	6.88	48	国通信托	5.50
15	山西信托	6.80	49	四川信托	5.45
16	百瑞信托	6.79	50	江苏信托	5.44
17	渤海信托	6.70	51	民生信托	5.34
18	华能信托	6.56	52	云南信托	5.29
19	北京信托	6.53	53	东莞信托	5.27
20	爱建信托	6.41	54	国民信托	5.19
21	苏州信托	6.41	55	交银信托	5.18
22	山东信托	6.35	56	华澳信托	5.12
23	安信信托	6.31	57	紫金信托	5.11
24	中原信托	6.30	58	昆仑信托	5.07
25	金谷信托	6.25	59	兴业信托	5.06
26	北方信托	6.25	60	中铁信托	5.05
27	粤财信托	6.23	61	华宝信托	4.99
28	建信信托	6.21	62	厦门信托	4.96
29	大业信托	6.19	63	中诚信托	4.93
30	华融信托	6.14	64	中粮信托	4.67
31	五矿信托	6.11	65	国元信托	4.05
32	国投泰康信托	6.10	66	长城新盛信托	2.41
33	新时代信托	6.02	67	天津信托	1.65
34	中海信托	5.98	—	—	—

附　表

2019 年信托公司新增信托资产规模排名

单位：万元

排名	信托公司	新增信托资产规模	排名	信托公司	新增信托资产规模
1	五矿信托	52, 281, 447. 89	35	国元信托	8, 069, 772. 29
2	中信信托	52, 052, 345. 16	36	万向信托	7, 943, 495. 22
3	光大信托	47, 965, 909. 69	37	中原信托	7, 037, 437. 81
4	华能信托	47, 540, 685. 56	38	中诚信托	7, 035, 748. 36
5	建信信托	36, 323, 679. 78	39	中粮信托	6, 615, 535. 22
6	华润信托	36, 183, 317. 00	40	金谷信托	6, 051, 592. 31
7	中航信托	30, 296, 129. 91	41	国投泰康信托	5, 714, 549. 91
8	渤海信托	28, 097, 026. 86	42	紫金信托	5, 493, 334. 76
9	中铁信托	25, 389, 000. 00	43	华澳信托	5, 317, 050. 08
10	民生信托	24, 325, 570. 32	44	苏州信托	5, 174, 563. 58
11	中融信托	22, 644, 263. 51	45	昆仑信托	4, 754, 306. 14
12	外贸信托	20, 004, 643. 64	46	新时代信托	4, 693, 648. 19
13	上海信托	19, 720, 582. 04	47	华融信托	4, 679, 086. 03
14	交银信托	18, 636, 645. 94	48	华宝信托	4, 271, 073. 98
15	天津信托	15, 531, 823. 10	49	新华信托	4, 255, 607. 46
16	西部信托	15, 045, 269. 56	50	北京信托	4, 022, 371. 58
17	陆家嘴信托	14, 505, 561. 82	51	中海信托	3, 866, 089. 65
18	兴业信托	14, 424, 837. 00	52	国民信托	3, 511, 204. 99
19	中建投信托	13, 813, 204. 23	53	浙金信托	3, 466, 542. 09
20	百瑞信托	13, 653, 794. 80	54	东莞信托	3, 341, 815. 08
21	平安信托	12, 629, 948. 37	55	英大信托	2, 938, 459. 54
22	厦门信托	12, 436, 388. 00	56	西藏信托	2, 567, 149. 18
23	华鑫信托	12, 339, 359. 37	57	吉林信托	2, 305, 420. 54
24	重庆信托	11, 966, 903. 56	58	山西信托	2, 253, 208. 67
25	长安信托	11, 925, 726. 00	59	杭工商信托	2, 101, 909. 00
26	粤财信托	11, 202, 063. 71	60	北方信托	2, 035, 756. 03
27	江苏信托	10, 465, 643. 13	61	大业信托	1, 437, 000. 00
28	爱建信托	10, 226, 128. 50	62	华信信托	1, 384, 670. 00
29	山东信托	10, 207, 592. 22	63	中泰信托	1, 192, 837. 60
30	国通信托	10, 161, 392. 77	64	国联信托	732, 450. 00
31	云南信托	10, 065, 147. 08	65	安信信托	302, 465. 13
32	陕国投信托	9, 944, 283. 25	66	华宸信托	132, 000. 00
33	四川信托	9, 828, 014. 68	67	长城新盛信托	130. 18
34	财信信托	8, 285, 997. 00	—	—	—

附　表

2019 年信托公司新增集合信托资产规模排名

单位：万元

排名	信托公司	新增集合信托资产规模	排名	信托公司	新增集合信托资产规模
1	五矿信托	42, 831, 182. 40	35	紫金信托	3, 556, 077. 70
2	中信信托	38, 136, 915. 02	36	苏州信托	3, 555, 245. 45
3	光大信托	33, 475, 899. 74	37	华融信托	3, 122, 102. 73
4	民生信托	22, 638, 903. 14	38	东莞信托	3, 120, 317. 77
5	中航信托	21, 268, 304. 84	39	中粮信托	3, 030, 148. 00
6	中融信托	17, 571, 192. 66	40	新时代信托	2, 780, 330. 00
7	交银信托	15, 302, 573. 33	41	昆仑信托	2, 734, 210. 84
8	外贸信托	13, 546, 591. 16	42	财信信托	2, 625, 841. 00
9	华能信托	13, 417, 391. 25	43	华澳信托	2, 615, 386. 00
10	百瑞信托	10, 203, 125. 34	44	浙金信托	2, 284, 640. 00
11	中建投信托	9, 846, 167. 51	45	中海信托	2, 174, 879. 14
12	重庆信托	9, 663, 538. 50	46	北京信托	2, 113, 013. 98
13	陆家嘴信托	9, 629, 706. 26	47	中原信托	2, 097, 368. 69
14	渤海信托	9, 247, 542. 61	48	杭工商信托	1, 994, 244. 00
15	爱建信托	8, 445, 877. 00	49	云南信托	1, 936, 983. 65
16	平安信托	8, 244, 034. 68	50	华宝信托	1, 936, 858. 16
17	兴业信托	8, 222, 549. 00	51	金谷信托	1, 757, 256. 09
18	陕国投信托	7, 959, 106. 82	52	粤财信托	1, 508, 790. 63
19	中铁信托	7, 897, 191. 00	53	华信信托	1, 281, 670
20	华润信托	7, 612, 413. 00	54	大业信托	1, 127, 500. 00
21	四川信托	7, 461, 688. 19	55	国元信托	1, 101, 469. 20
22	江苏信托	6, 590, 968. 48	56	国民信托	1, 020, 235. 52
23	国通信托	6, 463, 469. 00	57	西藏信托	631, 662. 83
24	长安信托	6, 097, 257. 90	58	北方信托	553, 633. 94
25	上海信托	5, 855, 539. 54	59	国联信托	438, 080. 00
26	华鑫信托	5, 809, 003. 34	60	安信信托	302, 465. 13
27	天津信托	5, 330, 279. 97	61	山西信托	227, 954. 00
28	山东信托	5, 223, 064. 23	62	吉林信托	53, 034. 00
29	中诚信托	5, 003, 381. 62	63	英大信托	20, 600. 00
30	万向信托	4, 876, 647. 23	64	新华信托	95. 00
31	厦门信托	4, 784, 069. 00	65	中泰信托	0. 00
32	西部信托	4, 721, 946. 23	66	华宸信托	0. 00
33	建信信托	4, 585, 913. 60	67	长城新盛信托	0. 00
34	国投泰康信托	3, 702, 988. 93	—	—	—

附　表

2019年信托公司新增主动管理信托资产规模排名　　单位：万元

排名	信托公司	新增主动管理信托资产规模	排名	信托公司	新增主动管理信托资产规模
1	五矿信托	51,204,730.43	35	紫金信托	4,539,283.01
2	光大信托	36,786,203.09	36	万向信托	4,318,812.60
3	中信信托	36,129,693.87	37	云南信托	4,263,736.42
4	中航信托	25,242,116.66	38	苏州信托	3,849,046.47
5	民生信托	24,257,570.32	39	中原信托	3,284,382.77
6	渤海信托	20,422,551.67	40	东莞信托	3,077,694.63
7	华能信托	19,438,939.62	41	金谷信托	3,045,811.38
8	中融信托	15,624,748.65	42	中粮信托	3,021,641.00
9	百瑞信托	13,356,113.65	43	华融信托	3,014,739.44
10	中铁信托	12,788,635.00	44	昆仑信托	2,966,371.84
11	外贸信托	12,390,860.72	45	中海信托	2,522,318.98
12	中建投信托	11,121,518.83	46	北京信托	2,436,088.13
13	天津信托	10,972,676.44	47	华澳信托	2,341,872.00
14	陆家嘴信托	10,270,250.92	48	财信信托	2,322,865.00
15	重庆信托	10,096,025.50	49	浙金信托	2,232,150.00
16	华润信托	9,036,896.00	50	华宝信托	2,206,133.40
17	平安信托	9,033,024.45	51	杭工商信托	2,031,249.00
18	四川信托	8,995,104.68	52	国民信托	1,634,655.12
19	兴业信托	8,682,755.00	53	新时代信托	1,396,730.00
20	爱建信托	8,663,927.00	54	华信信托	1,281,670.00
21	长安信托	8,487,343.06	55	西藏信托	1,242,693.72
22	陕国投信托	8,307,399.93	56	国元信托	1,101,469.20
23	交银信托	7,726,601.00	57	大业信托	984,600.00
24	厦门信托	7,289,809.00	58	吉林信托	942,438.64
25	江苏信托	6,868,847.48	59	北方信托	826,377.00
26	西部信托	6,690,924.92	60	山西信托	680,491.00
27	粤财信托	6,494,522.10	61	国联信托	472,720.00
28	上海信托	6,050,803.55	62	安信信托	302,465.13
29	山东信托	5,995,345.68	63	英大信托	193,433.81
30	中诚信托	5,780,355.62	64	中泰信托	172,367.00
31	国通信托	5,705,658.47	65	新华信托	17,115.00
32	建信信托	5,604,941.99	66	华宸信托	—
33	华鑫信托	5,073,008.37	67	长城新盛信托	—
34	国投泰康信托	4,905,900.91	—	—	—

第二部分

信托研究

特殊资产信托业务研究

一、特殊资产行业发展现状

特殊资产的“特殊”主要表现在投资标的上，一般指“经济到了特殊周期、宏观环境到了特殊阶段、某些标的遇到了特殊事件，导致标的物处于特殊困境的、受压的状态”。特殊资产即由于经济周期调整、流动性危机、经营不善等原因形成的具有特殊投资价值的资产，主要指不良资产。除了常见的银行业不良债权外，还包括风险项目、违约债券、危机企业、遭抛售的实物资产等。我国特殊资产市场起步于20世纪末国有银行不良资产改革，历经政策性阶段（1999～2004年）、市场化转型阶段（2005～2013年）、全面市场化阶段（2013年至今）。

（一）不良资产规模持续上升

1. 商业银行不良资产

根据2020年2月17日发布的2019年四季度银行业保险业主要监测指标数据显示：截至2019年年末，商业银行不良贷款余额2.41万亿元，较上季度末增加463亿元，不良贷款率1.86%，与上季度持平（见图1）。

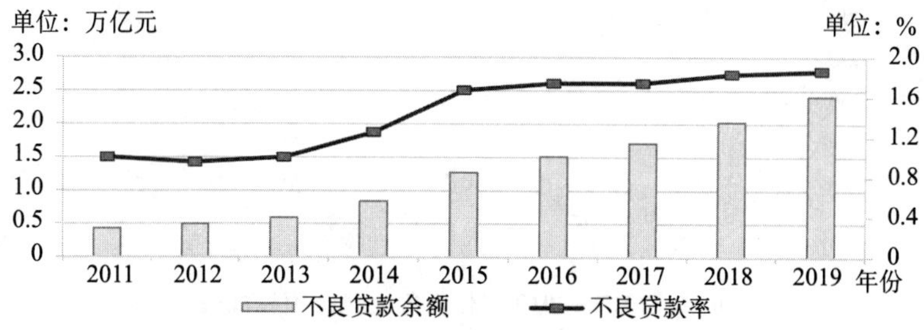

图1　2011～2019年商业银行不良贷款情况

从2011～2019年的趋势看，2013年之前，由于我国经济处于快速发展阶段，资产价格不断攀升，商业银行不良资产率一直维持较低水平。2013年之后，我国经济开始面临下行压力，商业银行不良资产率也随之快速上升，不良资产规模从2013年的0.59万亿元上涨到2019年的2.41万亿元。

商业银行不良贷款规模将持续增加。截至目前，受新冠疫情影响，我国宏观经济增速进一步放缓，第一季度GDP增速仅为-6.8%。未来，随着供给侧改革的不断深入以及金融监管力度的不断加强，商业银行不良资产规模还将进一步被推高。截至2019年年末，我国商业银行关注类贷款余额3.8万亿元，一直维持在高位，由于监管已经鼓励将逾期60天以上的贷款纳入不良，这一政策的全面推行可能导致隐藏在关注类贷款下的不良资产持续暴露。除此之外，银行出表资产以及四大AMC的存量不良资产余额也有数万亿元规模。

2. 非银行金融机构不良资产

非银金融机构不良资产主要来源于信托、保险、证券、私募基金、担保公司、小贷公司以及融资租赁公司等的风险项目。以信托为例，图2显示了信托行业风险项目的情况。2019年，受经济下行压力以及严监管要求影响，信托风险项目规模呈现不断增加的态势，从2017年年末的1,314亿元上升至2019年年末的5,770.47亿元。信托风险资产率也从2018年年末的0.98%大幅上涨至2019年年末的2.67%，在信托行业风险充分暴露的情况下，存量风险的化解将成为信托行业的一项重要任务。

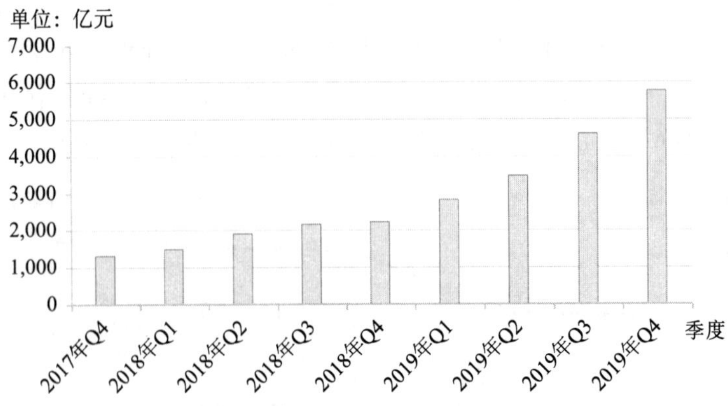

图2 2017～2019年信托行业风险项目规模

根据东方资产估算，2018 年我国非银行金融机构不良资产（包括信托项目、委托贷款、P2P、非标准化债权资产、未贴现银行承兑汇票以及融资租赁等）潜在规模约为 1.1 万亿元，[①] 已经成为不良资产供给一个重要来源。综上，作为逆周期配置的资产类型，不良资产供给的增加将带来一定的特殊资产投资机会。

3. 非金融机构不良资产

根据财政部、银保监会在《金融资产管理公司开展非金融机构不良资产业务管理办法》（财金〔2005〕56 号）中对非金融不良资产下的定义，非金融不良资产是指非金融机构所有，但不能为其带来经济利益，或带来的经济利益低于账面价值，已经发生价值贬损的资产，包括债权类不良资产、股权类不良资产、实物类不良资产，以及各类金融机构作为中间人受托管理的其他法人或自然人财产形成的不良资产。

2018 年以来，我国经济受境内外多种不利因素影响，下行压力逐年加大。股市下跌造成大股东爆仓事件频发，再加上质押新规、再融资新规、减持新规等一系列资本市场监管政策的发布，使得上市公司的资本运作更加困难，许多上市公司股票价格下跌、评级下调、发债困难、债券违约，乃至延伸至正常生产经营中应付账款支付，从而形成大量特殊资产。

我国非金融机构不良资产规模约为 1.05 万亿元。由于非金融企业不良资产的复杂性，本文仅估算债权类不良资产规模，股权类和实物类的不良资产规模暂不统计。债权类不良资产主要来源于非金融企业负债，包括银行信用、商业信用以及资本市场直接发债融资。剔除银行贷款，非金融机构不良资产主要来自工业企业的应收账款和非金融企业的信用债。[②] 从工业企业应收账款看，2017 年年末，我国工业企业应收账款余额 13.48 万亿元，到 2019 年年末，应收账款余额已经增加至 17.4 万亿元，呈现逐渐上升的趋势。根据麦肯锡报告，以各行业应收账款不良率平均 4% 进行估算，2019 年工业企业潜在不良资产规模将达到 6,960 亿元。从信用债角度看，截至 2019 年年末，我国信用债（包括公司债、企业债、中期票据、短期融资券、

---

① 吴跃. 东方资产管理公司. 中国金融不良资产市场调查报告 2019［M］. 北京：中国金融出版社，2019.

② 吴跃. 东方资产管理公司. 中国金融不良资产市场调查报告 2019［M］. 北京：中国金融出版社，2019.

定向工具、资产证券化）存量规模为23.46万亿元，考虑到信用债发行条件高于商业银行贷款，根据中国东方资产管理股份有限公司的报告估算，本文以1.5%的不良比例估算，我国信用债潜在不良资产规模为3,518亿元。综上，截至2019年年末，我国非金融机构不良资产规模约为1.05万亿元。

（二）参与主体日趋多元

1999~2004年，我国的特殊资产市场正在经历政策处置阶段，参与方较少，主要是国企、银行和四大资产管理公司（AMC）。这一时期属于行业初诞期。为了配合国有银行股改，四大AMC政策性接收四大国有银行和国开行逾万亿元不良资产，但是本身处置能力和经验有限，因此，在这一时期引入了大量境外不良资产处置机构。到2006年，随着财政部规定的政策性债权处置最后期限的来临，四大AMC不良资产政策性业务基本结束。

2005~2013年，我国的特殊资产市场开始向商业化转型。这一时期，基于经营和改制上市的要求，股份制银行、城市商业银行、农村商业银行、信托等各类金融机构陆续开展不良资产商业化剥离，四大AMC开始开展商业化收购。另外，2007年以来，我国经济处于快速发展阶段，资产价格不断攀升，商业银行不良贷款率处于下降通道，从2005年的8.9%下降到2013年的1%，四大AMC也从传统不良资产经营业务转向提供多元化的金融服务，开始向金融控股集团转型。

2014年至今，我国特殊资产市场开始全面商业化阶段，形成“5+2+N”的布局。自2013年起，我国宏观经济开始出现下行趋势。2013年11月末，中国银行业监督管理委员会（以下简称银监会）发布《关于地方资产管理公司开展金融企业不良资产批量收购处置业务资质认可条件等有关问题的通知》，允许各省设立一家地方AMC，参与本省范围内金融企业不良资产的收购和处置。随着经济下行压力的加大，一些非金融机构也开始将不良资产出售给AMC，导致不良资产规模逐年攀升。2016年，银监会发布了《关于适当调整地方资产管理公司有关政策的函》，放宽了地方AMC的相关限制，允许每省最多可设立两家地方AMC。除此之外，一些央企系、国企系、上市公司以及外资系的AMC也开始加入我国特殊资产市场，形成多元化发展的格局。2017年，五家银行系金融资产投资公司（AIC）成立。2020年，我国第五家全国性AMC中国银河资产管理有限责任公司落地。同年，外资

AMC橡树（北京）投资管理有限公司完成注册。

总体来看，我国特殊资产市场参与主体已经呈现开放、多元的市场格局。主要包括不良资产的提供方、不良资产的中间处置方和通道方、终端处置方以及服务商。不良资产提供方主要由银行、非银行金融机构以及非金融机构组成。不良资产的中间处置方和通道方主要指四大AMC和地方AMC。根据《金融企业不良资产批量转让管理办法》，特殊资产提供方除了自己单宗或者小宗处理不良资产外，大多需要将不良资产批量转让给持牌AMC公司代为处置。另外，在持牌AMC的下游，还有很多非持牌AMC与不良资产投资公司，它们更多扮演不良资产“二传手”的角色，最终目的是寻找到特殊资产的终端处置方。终端处置方范围更加广泛，除了国有AMC、地方AMC、银行系AIC（债转股金融投资公司）、民营非持牌AMC以及外资系AMC外，还有众多民营资本、机构投资者以及个人投资者参与特殊资产投资。服务商主要是指一些律师事务所、会计师事务所、资产评估公司、拍卖公司、法院服务机构以及交易平台等。

当前特殊资产市场分为一级市场和二级市场。一级市场中特殊资产供给方主要有商业银行、非银行金融机构和非金融机构，其中绝大部分来自商业银行，其处置需求决定了市场上不良资产的供应量。二级市场主要以国有AMC、地方AMC为代表，另外还包含众多民营资本、外资等非持牌机构以及个人投资者，二级市场不良资产供给以国有AMC为主，地方AMC和非持牌资产管理机构主要参与不良资产的处置，转让数量较少。表1列示了我国部分机构在特殊资产市场中的业务特点，图3展示了特殊资产行业的产业链。

表1　我国部分机构在特殊资产市场中的业务特点

参与方	身份	代表机构	业务特点
国有AMC	资产出让方和收受方	华融资产、东方资产、信达资产、长城资产、银河资产	优势：资本金雄厚，丰富的行业经验和业务团队； 劣势：受监管灵活度有限，资产承接能力有限
地方AMC	资产出让方和收受方	浙商资产、中原资产、湖北资产	优势：熟悉属地司法和金融环境，拥有地方信息、资源和人脉优势； 劣势：资本金不足，属地展业限制

续表

参与方	身份	代表机构	业务特点
民营资本	资产收受方	文盛资本、鼎一投资、湖岸资本	优势：监管限制较少，展业灵活多变； 劣势：资产来源受限，资金实力不足，缺乏精尖团队力量
海外投资机构	资产收受方	橡树资管	优势：娴熟运用资本手段，经验丰富； 劣势：资金入境手续较为繁琐，需要国内服务商服务
处置服务机构	提供司法推动、尽调估值、撮合交易等服务	评估机构、律所、交易平台、清收公司	优势：聚焦某一专业领域，可进行精细化管理； 劣势：国内整体业务处于起步阶段，商业模式粗糙

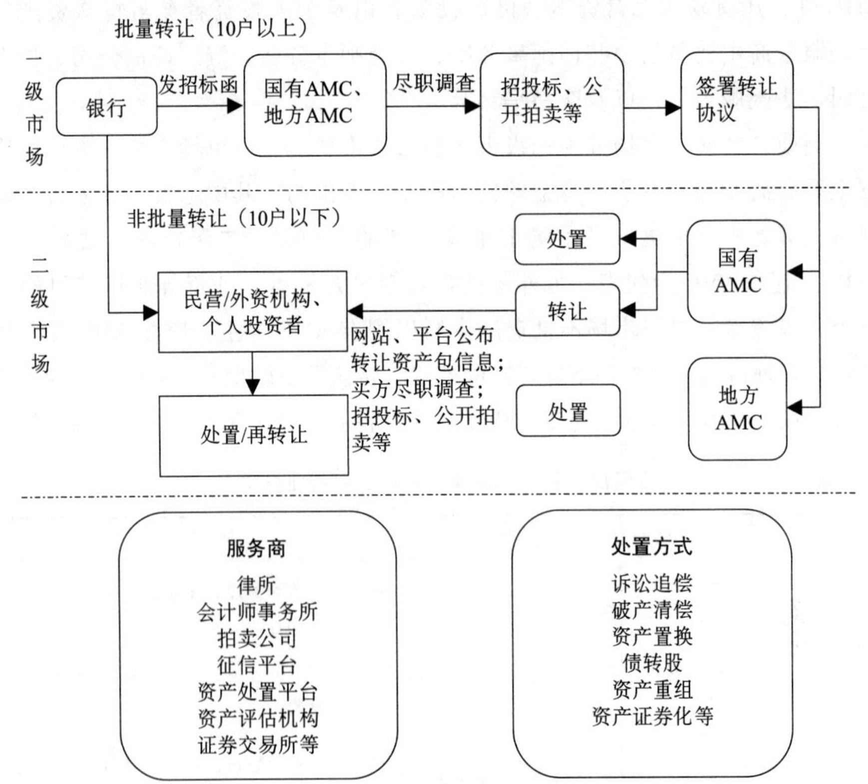

图3　特殊资产行业产业链

（三）金融科技发展带来行业格局变化

近年来，以线上线下相结合的互联网模式与特殊资产业务相融合的产业链条正在不断完善，这个传统金融行业的业务形态正在因为金融科技力量的介入而发生形态上的变化。

1. 解决信息不对称问题

信息不对称是特殊资产业务中的一大难点。一方面，优质不良资产无法触及意向购买者，另一方面，购买者由于对标的信息掌握不全面、不及时，难以形成清晰认知，由此削弱了购买者的购买热情。利用大数据建立特殊资产互联网交易平台，让特殊资产处置各方在平台上实现互联互通，能够解决行业信息不对称的难题。比如，江苏银行利用大数据将银行内部客户打通，给债务人做360度画像，将房屋、车辆、应收账款等多项信息进行整合；另外，江苏银行还和资产评估机构、律所等积极合作，将内外部信息系统全面打通，打造开放式银行，扩大信息共享范围。

2. 提升特殊资产处置效率

估值难、处置难和融资难是特殊资产处置公认的三大难点。大数据、区块链以及人工智能等的介入可以有效提升资产处置效率。以估值为例，以往特殊资产的估值，由于买卖双方缺乏具有共识的估值体系，特殊资产估值随意性较大。再加上特殊资产市场是一个相对封闭的低效市场，竞争不充分，资产的价格发现缺乏市场机制，导致了很多投资者跟风买资产包、一买就亏的情况。因此，构建具有公信力的估值体系和估值方法，打造公开的资产交易市场，是使特殊资产估值更加公允的有效手段。比如，北京仁义鼎立科技有限公司为地方AMC量身定制的“牛资管”平台，其自主开发的不动产估值模型利用互联网大数据和人工智能技术，基于阿里拍卖、京东拍卖、链家、房天下、人法网、各地基础地价等几十种不动产相关价格数据，提供合理的估值、定价。估值过程通过系统完成，相比于人工评估，效率大大提高。不仅简化了繁琐的数据检索工作，同时节省了昂贵的人工成本，使中小资产管理公司能够专注于资产组包、处置等线下环节。另外，精准营销有助于更准确地找到意向购买者。依托大数据平台，可以为客户进行精细化推荐，也可以寻找目标客群进行个性化广告投放。

（四）政策鼓励特殊资产投资

随着特殊资产市场的不断发展，近年来我国关于特殊资产的利好政策不断推出，从加速风险真实披露、拓宽特殊资产去渠道化、鼓励社会及境外资本参与等多个方面支持特殊资产投资（见表2）。

表2　　特殊资产利好政策情况

时间	政策
2016年4月	银行间市场交易商协会发布《不良贷款资产支持证券信息披露指引（试行）》，规范不良资产ABS信息披露和反馈机制
2016年9月	G20峰会中美两国达成35项共识：建立和完善公正的破产制度和机制
2016年10月	国务院发布《关于市场化银行债权转股权的指导意见》，明确转股对象企业市场化选择，转股资产市场化定价，资金市场化筹集，股权市场化管理和退出
2016年12月	国家发改委办公厅发布《市场化银行债权转股权专项债券发行指引》，为市场化债转股提供了重要的资金来源
2017年5月	中国保监会发布《关于保险业支持实体经济发展的指导意见》，支持保险资产管理机构开展不良资产处置等特殊机会投资业务、发起设立专项债转股基金
2017年6月	国家外汇管理局发布《关于深圳市分局开展辖区内银行不良资产跨境转让试点业务有关事项的批复》，缩减审批手续和时间，为外资进入中国特资市场创新模式
2017年8月	国家发改委办公厅发布《关于发挥政府出资产业投资基金引导作用推进市场化银行债权转股权相关工作的通知》，标志着政府出资的产业基金正式入局债转股领域，成为债转股中重要资金来源之一
2017年12月	财政部发布《金融企业呆账核销管理办法（2017年版）》，要求真实披露风险
2018年2月	银监会发布《关于调整商业银行贷款损失准备监管要求的通知》，拨备覆盖率监管要求由150%调整为120%~150%，贷款拨备率监管要求由2.5%调整为1.5%至2.5%，有利于加快处置不良贷款
2018年4月	中国人民银行、银保监会、中国证券监督管理委员会、国家外汇管理局发布《关于规范金融机构资产管理业务的指导意见》，即“资管新规”，进一步打破刚兑，清理存量，客观上促进特殊资产市场规模扩大
2018年11月	国家发改委等五部门发布《关于鼓励相关机构参与市场化债转股的通知》，鼓励更多相关机构参与到债转股之中，是对债转股资金渠道的进一步明确
2019年4月	银保监会发布《商业银行金融资产风险分类暂行办法（征求意见稿）》，强调以债务人为中心的分类理念，细化重组资产的风险分类要求，利好特殊资产市场发展
2020年1月	财政部发布中美第一阶段经贸协议，利好外资进入中国特殊资产投资市场

2016～2019年，国家从金融供给侧改革、化解风险的高度相继出台的各项政策，既是强化金融从严监管，增强金融企业风险防控能力，促进金融企业健康发展的需要，同时也鼓励风险加速去化，客观上促进了特殊资产市场的发展壮大。

二、信托参与特殊资产业务可行性

（一）特殊资产行业需要能力

1. 资金募集能力

特殊资产投资属于长久期、高回报的投资业务。从四大AMC披露情况看，特殊资产处置周期一般在四年左右，特大资产包处置周期会更长，如果采用债转股的方式介入债务重组，处置周期可能进一步拉长。特殊资产投资属于逆周期投资、价值投资，需要跨越周期等待资产价值的回升。从海外市场成熟经验看，特殊资产投资机构资金多来自保险公司、养老金、大学捐赠基金等需要长期投资的机构投资人。近年来，我国监管部门也从政策层面开始支持保险资金进入特殊资产投资市场。2017年，《关于保险业支持实体经济发展的指导意见》（保监发〔2017〕42号）颁布，提出要鼓励保险资金参与特殊资产投资。未来，信托要进入特殊资产投资领域，需要积极对接保险资金、企业年金、实体企业资金等长期机构资金，充分发挥信托投资顾问的角色，引导其形成特殊资产投资策略。

另外，随着我国金融领域的进一步放开，外资参与国内特殊资产处置的诸多限制被进一步放开。信托可以借此与外资机构合作，通过优势互补，引流境外资金参与国内特殊资产投资业务，进一步丰富资金来源，同时，学习外资机构成熟的特殊资产处置经验，提升专业能力。

2. 资产处置能力

特殊资产投资属于高风险投资，只有精细化、分工化才能充分化解不良资产风险，进而获得高收益。不良资产处置需要根据不同的行业、不同的情境选择不同的处置方式，从尽调到定价转让、司法服务、方案设计、募投管退、内外部增信等各个环节都需要不同的专业机构、专业团队分别进行。将市场上各类资源有效整合，最大发挥各方优势，是特殊资产业务的主要任务。

对于信托公司来说，对内，要打造复合型投资管理团队，除了金融专业的人才外，还需要相关产业专才，研判行业未来走势，抓住细分行业潜在特殊资产投资机遇；对外，要广泛接触特殊资产产业链条上各个参与方，积累特殊资产投资经验。同时，要凝聚各方资源力量，搭建合作共赢的信息平台。以平安信托为例，在人才引进方面，平安信托通过内引外聘组建特殊资产投资专业团队，人才背景涉及投资、评估、风险等业务全流程。在业务模式方面，平安信托梳理十大业务场景，包含司法拍卖、企业信用债交易、特殊资产投资基金等方面；在智能化方面，平安信托可以与各级法院、拍卖平台、辅拍机构进行合作，同时为竞拍人提供高效、便捷的资金支持服务，提高资产变现效率；在生态化方面，平安信托依托平安集团金融科技力量，携手特殊资产市场上的资产方、资金方、合作方、服务方，打造特殊资产生态圈，各机构在生态圈内共享特殊资产市场的业务机会、专业服务、系统方案，交流展业策略、风控逻辑，实现资源互补、效率提升和成本降低。

（二）信托的优势

1. 信托的牌照优势

信托是所有持牌类金融机构中唯一一个经营范围横跨直接融资、间接融资和实体产业三大领域的金融机构。信托参与特殊资产投资业务，可以灵活设计交易结构，连通多渠道资金，通过投贷联动、股债联动、境内外联动，参与股权、债权、债权收益权、物权等全品种特殊资产的投资。

2. 信托的专业优势

当前特殊资产投资面临经济深度调整、资产价格重估的压力，资产处置周期更长、难度更大，对投资者的要求也更高，要求投资者具备“真投行”的运作能力，即通过整合产业、资本、政府等各方资源，对资产进行重组、运营、赋能，提升并实现资产价值。信托作为重要资管类金融机构，在产融融合、产品设计、交易撮合等方面具有专业经验和能力，能够以投行方式运作特殊资产项目，起到真正盘活资产的作用。

3. 信托的风险隔离优势

我国《信托法》第十六条规定：“信托财产与属于受托人所有的财产（以下简称固有财产）相区别，不得归入受托人的固有财产或者成为固有财产的一部分。受托人死亡或者依法解散、被依法撤销、被宣告破产而终止，信托财产不属于其遗产或者清算财产。”基于信托财产的独立性特征，信托制度具有风险隔离的强大功能，信托项目与委托人、受托人和受益人的财产风险相隔离，信托项目与其他项目之间的风险相互隔离。信托参与特殊资产投资，单个项目的风险相互隔离，能够较好地阻隔破产重整、不良债权类项目中的风险传导。

4. 信托的资金融通优势

国家鼓励社会资金参与不良资产的去化，但持牌类资产管理公司融通社会资金的能力和方式受限，而信托作为大资管类机构，与银行、保险、上市公司、央国企、高净值个人客户等各类资金方关系紧密，以专业买方顾问的方式，接受资金方委托进行资产配置。在专业投资能力得到市场认可的情况下，信托能够高效地融通社会资本参与特殊资产投资业务。

（三）信托在特殊资产处置产业链中的定位

信托独具的资源优势和专业能力构成了信托进入特殊资产投资市场的商业逻辑。当前特殊资产市场呈现新一轮的投资高峰，自 2016 年以来，越来越多的信托公司尝试开展特殊资产业务，遵循回归本源、服务实体的政策导向，实现经济与社会效益双赢。建信信托先后参与云南锡业和武钢集团两个债转股项目，陕国投信托入股地方资产管理公司，国民信托、中航信托开展多个特殊资产处置项目，平安信托更是在 2019 年把特殊资产投资作为公司转型发展重点，在公司层面成立了专门的特殊资产投资事业部。

信托具有财产独立性、资金募集便利性以及投向多样性等优势，在特殊资产处置中的应用将越来越灵活和广泛。在国内金融机构中，信托公司是唯一能够运用所有金融工具，满足企业各类融资需求的金融机构，是特殊资产处置二级市场的重要参与者，在特殊资产处置中应该扮演更丰富、多层次的角色。但是，目前信托公司参与特殊资产业务多以试水为主，行业经验、团队实力均与资产管理公司存在较大差距，因此短期内极少有公司可以直接主导运作特殊资产，与外部机构合作运营将成为主要方式。传统特殊资产处置方式以债务重组、债务置换、资产置换、诉讼追偿为主，信托在这一部分参与的比重较小。信托进入特殊资产市场的主要方式包括资产证券化、债转股、司法拍卖配资、与资产管理公司合作、参与特殊资产投资基金等方式。其中，与资产管理公司合作、参与特殊资产投资基金本质不属于业务模式，而是属于特殊资产业务的介入方式，因此也算在信托进入特殊资产市场的主要方式中。

三、信托参与特殊资产的主要方式

（一）不良资产证券化

1. 不良信贷资产证券化

不良信贷资产证券化主要是指由取得资质的银行业金融机构作为发起机构，将不良信贷资产池转让给受托机构，由受托机构以资产支持证券的形式发行受益证券，以不良资产清收所产生的现金流支付资产支持证券收益的结构性融资活动。截至2019年年末，全年不良资产证券化的发行规模为143.49亿元，发行总单数为29单。2019年11月，监管部门启动第三轮不良资产证券化试点，国务院再度审批1,000亿元不良资产证券化额度，新增22家发起机构，将多家农村商业银行、城市商业银行以及资产管理公司纳入试点范围，支持鼓励金融机构将不良资产证券化作为处置不良资产、盘活存量的重要工具。

不良资产证券化本质上是一种特殊类型的信贷资产证券化业务。信托公司通过成立特殊目的载体（SPV）受让基础资产、发行资产支持计划、管理信托财产，进而参与到不良资产证券化业务中。SPV的设立，同时也实现了信托公司自身风险与资产支持证券之间的“风险隔离”和“破产隔离”。这种作为受托机构的模式，信托公司早有实践，很多信托公司已将其和信贷ABS一样作为常规业务开展。此外，信托公司还可以以投资人的角色购买优先级或次级不良资产ABS，获取利润。

不良信贷资产证券化的基础资产特点：①资产池的现金流多依赖于对抵押物的处置、担保人的追偿、借款人资产的处置等，而非正常经营的现金流；②不良资产的还款时间和还款比例具有很大不确定性，现金流波动较大，对于产品的结构设计提出了更高的要求；③不良资产的同质性较弱，受经济周期影响较大。因此，信托介入不良资产处置，资金池应该尽量选择处于处置中后期的、损失率和还款期限比较确定的、抵押物价值高的不良贷款。图4展示了不良信贷资产证券化的基本结构。

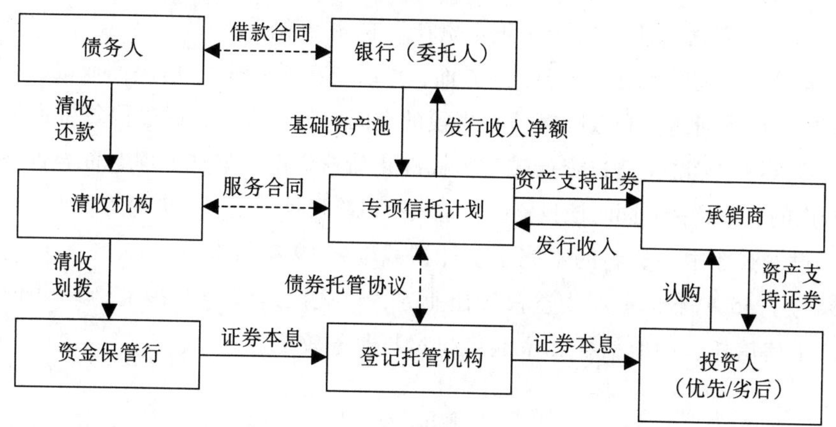

图 4 不良信贷资产证券化基本结构

2. 不良信贷资产收益权转让

2016 年是我国开启不良资产收益权转让试点工作第一年，其目的在于解决商业银行不良贷款过高的问题。不良信贷资产收益权转让模式是指以获取不良信贷资产所对应的本金、利息和其他约定款项的权利为基础开展的不良资产处置模式。

图 5 显示了不良信贷资产收益权转让的基本结构。在不良信贷资产收益权转让模式中，涉及银行业金融机构（原债权人、转让人）、信托公司（受让人，也即受托人）、投资人（委托人）三方当事人，以及审核登记机构，即银行业信贷资产登记流转中心有限公司（以下简称银登中心）。基本交易模式是：商业银行 A 可将其发放的贷款（不良类）的收益权组建成资产包，在银登中心登记；信托公司设立信贷资产收益权受让集合资金信托计划（或单一信托）；通过银登中心流转平台，银行将该笔或多笔债权收益权转让给信托公司成立的信托计划。信托计划可以进行分层设立，优先级信托受益权份额由合格机构投资者认购，次级信托受益权份额由合格机构投资者或银行 A 认购。信托计划也可以不分层，一次性转让。不良信贷资产收益权转让时，既可以平价，也可以折价。银行 A 除了作为转让方以外，同时担任贷款管理人。

信贷资产收益权的投资者应当满足监管部门关于合格投资者的要求。不良信贷资产收益权的投资者限于合格机构投资者，个人投资者不得投资。在充分信息披露的基础上，投资者需要自行承担投资风险；在构建资产包时，银登中心不鼓励“不良资产 + 正常资产”的混合包。

信贷资产流转的意义在于：一方面，可以“盘活存量”，解决商业银行存量信贷资产出表问题，有效腾挪信贷规模的空间；另一方面，通过信贷资产流转平台可以将非标准化债权资产转变为标准化债权资产，丰富了理财资金投资标准资产的业务品种，同时该投资品种也具有风险可控、投资久期短等特点。

根据银登中心资料的不完全统计，截至 2019 年年末，共有 11 家信托公司参与了 45 单不良资产收益权转让业务，总规模达到 180. 29 亿元。华能信托、中信信托、中航信托和华润信托参与业务较多。

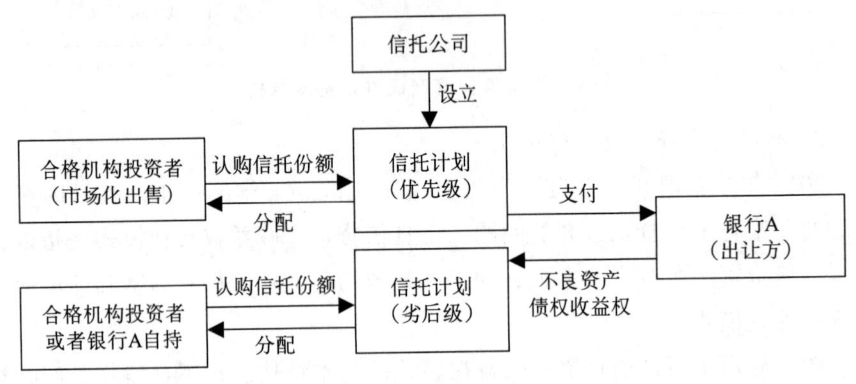

图 5　不良信贷资产收益权转让基本结构

（二）债转股

债转股是常用的一种特殊资产处置方式。资产管理公司往往通过债转股、以股抵债、追加投资等方式获得资产，并通过置换、并购、重组和上市，来改善债转股企业的经营、提升资产价值，最终退出获得溢价收益。在强周期行业下行周期下，企业去杠杆和商业银行化解不良负债率可以通过债转股方式来进行。一方面，企业债务转为股权，为企业节约大量的财务成本支出，帮助企业渡过难关。另一方面，商业银行不良债权经过重组变为股权，可以视为短期化解不良压力，也可以视为通过廉价获得股权，对于部分有前景的行业进行提前布局，等待获得更大收益。债转股对企业的正面效应在于去杠杆、降成本、去产能和补短板，弊端在于投资周期较长，资产处置收益、退出倍数、股利收益等指标波动较大。根据 2016 年国务院印发的《关于积极稳妥降低企业杠杆率的意见》，债转股已经被列为企业降杠杆的一项重要工具。

选择合适的企业是债转股业务的核心环节，也是避免债转股负面影响和道德风险的关键。对于强周期行业中，规模较大、具备一定核心竞争力的企业，通过债转股等方式降低企业财务成本，等待行业复苏。此类企业在行业中具备核心竞争力，出现不良资产多数因为行业周期造成的暂时流动性问题。这类企业往往预期的股权价值现值高于当前债权处置价值，符合债转股要求。对于产能过剩行业，宜选择具有产业整合价值的重点企业。

信托公司具备实施债转股的主体资格。从监管制度来看，银行无论是在投贷联动还是债转股开展上，都不符合现行《中华人民共和国商业银行法》规定的银行不允许持有非银类企业股权的规定，而信托公司可凭借合法持有企业股权的牌照优势为银行展业提供通道或与银行下设的实施机构共持股权，也可同时承接优质企业的股权和债权。2017 年，银监会监管工作会议上已经提出，要充分利用现有机构开展债转股工作，包括金融资产管理公司、地方资产管理公司和信托公司要充分利用自身优势，在市场化债转股中发挥积极作用。虽然，信托具有天然的制度优势，同时也具备丰富的股权投资经验，但是由于债转股业务对标的选择、资本化运作以及退出机制要求较高，成功的案例并不是很多，信托公司债转股业务基本以个案和试点为主。

信托公司参与债转股的模式分为直接参与和间接参与。①直接参与债转股的模式。一是信托公司作为社会资本通过认购债转股股权承接基金的有限合伙人（LP）份额参与其中，从债转股股权长期盈利中获取价值。二是信托公司担任债转股股权承接基金的管理者，凭借经验优势担任基金管理者，赚取管理费用。在云南锡业债转股实施中，建信信托作为基金的管理者，其基金管理经验得到很好的发挥。三是信托公司作为债转股实施机构扮演资产管理公司的角色，单独或与其他资产管理公司联合直接管理债转股的股权。这样一方面能丰富债转股实施机构的类型，另一方面也有助于提升信托公司股权投资、不良资产处置管理的能力，丰富信托公司的业务类别与产品线。②间接参与债转股的模式。信托公司可以通过参股控股资产管理公司间接参与债转股。目前，债转股业务参与意愿较强的主要是银行系信托公司。

（三）与特殊资产投资基金合作

特殊资产投资基金缘起于 20 世纪 90 年代美国高收益债券危机，该类基金又名秃鹫基金，是指专注投资于特殊资产的基金。历经亚洲金融危机、2008 年金融危机等，海外特殊资产投资基金模式已相对成熟，一般以困境公司为标的，谋求通过运营提升、资产重组和资本运作等方式修复公司价值，并最终将其出售以实现退出。随着我国特殊资产投资进入商业化、市场化阶段，国内的特殊资产投资基金也随之兴起。信托在特殊资产业务起步阶段，选择与具备专业能力的投资基金合作，有利于快速开展业务，达到事半功倍、合作共赢的效果。信托公司在前期对底层不良债权充分尽调的基础上，与管理人投资经验丰富的特殊资产投资基金合资组建有限合伙企业，并成立信托计划认购有限合伙份额，通过有限合伙企业从AMC手中收购不良债权或资产包，并协助基金管理人完成对不良债权或资产包的清收处置，获取投资收益。图6显示了特殊资产投资基金模式。

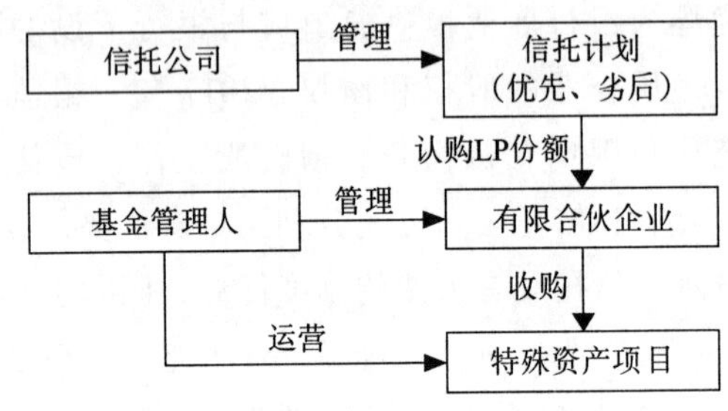

图6 特殊资产投资基金模式

特殊资产投资基金模式有两个特点。第一，引入社会化资金，丰富资金来源。在当前经济下行、不良资产规模不断上升的情况下，特殊资产的处置成本以及特殊资产市场的资金需求提升。通过信托引入社会资金，可以加强同业联动、一二级联动、行业联动，扩大资金供给渠道，进一步分散风险。第二，发挥各方专业优势，提升特殊资产市场处置效率。特殊资产投资基金模式不仅可以满足社会资金参与特殊资产业务的需要，还可以发挥特殊资产投资基金等特殊资产服务商在特定领域、特定行业的丰富经验和专业优势，达到合作共赢。

（四）投资入股资产管理公司

经过近30年的发展，AMC在行业整合和处置不良资产方面积累了丰富的经验，并拥有最专业的人力资源和智力资本，而信托公司在不良资产处置方面尚处于起步阶段。为了避免信托公司自身专业素质与不良资产处置所需要的高水平的专业能力和人才队伍的不足，信托入股AMC是介入特殊资产领域的有效手段。

如图7所示，信托公司与地方AMC可以通过优势互补，达到共赢的目的。在资金端，信托具有横跨多个市场的制度优势。在投融资方式的选择上，信托可以帮助地方 AMC 选择股权、债权、夹层和资产证券化等多种方式开展不良资产处置。信托公司参股地方 AMC，切入专业分工强且盈利高的特殊资产处置行业，对于信托提升自身不良资产处置能力，并充分发挥其在特殊资产处置产业链上的协同作用，具有重要意义。

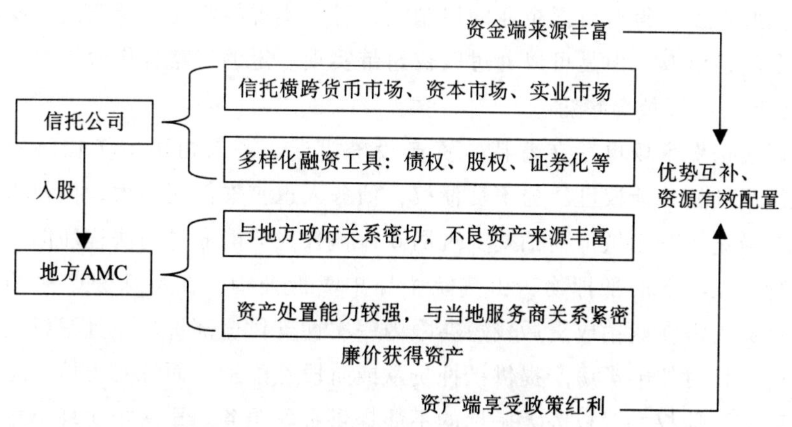

图 7　信托公司与地方 AMC 优势互补

近些年，信托公司与 AMC 的合作路径从直接购买信托产品，到为借信托渠道融资的企业进行增信担保，进而发展到对存在兑付风险的信托产品进行接盘，可谓模式多样。主要合作模式有以下四种。①直接投资信托产品。AMC 前期热衷于投资信托产品，但是脱离了监管部门对 AMC 回归不良资产处置的转型定位，也成为“影子银行”的一部分。为了防止风险集聚，2011 年 10 月，监管部门发文叫停了直接信托投资业务。②承诺远期收购。除了直接投资外，AMC 还通过承诺提供增信资金为信托产品提供担保。即在信托产品成立之初，就加入 AMC 作为信托产品增信方的条款，承诺一旦信托计划到期未兑付，AMC 就需要提供增信资金整体收购信托受益权，原始投资人按照预期收益率退出，AMC 成为新的投资人，信托计划延期。AMC 在此模式中的角色变化在于从投资人变为担保人，获利方式从投资收益变为担保收益。2012 年 1 月，监管部门发文要求 AMC 未经监管部门批准，不得开展信托产品担保及不良资产远期回购等业务。AMC 又创造出新的业务模式，在信托关系中引入第三方机构，改为对第三方间接增信，实现变相增信的目的。③AMC 不良资产收购。即对于预期存在兑付风险的项目，

AMC直接从信托公司收购信托债权。业务模式分为买断式和承诺过桥式。买断式即AMC受让信托债权，并对债权进行债务重组，以及负责债务的回收和管理。承诺过桥式即AMC只是阶段性收购债权，为信托公司兑付信托计划提供过桥资金。④信托公司入股AMC，介入不良资产投资业务。信托公司参与不良资产投资可以选择是控股还是参股，战略性投资或者财务投资。控股可以获得对目标企业的控制权，可以实现战略性资源调配；参股没有更多的话语权，但是可以通过股权纽带实现一定的战略合作效果。

（五）司法拍卖配资

司法拍卖市场也存在着特殊资产投资机遇。进入司法拍卖程序的抵押物，往往其相关债权已经为不良债权，债务人也丧失偿还能力，债权人的还款来源最终依赖于抵押物拍卖实现回款，债权人只能通过司法程序向法院申请执行债权项下的抵押物，由法院主导拍卖抵押物。在特殊资产法拍环节中，竞买人需在竞拍成交后较短期限内一次性支付全部价款，且银行或各金融机构仅针对住宅类房产提供抵押贷款或阶段性配资，而针对土地、工业厂房、商铺、债权、股权等大宗标的不能提供金融服务。司法拍卖环节中的金融服务缺失，不但限制了有需求的潜在竞买人进入市场，更进一步导致大宗标的资产流拍率高。信托公司与有资金需求的竞拍人合作，通过配资助力其在法拍市场获取价格合理的物业资产或不良债权，对特殊资产进行价值重新发现，实现资金收益。此类业务一来可以助力意向竞拍人获取充足资金完成在法拍市场获取价格合理的特殊资产，二来协助法院解决大宗标的成交率低的问题，同时可以获得相对高的资金收益，对参与各方可以带来多赢的局面。图8为司法拍卖配资模式示意图。

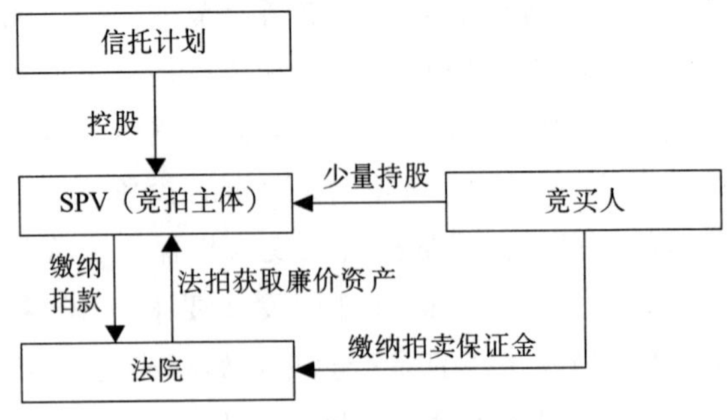

图8　司法拍卖配资模式

在司法拍卖的市场上，信托除了以配资方式参与司法拍卖以外，还可以通过司法程序获得酒店、商铺、办公楼的廉价物权，后期通过与专业运营团队合作，使得资产可以产生稳定的现金流，最后通过证券化或者房地产信托投资基金（REITs）实现退出。或者，信托公司也可以通过投资法拍领域的服务商（如司法辅助服务平台）来参与司法拍卖。

（六）项目流动性纾困

房地产是信托公司最重要的传统业务。由于监管的持续收紧，传统拿地配资式的房地产信托业务展业难度加大且收益显著下降。部分信托公司开始将展业方向拓展至存量市场，寻找市场出清过程中的特殊投资机会。由于房地产市场持续分化调整，不断有中小开发商因经营不善被迫离场，产生了不少因流动性缺失而被迫“烂尾”的地产项目。信托公司针对出现流动性困境的房地产企业，或对于烂尾楼有盘整能力的专业运营机构，在充分尽调项目本身、案外因素、退出路径的基础上，联合头部开发商、房地产包销团队、金融持牌机构，续建运营原开发商留存的困境项目。图 9 为项目流动性纾困模式示意图。

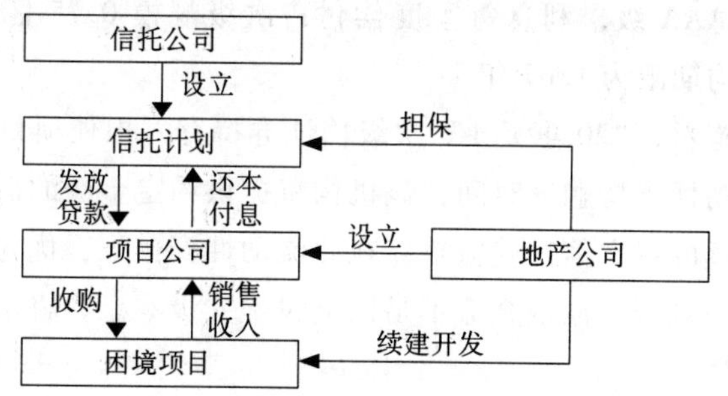

图 9　项目流动性纾困模式

从业务定位和社会效益等角度看，流动性纾困模式在未来拥有着广阔前景。一方面，与传统房地产业务主要参与增量市场不同，流动性纾困的主战场在资源错配的存量资产，目的是为了盘活陷入困境的存量资源，实现资源的流动与再配置。随着房地产行业持续的调控，房地产项目利润走低、风险上升，预计会有更多的房企转向存量市场，续建运营将实现房企资产结构的优化，进一步提升企业经营能力。另一方面，“烂尾”地产项目往往会给当地政府带来一定的负面声誉影响，有的甚至牵扯到一些复杂的社会矛盾。盘活困境项目本身除了经济效益，还有非常好的社会效益，有利于发挥存量资源作用，维护地方政府形象，保持社会和谐稳定。

四、信托公司业务典型案例

（一）不良资产证券化

1. 不良信贷资产证券化

典型案例一：图 10 为惠元 2020 第一期不良资产支持证券的基本交易结构。2020 年 4 月，中信银行股份有限公司作为发起机构、中信信托作为发行机构和受托人、中信证券作为主承销商，发行了惠元 2020 第一期不良资产支持证券（以下简称 20 惠元 1），发行规模 4.1 亿元。

从基础资产看，“20 惠元 1”的基础资产主要为中信银行的不良信贷资产包，涉及 13.5 万个借款人的 14.4 万笔不良贷款，未偿本息余额 35.83 亿元。入不良资产池的资产主要为个人不良信用卡债权。

从证券发行情况看，“20 惠元 1”分优先级和次级两档。优先级规模 3.35 亿元，分层比例 82%，票面利率 2.5%，加权平均期限为 0.26 年，中债资信评级为 AAA 级，利息每季度偿付；次级规模 0.75 亿元，分层比例 18%，加权平均期限为 1.67 年。

从增信措施看，“20 惠元 1”次级档证券持有人担任项目流动性支持机构，如发生流动性支持触发时间，该机构将提供约定金额的流动性支持款项并取得相应份额的特别信托受益权。在此流动性安排下，优先级证券基本没有信用风险，一旦资产池现金流不足以支付优先级本息，将由次级证券持有者支付不足本息。

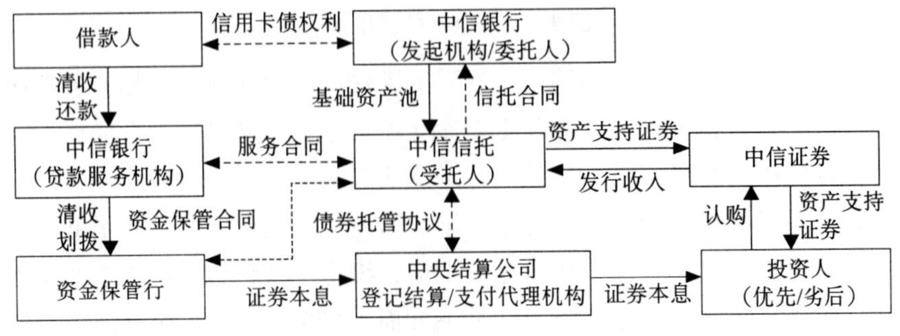

图 10　惠元 2020 第一期不良资产支持证券的基本交易结构

典型案例二：2020 年 4 月 24 日，华泰－浙商资产一期资产支持专项计划在上海证券交易所簿记成功，这是我国证券交易所市场出现的首单以特殊机遇债权作为底层资产的资产证券化产品，也是地方 AMC 行业的首个特殊机遇资产证券化案例。本次产品发行规模为 5 亿元，产品期限不超过 2 年，按季度摊还本息，主体和债项评级均为 AAA。发行人为浙江省浙商资产管理有限公司（以下简称浙商资产），计划管理人为华泰证券（上海）资产管理有限公司。

由于产品以优质的特殊机遇资产债权作为基础资产，且基础资产的价值数倍于专项计划的发行规模，该产品获得了投资机构的高度关注及踊跃认购。最终发行利率为 2.8%，认购倍数为 2 倍。

2. 不良信贷资产收益权转让

典型案例：2019 年 12 月，光大银行与建信信托通过银行业信贷资产登记流转中心开展不良资产收益权转让业务。主要业务流程：光大银行在对个人信用卡贷款风险收益进行充分评估后，构建信贷资产包，规模为 1.4 亿元，借款人户数 3.5 万户；光大银行和建信信托按照监管要求向银登中心提交相关材料进行备案；待审核通过后，建信信托通过设立“福鑫 2019 年第一期不良信贷资产收益权转让集合资金信托计划”，受让光大银行不良信贷资产包，完成信贷资产收益权的转让。

（二）债转股

典型案例：2016 年 10 月，中国建设银行与云南锡业集团（控股）有限责任公司（以下简称云锡集团）正式签约债转股投资协议，正式揭开了信托公司参与债转股的序幕。在该案例中，云锡集团之所以要实施债转股，是为了摆脱当前的周期性困难。此前，云锡集团在发展战略上未能聚焦锡主业，非专长产业增长过快，比如投资性房地产等，给集团带来了较大资金压力，再加上有色金属行业动荡，才导致了暂时的资金链紧张。云锡集团的特殊资产并非来自中国建设银行，属于交叉债转股模式，即将其他银行的债权转换为中国建设银行参股的投资基金的股权。

在操作层面上，本次债转股采用基金的模式，由中国建设银行及其旗下建信信托负责完成。建信信托作为基金管理人，发挥基金管理作用。中国建设银行负责寻找客户，资金来源主要是社会资本，包括一些机构投资者，比如养老金这类适合做长期投资的资本，以及部分高端的个人投资者的理财资金。中国建设银行也会出少量资金作为原始资本金，为了规避道德风险，筹集的资金主要用于偿还中国建设银行以外的债权。中国建设银行第一期资金50亿元。其中，第一笔资金23.5亿元，用于置换企业部分高息负债资金；第二笔资金10亿元，用于对云锡控股下属关联公司实施投资；第三笔资金10亿元，用于对云锡集团下属关联公司优质矿权进行投资。在退出机制方面，基金可以选择市场化方式，将未上市公司股权装入云锡集团上市公司，实现退出。图11为建信信托云锡债转股运作模式示意图。

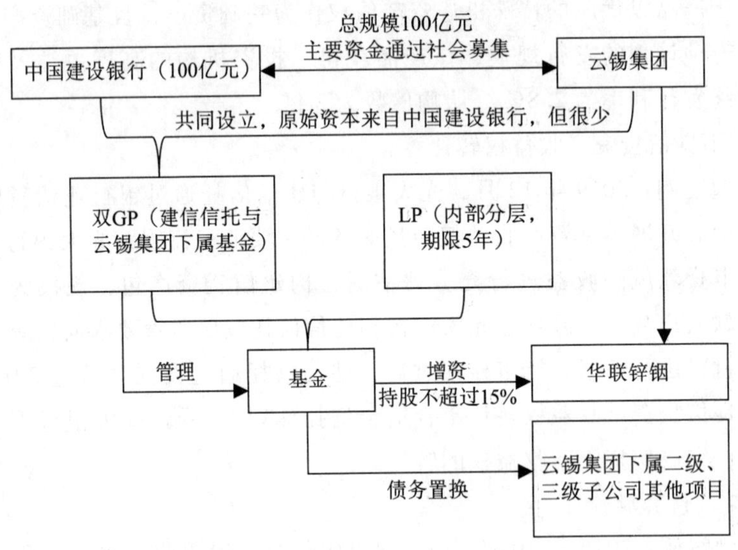

图11　建信信托云锡债转股运作模式

（三）与特殊资产投资基金合作

典型案例：国民信托在2016年与成安基金（南京）合作发行了“不良资产收购1号集合资金信托计划”。该信托计划中社会资金认购优先份额1.3亿元，投资顾问认购劣后级份额0.6亿元，信托资金全部用于认购上海成安燕桂投资管理合伙企业（有限合伙）的LP份额，并向合伙企业实缴出资。合伙企业将信托资金用于收购、管理、处置信达资产江苏分公司所持有的42户不良类资产包。合伙企业对收购的42户资产及其衍生资产进行专业性管理运作，以此实现合伙企业资产增值。信托计划以作为有限合伙人从合伙企业取得的分红或收回的投资作为收益来源，并向受益人分配信托利益。图12展示了国民信托特殊资产收购1号集合资金信托计划的基本交易结构。

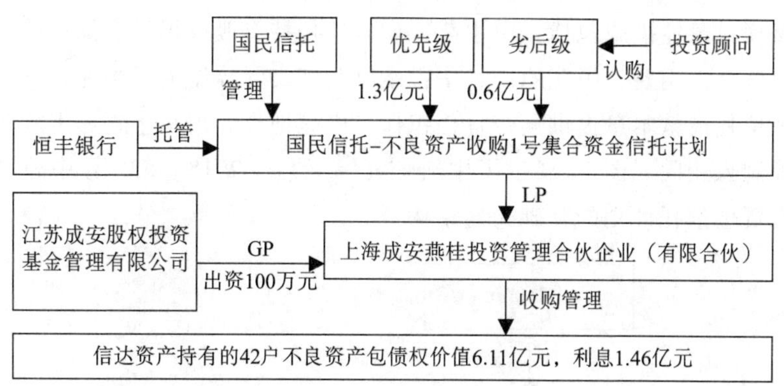

图 12　国民信托不良资产收购 1 号集合资金信托计划基本交易结构

（四）投资入股资产管理公司

典型案例分析：2016 年陕国投信托投资入股陕西金融资产管理股份有限公司（以下简称陕金资）股权，使用自有资金 3 亿元认购陕金投股权，持股比例 5.36%。陕金投在 2015 年 11 月获得省政府组建批复，是陕西处置不良资产的平台，注册资金 50 亿元，直属省政府管理，省金融办负责业务指导。陕金资是陕西省不良资产处置平台，牌照价值较大。信托入股地方 AMC，可以借助省属资产管理公司的特殊地位，分享资源和政策红利。

信托公司入股地方 AMC 比较普遍。在地方 AMC 的传统金融机构股东中，以信托公司、券商和险资为主，主要由于这三类金融机构在通道业务及资金支持方面的作用，有利于地方 AMC 业务的开展。除了直接持股，多家信托公司还以 LP 的身份与其他公司共同设立有限合伙企业，然后再完成对地方 AMC 的投资入股。比如，华能信托就以 LP 的身份投资设立了贵州产业并购投资中心（有限合伙），后者再持有贵州 AMC 20% 的股权。

（五）项目流动性纾困

典型案例：中航信托 - 天启（2018）535 号中苑特殊资产集合资金信托计划。信托计划资金用于向卡罗尔地产（项目公司）发放信托贷款，资金最终用于向信达房地产陕西分公司收购其持有的陕西宝太房地产开发股份有限公司的债权。中航信托通过 1,530 万元持有卡罗尔地产 51% 股权，并向卡罗尔地产发放 6,726 万元两年期信托贷款。卡罗尔地产实际控制人将其持有的卡罗尔地产剩余 49% 的股权质押给中航信托，为借款提供担保。还款来源为不良资产溢价变现后得到的收入。

该项目风控措施包括：由中苑地产对信托持有股权提供到期回购，并按年支付资金占用费，中苑地产、华科生物及其实际控制人对中苑地产的回购义务及信托借款本息提供连带责任担保。中苑地产、华科生物、卡罗尔地产实际控制人相同。图 13 展示了中航信托－天启（2018）535 号中苑特殊资产集合资金信托计划的基础交易结构。

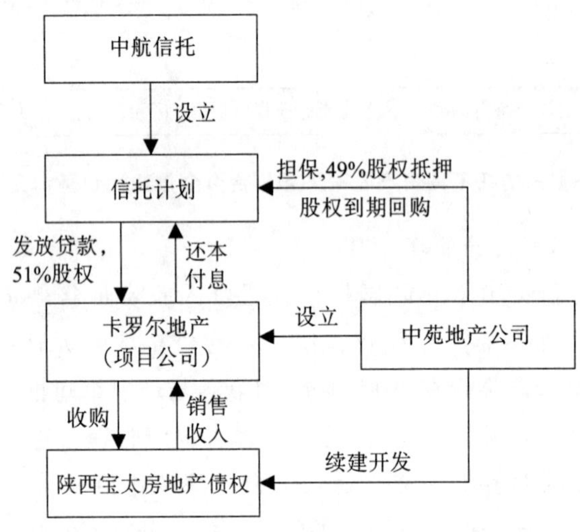

图 13　中航信托－天启（2018）535 号中苑特殊资产集合资金信托计划基础交易结构

五、信托公司参与特殊资产业务的建议

（一）探索风险项目化解新路径

随着经济下行压力的逐渐加大，信托项目违约风险进一步增加，亟须信托公司探索新的风险项目化解路径，寻找市场出清过程中的特殊投资机会。对于信托公司而言，除了通过信托贷款接续存量项目或者司法拍卖等方式来化解风险外，还需要探索新的模式。例如项目流动性纾困模式，通过引用专业运营机构或者服务商，盘活债权资产，实现不良资产价值的二次发现。信托可以通过重组溢价或者咨询顾问费的方式获得盈利，同时也能达到化解自身风险项目的目的。

（二）明确市场定位，提升核心竞争力

特殊资产行业作为高风险行业，需要培养非常专业的能力，搭建广泛、全面的信息网，才能实现高收益。特殊资产的处置除了催收、诉讼、折让等

传统方式，还围绕价值发现、价值提升和价值实现等关键环节，创新增加了债务重组、资产重组、资产置换、债转股、资产证券化等多种模式，出现了专门从事商业、酒店、厂房、物流、林业、矿业、码头等细分的特殊资产处置领域。特殊资产业务从尽职调查到定价转让、司法服务、方案设计、募投管退、内外部增信等各个环节都由不同的专业机构、专业团队来分别进行。

在此背景下，信托公司要开展特殊资产业务，就需要着重研究分析市场状况及变化趋势，聚焦自身的核心资源和能力，找准市场定位。第一，在业务介入初期，由于经验不足以及团队能力较弱，需要寻找合适的合作机构。第二，需要专注于特殊资产某一细分市场，加强对该细分市场内上中下游金融机构及服务商的资源整合能力，特别要重视积累不良资产终端处置机构的资源，构建自己的“关系网”，提升资产价值变现能力，从而获得更高收益。第三，提升金融科技水平。随着金融科技的发展，不良资产领域长期存在的信息不对称和道德风险得到改善，但是由于信息不对称所产生的套利空间也逐渐变小。信托公司需要构建自己的信息网，全面收集市场信息，广泛网罗特殊资产处置产业链条各个参与方，通过信息共享，快速寻找投资机会并整合业务资源，实现特殊资产投资的精准对接和高效处置。

城投企业资产证券化业务研究

城投企业是我国经济社会发展的时代性产物，其最初的出现与我国地方政府投融资的需求密切相关。近年来，我国严控地方政府债务风险，特别是2014年发布的《关于加强地方政府性债务管理的意见》提出，需剥离融资平台公司政府融资职能，融资平台公司不得新增政府债务。在此背景下，城投企业需在经营模式、融资模式上进行转型。

城投企业主要分为两类，一类是以公益性项目为主营业务，另一类是以准公益性项目为主营业务。公益性项目包括城市开发、基础设施建设、土地开发、公益性住房、公益性事业等。准公益性项目包括公共服务（供水、供电、供气、供热等）、公共交通建设运营项目（高速公路投资运营、铁路、港口、码头、机场建设运营、轨道交通建设运营、城市交通建设运营）等。

本文将讨论城投企业资产证券化的业务模式，并就公司如何拓展城投企业资产证券化业务提出方向性建议。关于城投企业的界定，主要有两种口径，一是银保监会口径①，另一种是 Wind 口径②。本文研究界定的城投企业需至少在其中一种口径的名单中。

一、基础资产概况

交易所资产支持证券（ABS）和银行间市场资产支持票据（ABN）均

---

① 银保监会按季度更新地方融资平台名单，但自2019年以来停止更新。

② Wind“城投债研究”板块提供了城投企业名单，比银保监会最新名单的覆盖范围更广。

对基础资产提出了一定的要求（见表1）。交易所ABS明确列出了基础资产负面清单，并对未来经营收入类资产的现金流来源进行了说明。银行间市场ABN以“自律问答”的形式，提示几类基础资产具有较大市场争议。

表1　基础资产相关规定*

业务类型	政策条文	相关规定
交易所ABS	资产证券化业务基础资产负面清单指引	（1）“以地方政府为直接或间接债务人的基础资产”属于负面清单，“但地方政府按照事先公开的收益约定规则，在政府与社会资本合作模式（PPP）下应当支付或承担的财政补贴除外”； （2）“以地方融资平台公司为债务人的基础资产”属于负面清单
	资产证券化监管问答（三）	基础设施收费等未来经营收入类资产证券化产品，其现金流应当来源于特定原始权益人基于政府和社会资本合作（PPP）项目、国家政策鼓励的行业及领域的基础设施运营维护，或者来自从事具备特许经营或排他性质的燃气、供电、供水、供热、污水及垃圾处理等市政设施，公路、铁路、机场等交通设施，教育、健康养老等公共服务所形成的债权或者其他权利
银行间市场ABN	非金融企业资产支持票据指引	基础资产，是指符合法律法规规定，权属明确，可以依法转让，能够产生持续稳定、独立、可预测的现金流且可特定化的财产、财产权利或财产和财产权利的组合
	NAFMII市场创新自律问答（第一期）	哪些基础资产存在较大市场争议？ （1）产生持续稳定现金流的能力具有较大不确定性，或需依托处置资产才能产生现金流的资产、资产收益权和资产受益权； （2）按照防范化解地方政府隐性债务风险的政策精神，现金流来源于地方政府的基础资产存在较大市场争议，在市场实践中，通常关注相关资产是否符合《预算法》、《政府采购法》等法律法规，是否涉及以地方政府及其所属部门违法违规举借债务、提供担保等方式增加地方政府隐性债务； （3）其他违反相关法律法规或政策规定的资产； （4）依据穿透原则，基础资产对应的底层资产若为上述（1）~（3）类的也存在较大争议

*百瑞信托整理。

作为资产证券化业务的基础资产，前提是应能够产生持续稳定的现金流。城投企业可产生稳定现金流的资产主要包括两类，一是收费收益权类资产，二是债权类资产。

对于收费收益权类资产，《资产证券化监管问答（三）》强调了基础资产的现金流来源应具有“垄断性”、“排他性”。以准公益性项目为主营业务的城投企业，其供水、供热、燃气等收费收益权类资产属于合适的基础资产。

债权类资产主要是应收账款。以公益性项目为主营业务的城投企业应收账款以政府为直接或间接债务人的较多，属于基础资产负面清单，市场争议较大。因此，城投企业适合用作基础资产的应收账款较少，但来自 PPP 项目的债权仍是合适的基础资产。部分城投企业在经营过程中形成了一定规模的应付账款，城投企业可以与保理公司合作发行供应链 ABS/ABN。城投企业供应链 ABS/ABN 的基础资产也属于债权类资产的范畴。

部分城投企业在发展过程中进入地产开发业务领域，形成了一些地产类资产，这部分资产也可以产生稳定的运营收入。城投企业通过发行商业地产抵押贷款资产支持证券/商业地产抵押贷款资产支持票据（CMBS/CMBN），可将存量地产类资产盘活。目前，部分 CMBS/CMBN 项目的发起机构为城投企业。

以城投企业为发起机构的资产证券化业务主要有五类，包括收费收益权 ABS/ABN，CMBS/CMBN，PPP 项目 ABS/ABN，应收账款 ABS/ABN，反向保理供应链 ABS/ABN（见表2）。由于信托公司参与交易所 ABS 仍有一定的限制，因此本文研究涉及的案例以银行间市场 ABN 为主。

表 2　　城投企业资产证券化业务类型*

业务模式	资产类型	业务类型
以城投企业为发起机构的资产证券化业务	收费收益权类资产	收费收益权 ABS/ABN
	地产类资产	CMBS/CMBN
	债权类资产	PPP 项目 ABS/ABN
		应收账款 ABS/ABN
		反向保理供应链 ABS/ABN
涉及城投企业的资产证券化业务	以对城投企业的信托贷款为底层资产，以信托受益权为基础资产	信托受益权 ABS/ABN

* 百瑞信托整理。

另外，还有一类涉及城投企业的信托受益权 ABS/ABN 业务，底层资产为原始权益人通过信托向城投企业发放的信托贷款，并以信托受益权作为基础资产。

二、城投企业资产证券化主要模式

（一）收费收益权 ABS/ABN

1. 基本情况

根据《资产证券化监管问答（三）》，收费收益权主要涉及三类，包括市政设施、交通设施、公共服务。从业务实践来看，城投企业收费收益权 ABS/ABN 以市政设施和交通设施收费权居多。从交易结构来看，收费收益权 ABS/ABN 通常只需要设置单层 SPV 结构。收费收益权 ABS 由券商或基金子公司设立资产支持专项计划，可以不需要信托公司的参与。信托公司以设立资产支持票据信托的形式参与收费收益权 ABN 业务。

2019 年发行收费收益权 ABN 的城投企业包括广州地铁集团有限公司（以下简称广州地铁）、常熟市滨江城市建设经营投资有限责任公司（以下简称常熟滨江城投）、泰安市泰山投资有限公司（以下简称泰山投资）、绍兴市柯桥区国有资产投资经营集团有限公司（以下简称绍兴柯桥国资集团）（见表 3）。除了广州地铁的主体评级为 AAA 外，其他城投企业的主体评级为 AA + 或 AA。但通过发行收费收益权 ABN，优先级部分的债项评级均在主体评级的基础上提升了一级。

表 3　2019 年城投企业收费收益权 ABN 发行情况*

项目名称	基础资产	发行载体管理机构	发行规模（亿元）	优先级评级/主体评级
广州地铁集团有限公司 2019 年度第一期绿色资产支持票据	地铁客运费收益权	平安信托	30	AAA/AAA
常熟市滨江城市建设经营投资有限责任公司 2019 年度第一期资产支持票据	供热收益权	中铁信托	10	AA +/AA
泰安市泰山投资有限公司 2019 年第一期资产支持票据	供水、供热、供气收费收益权	爱建信托	20	AAA/AA +
绍兴市柯桥区国有资产投资经营集团有限公司 2019 年度第一期资产支持票据	供水水费收入	金谷信托	25	AAA/AA +
广州地铁集团有限公司 2019 年度第二期绿色资产支持票据	地铁客运费收益权	平安信托	20	AAA/AAA

* （1）广州地铁、常熟滨江城投、泰山投资为银保监会口径下的城投企业；（2）绍兴柯桥国资集团为 Wind 口径下的城投企业。资料来源于募集说明书，由百瑞信托整理。

2. 典型案例：广州地铁 2019 年第一、第二期资产支持票据

（1）交易结构

广州地铁 2019 年发行的两期资产支持票据交易结构相似，均为单层 SPV 结构（见图 1）。广州地铁作为发起机构将其合法拥有的地铁客运费收益权信托给发行载体管理机构设立资产支持票据信托。发行载体管理机构以信托作为特定目的载体发行资产支持票据，并通过承销机构向投资人发行。资产支持票据的募集资金将作为发行载体管理机构获得地铁客运费收益权的对价。

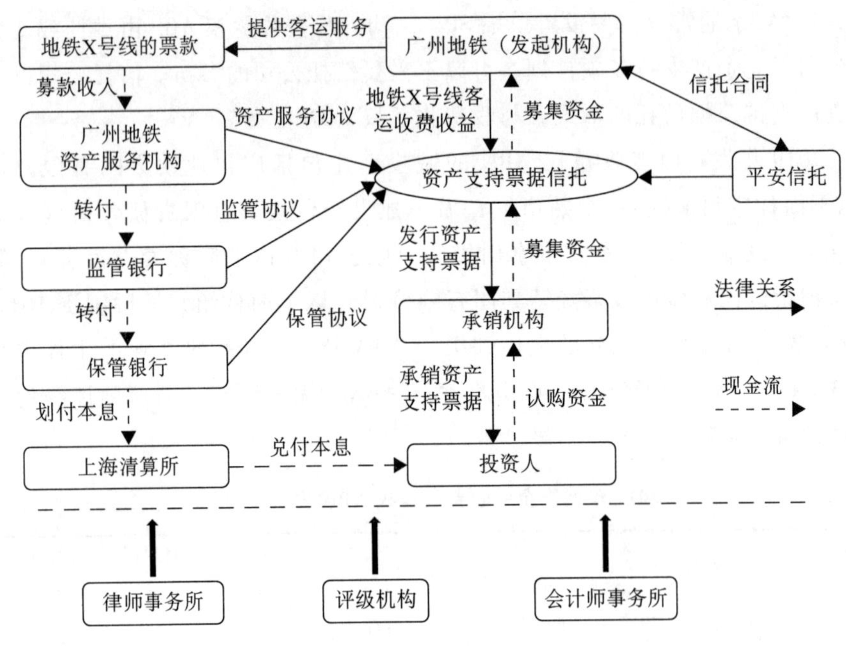

图 1　广州地铁收费收益权 ABN 交易结构图*

*资料来源于募集说明书，由百瑞信托整理。

广州地铁同时担任资产服务机构，将地铁 X 号线的票款收入转付给监管银行，并通过保管银行、上海清算所向投资人兑付本息。

（2）结构化分层情况

广州地铁 2019 年发行的两期资产支持票据均设置了结构化分层。其中，第一期资产支持票据优先级进一步分为优先 1 ~ 5 档，第二期资产支持票据未对优先级进一步划分。

广州地铁 2019 年第一期资产支持票据的发行截止日期为 2019 年 1 月 22

日，优先 1 ~5 档于发行截止日期后的 1 ~5 年后到期（见表 4）。将优先级细分为 1 ~5 档，相当于一次性同步发行了期限为 1 ~5 年的 5 只债券。

表 4　广州地铁第一期资产支持票据分层情况*

分级	规模（亿元）	占比（%）	预期到期日	本金摊还方式	利息支付
优先 1 档	6.30	21.00	2020 年 1 月 21 日	第一年起每季度固定摊还	按季付息
优先 2 档	6.50	21.67	2021 年 1 月 21 日	第二年起每季度固定摊还	按季付息
优先 3 档	6.90	23.00	2022 年 1 月 21 日	第三年起每季度固定摊还	按季付息
优先 4 档	4.40	14.67	2023 年 1 月 21 日	第四年起每季度固定摊还	按季付息
优先 5 档	4.40	14.67	2024 年 1 月 21 日	第五年起每季度固定摊还	按季付息
次级	1.50	5.00	2024 年 1 月 21 日	—	—

*资料来源于募集说明书，由百瑞信托整理。

（3）票面利率情况

除了通过发行 ABN 融资外，广州地铁其他的融资方式还包括交易所 ABS、超短期融资债券（SCP）、一般短期融资券（CP）、一般中期票据（MTN）、一般企业债、海外债。其中，交易所 ABS 于 2019 年发行第二期，与第二期 ABN 相似的是，第一期 ABS 采用了将优先级细分为 5 档的模式，第二期 ABS 未对优先级进一步细分。

以债券的发行期限为横轴，当期票面利率为纵轴，将广州地铁发行的各类债券绘制于同一散点图（见图 2）。可以发现，当债券发行期限相同或接近时，资产证券化 ABS/ABN 的票面利率相对较低。特别是当发行期限越长时，资产证券化 ABS/ABN 的票面利率相对较低的优势更加显著。

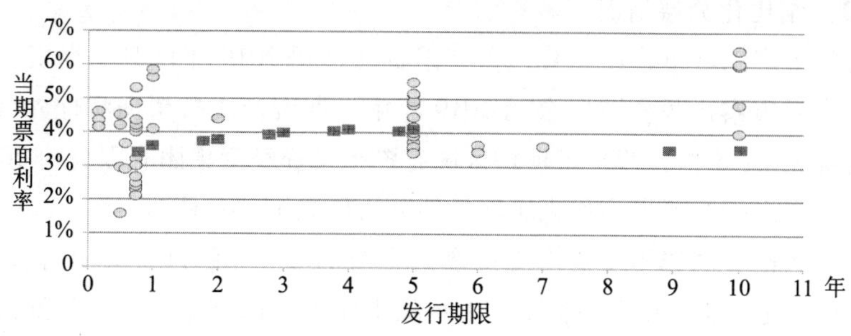

图 2　广州地铁发行债券期限与利率情况*

*资产证券化 ABS/ABN 以方形点标示，其他债券以圆形点标示。资料来源于 Wind，由百瑞信托绘制。

（4）募集资金用途

广州地铁2019年第一期资产支持票据的发行规模为30亿元，其中，10亿元用于偿还银行借款，15亿元用于地铁各线路建设，5亿元用于补充营运流动资金。计划偿还的金融机构借款有两笔，原借款利率分别为3.92%（期限1年）、4.20%（期限约9个月）。而广州地铁2019年第一期资产支持票据优先1档的期限为1年，票面利率为3.60%。广州地铁通过发行ABN，可以起到降低资金成本的作用。

广州地铁2019年第二期资产支持票据的发行规模为20亿元，14亿元用于地铁各线路建设，6亿元用于补充线路营运资金，无偿还借款安排。总体来看，与发行企业债券对于资金用途有严格限制不同，发行ABS/ABN募集资金的用途受限制相对更小。

（5）增信措施

广州地铁2019年发行的两期资产支持票据设置的增信措施相同，内部增信措施包括结构化分层、现金流超额覆盖、信用触发机制，外部增信措施包括差额支付承诺、回售和回购承诺。

3. 其他案例情况介绍

（1）交易结构

城投企业收费收益权ABN项目的交易结构均比较类似，为单层SPV结构。目前出现的一项创新是“泰安市泰山投资有限公司2019年第一期资产支持票据”，基础资产包括供水、供热、供气三类收费收益权，创造了将三种不同收费收益权组合发行的记录。

（2）结构化分层情况

常熟市滨江城市建设经营投资有限责任公司2019年度第一期资产支持票据、泰安市泰山投资有限公司2019年第一期资产支持票据将优先级部分细分为优先1~5档，绍兴市柯桥区国有资产投资经营集团有限公司2019年度第一期资产支持票据将优先级部分细分为优先1~10档。

以绍兴柯桥国资集团资产支持票据为例，将优先级细分为10档，从第2档开始，发行期限在上一档基础上增加1年。票面利率随着发行期限的上升有所提高，但自优先8档起票面利率已不再继续提高（见表5）。

表 5　　绍兴柯桥国资集团资产支持票据分层情况*

分级	发行规模（亿元）	规模占比（%）	当期票面利率（%）	发行期限（年）
优先 A1	2.03	8.12	3.70	0.38
优先 A2	1.85	7.40	4.20	1.39
优先 A3	1.97	7.88	4.60	2.39
优先 A4	2.09	8.36	4.70	3.39
优先 A5	2.24	8.96	4.70	4.39
优先 A6	2.40	9.60	4.70	5.39
优先 A7	2.58	10.32	5.20	6.39
优先 A8	2.72	10.88	5.20	7.39
优先 A9	2.89	11.56	5.20	8.39
优先 A10	3.06	12.24	5.20	9.39

*资料来源于 Wind，由百瑞信托整理。

整体来看，将优先级进一步细分的做法在收费收益权资产证券化中的应用比较普遍。通过将优先级细分为多个档次，一方面优先级更高的层级有望获得更低的融资成本，另一方面也有利于资产支持证券的销售。

（3）票面利率情况

以绍兴柯桥国资集团为例（见图 3），除了发行 ABN 之外，债券融资方式还包括超短期融资债券、一般中期票据、定向工具（PPN）、一般企业债、私募债等。同样考察绍兴柯桥国资集团各类债券的利率情况，发现与广州地铁的案例类似，在发行期限接近时，资产证券化 ABN 的票面利率相对其他债券产品较低。

另外，以常熟滨江城投为例，其资产证券化 ABN 的票面利率相对其他债券的优势明显（见图 4）。

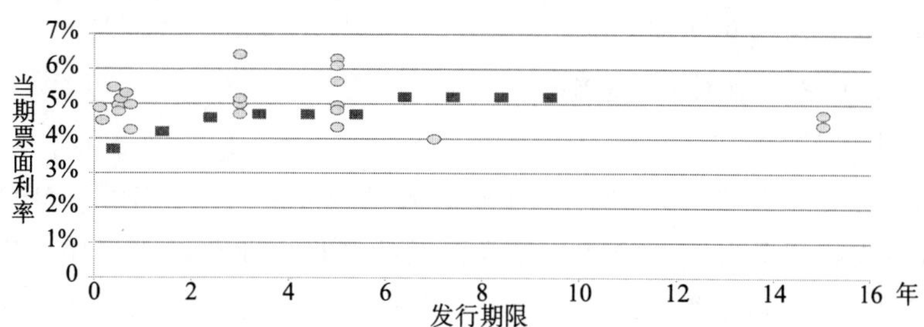

图 3　绍兴柯桥国资集团发行债券期限与利率情况*

*资产证券化 ABN 以方形点标示，其他债券以圆形点标示。资料来源于 Wind，由百瑞信托绘制。

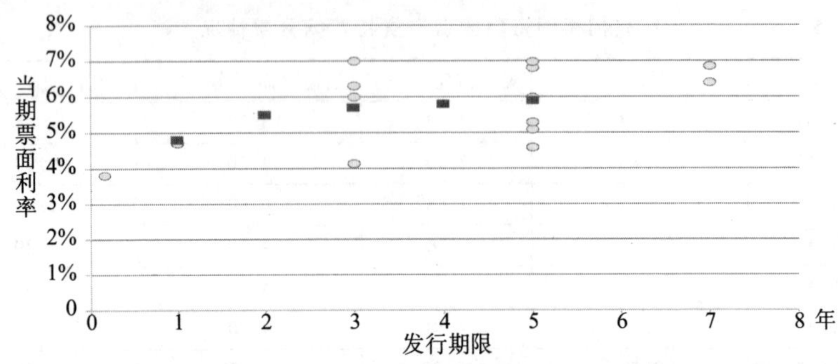

图 4 常熟滨江城投发行债券期限与利率情况*

*资产证券化 ABN 以方形点标示，其他债券以圆形点标示。资料来源于 Wind，由百瑞信托绘制。

(4) 募集资金用途

绍兴柯桥国资集团、常熟滨江城投、泰山投资发行 ABN 募集的资金均大部分用于偿还贷款。绍兴柯桥国资集团将 23.83 亿元优先级部分全部用于偿还借款，常熟滨江城投募集资金全部用于偿还有息负债，泰山投资将 19.34 亿元用于置换存量有息债务，0.66 亿元用于补充泰山燃气集团流动资金。

(5) 增信措施

绍兴柯桥国资集团、常熟滨江城投、泰山投资案例的增信措施与广州地铁案例均比较接近。除了结构化分层、现金流超额覆盖、信用触发机制作为内部增信措施，差额支付承诺、回售和回购承诺作为外部增信措施外，绍兴柯桥国资集团、泰山投资案例设置了运营支持承诺，绍兴柯桥国资集团案例还设置了供水收费权质押。

(二) 城投企业 CMBS/CMBN

1. 基本情况

近年来，部分进入地产开发领域的城投企业发行了 CMBS/CMBN。以 CMBN 的发行情况为例，2017 年至今涉及的城投企业包括北京住总房地产开发有限公司（以下简称北京住总房地产开发）、北京中关村电子城建设有限公司（以下简称北京中关村电子城建设）、南京浦口国有资产经营有限公司（以下简称南京浦口国投）、重庆高新区开发投资集团有限公司（以下简称重庆高新区开发投资）、北京首都开发股份有限公司（以下简称北京首都开发）等（见表6）。

表6　　近年来城投企业CMBN发行情况*

项目名称	基础资产	发行载体管理机构	发行规模（亿元）	发行期限（年）
北京住总房地产开发有限责任公司2017年度第一期资产支持票据	信托受益权	华润信托	10	3+2+3+3+3+3+3
北京住总房地产开发有限责任公司2018年度第一期资产支持票据	信托受益权	平安信托	12.2	3+2+3+3+3+3+3
北京住总房地产开发有限责任公司2019年度第一期资产支持票据	信托受益权	华润信托	10	2.64+2+3+3+3+3+3
北京中关村电子城建设有限公司2019年度第一期资产支持票据	信托受益权	金谷信托	11.01	3+3+3+3+3+3
南京市浦口区国有资产投资经营有限公司2019年度第一期资产支持票据	信托受益权	国投泰康信托	10	3+3+3+3+3+3+2
重庆高新区开发投资集团有限公司2019年度第一期资产支持票据	委托贷款债权	建信信托	12	3+3+3+3+3+3
北京首都开发股份有限公司2020年度第一期资产支持票据	信托受益权	建信信托	30.1	3+3+3+3+3+3+2

*（1）北京中关村电子城建设、南京浦口国投、重庆高新区开发投资为银保监会口径下的城投企业；（2）北京首都开发为Wind口径下的城投企业；（3）北京住总房地产开发为Wind口径下城投企业北京住总集团有限责任公司控股子公司。资料来源为募集说明书，由百瑞信托整理。

2. 交易结构

城投企业CMBS/CMBN的交易结构与房地产企业CMBS/CMBN类似，一般为双层SPV结构。通过第一层SPV向底层物业发放一笔信托贷款或委托贷款，进而形成第二层SPV的基础资产。由于银行委托贷款新规发布后，相关业务受到了一定的限制，因此，近年来CMBS/CMBN第一层SPV以信托贷款形式居多。从城投企业CMBN的发行情况来看，仅有重庆高新区开发投资的第一层SPV为银行委托贷款的形式。

3. 结构化分层情况

城投企业CMBN分层情况呈现两大特点，一是将优先级进一步分为优先A级、优先B级，二是并非一定需要设置次级。

进一步考察优先级评级与主体评级的情况（见表7）。城投企业如果本身评级无法达到AAA，可以将优先级进一步分为优先A级、优先B级，其中，优先A级可以获评AAA，典型案例为南京浦口国投、重庆高新区开发投资。北京住总房地产开发无主体评级，其差额补足承诺人为控股股东北京住总集团。北京住总集团2017年6月的主体评级为AA+，2019年4月之后调整为AAA。从对应的北京住总房地产开发CMBN情况来看，其2017年、2018年的二期资产支持票据分为优先A级、优先B级，其中，优先A级均获得了相对当时主体评级更高的AAA。

表7　城投企业CMBN分层情况*

项目名称	发行时优先级分层情况	是否设置次级	发行时发起机构最新主体评级
北京住总房地产开发有限责任公司2017年度第一期资产支持票据	优先A：3.75亿元，37.50%，AAA 优先B：6.25亿元，62.50%，AA+	否	AA+
北京住总房地产开发有限责任公司2018年度第一期资产支持票据	优先A：5.0亿元，40.98%，AAA 优先B：7.2亿元，59.02%，AA+	否	AA+
北京住总房地产开发有限责任公司2019年度第一期资产支持票据	优先A：5.2亿元，52%，AAA 优先B：4.8亿元，48%，AAA	否	AAA
北京中关村电子城建设有限公司2019年度第一期资产支持票据	优先级，11亿元，99.91%，AAA	是，0.01亿元，0.09%	AAA
南京市浦口区国有资产投资经营有限公司2019年度第一期资产支持票据	优先A：7.7亿元，77%，AAA 优先B：1.8亿元，18%，AA+	是，0.5亿元，5%	AA+
重庆高新区开发投资集团有限公司2019年度第一期资产支持票据	优先A：7.0亿元，58.33%，AAA 优先B：4.4亿元，36.67%，AA+	是，0.6亿元，5%	AA+
北京首都开发股份有限公司2020年度第一期资产支持票据	优先A：16.5亿元，54.82%，AAA 优先B：13.5亿元，44.85%，AAA	是，0.1亿元，0.33%	AAA

*（1）北京住总房地产开发2017~2019年的三期CMBN募集说明书未披露主体评级，采用其差额补足承诺人（控股股东北京住总集团）主体评级情况；（2）北京中关村电子城建设无主体评级，采用其增信机构（控股股东中关村发展集团）的主体评级。资料来源为募集说明书，由百瑞信托整理。

4. 票面利率情况

以北京首都开发、南京浦口国投为案例，考察城投企业 CMBN 的票面利率情况。其中，北京首都开发 CMBN 代表债项评级与主体评级一致的案例，南京浦口国投 CMBN 代表债项评级优于主体评级的案例。

分别将北京首都开发（见图5）、南京浦口国投（见图6）发行的各类债券绘制散点图，发现 CMBN 相对其他债券的发行期限明显更长。在发行期限为0～12年的区间段，随着发行期限上升，其他债券融资方式的票面利率有一定的提高趋势。但 CMBN 在拉长发行期限的同时，票面利率却未有明显的提高，在全部债券中反而处于相对较低的水平。

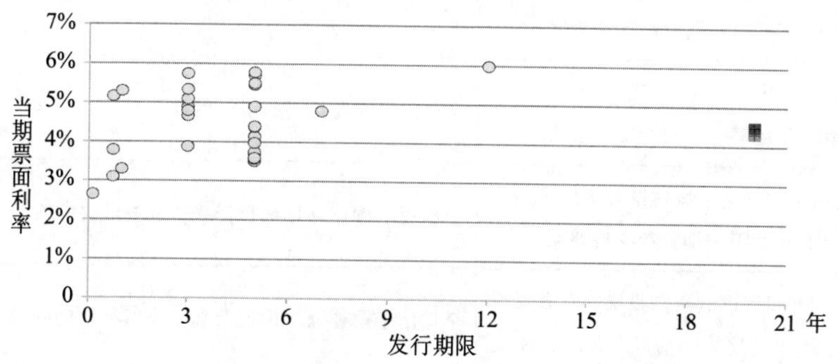

图5　北京首都开发发行债券期限与利率情况*

*CMBN 以方形点标示，其他债券以圆形点标示。资料来源于 Wind，由百瑞信托绘制。

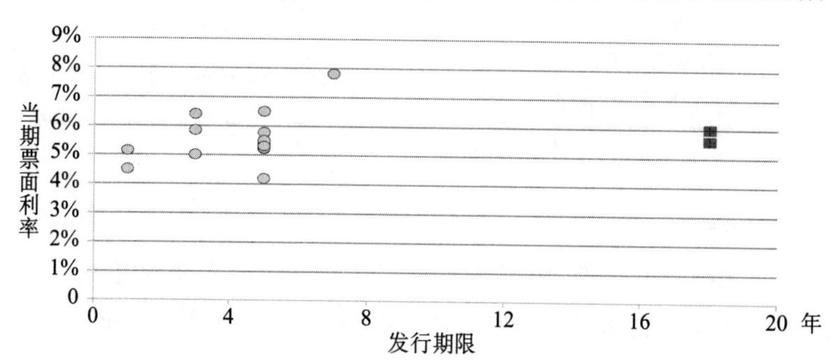

图6　南京浦口国投发行债券期限与利率情况*

*CMBN 以方形点标示，其他债券以圆形点标示。资料来源于 Wind，由百瑞信托绘制。

5. 募集资金用途

城投企业 CMBN 募集资金大部分均用于偿还存量借款（见表8）。例如，

《北京住总房地产开发有限责任公司2018年度第一期资产支持票据募集说明书》中提及，募集资金将用于“置换北京住总的股东借款”，起到调整发起机构债务结构的作用。

表8　城投企业CMBN募集资金用途*

项目名称	募集资金用途
北京住总房地产开发有限责任公司2017年度第一期资产支持票据	2亿元用于偿还或置换在中信银行的SOT融资贷款，5.72亿元用于偿还股东借款，2.28亿元用于两处目标物业的内部装修、升级改造
北京住总房地产开发有限责任公司2018年度第一期资产支持票据	置换北京住总的股东借款，调整发起机构的债务结构
北京住总房地产开发有限责任公司2019年度第一期资产支持票据	全部用于偿还到期的银行借款
北京中关村电子城建设有限公司2019年度第一期资产支持票据	全部用于偿还存量银行贷款、金融机构借款
南京市浦口区国有资产投资经营有限公司2019年度第一期资产支持票据	全部用于偿还浦口国资及其子公司有息债务
重庆高新区开发投资集团有限公司2019年度第一期资产支持票据	2.55亿元用于发起机构归还入池物业的银行借款，5亿元用于发起机构归还PPN，4.44亿元用于发起机构归还理财类融资
北京首都开发股份有限公司2020年度第一期资产支持票据	30亿元优先级部分拟全部用于偿还金融机构借款

*资料来源于募集说明书，由百瑞信托整理。

6. 增信措施

CMBS/CMBN项目内部增信措施包括结构化分层、现金流超额覆盖，外部增信措施包括差额支付承诺、回售回购承诺、物业资产抵押、物业收入质押等。

（三）PPP项目ABS/ABN

1. 基本情况

自2017年以来，涉及PPP项目的ABS发行16单，规模153亿元，ABN发行2单，规模19.32亿元。其中，由城投企业担任发起机构的有2单（见表9）。

表 9　　城投企业 PPP 项目 ABS 发行情况*

项目名称	发起机构	发行规模（亿元）	计划管理人
安信证券－四川发展国润环境绵竹供排水一体化 PPP 项目资产支持专项计划	四川发展（控股）有限责任公司	7.14	安信证券
华西证券－川投 PPP 项目资产支持专项计划	四川省投资集团有限责任公司	2.50	华西证券

*（1）四川发展（控股）有限责任公司为银保监会口径下的城投企业；（2）四川省投资集团有限责任公司为 Wind 口径下的城投企业。资料来源于 Wind，由百瑞信托整理。

2. 典型案例：华西证券－川投 PPP 项目资产支持专项计划

（1）交易结构

交易结构包括两个层面，一是基金层面，二是资产支持专项计划层面（见图 7）。

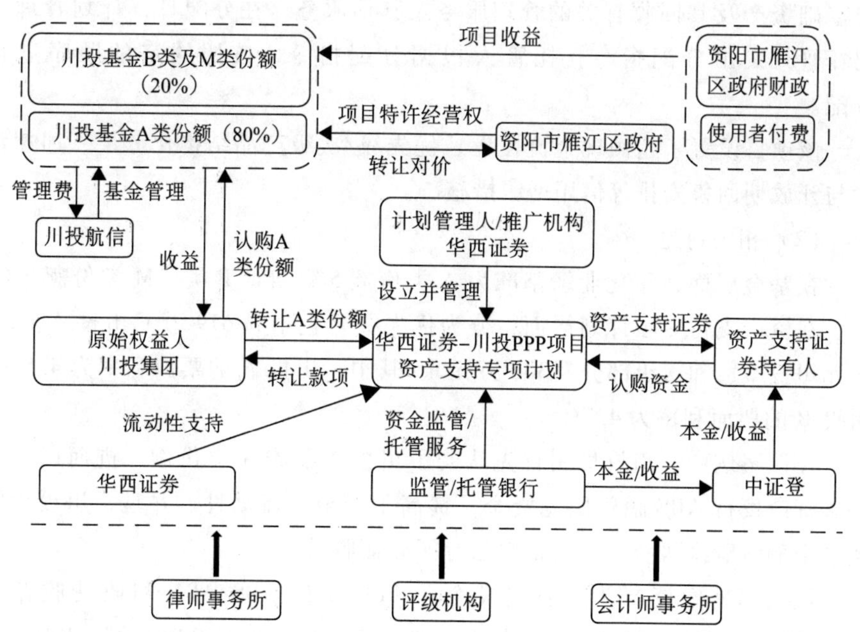

图 7　华西证券－川投 PPP 项目资产支持专项计划交易结构图*

*资料来源为计划说明书，由百瑞信托整理。

在基金层面，基金管理人（四川省川投航信股权投资基金管理有限公司（以下简称川投航信）（川投集团持股 45%、中航信托持股 33%、交银信托持股 22%）发起设立契约式私募基金（以下简称川投基金），受让资阳市雁江区停车场 PPP 项目特许经营权及相应收益权。川投集团出资认购川投基金 A 类份额，合计 24,679 万份；川投基金 B 类份额合计 6,170 万份，由川投集团与中航信托成立之集合资金信托计划以 56%：44% 的比例出资认购；川投基金 M 类份额 100 万份由川投航信持有。PPP 项目运营期内，川投基金或其设立的 PPP 项目公司通过向停车场用户收费回收投资并获取合理回报，不足部分由政府提供可行性缺口补助。

在资产支持专项计划层面，基础资产为川投集团认购的川投基金 A 类份额。认购人将认购资金支付计划管理人管理，取得资产支持证券，成为资产支持证券持有人。计划管理人指示募集账户托管人将专项计划募集资金扣除相关费用后划拨至原始权益人指定账户，用于购买基础资产。计划管理人委任川投航信作为专项计划的资产服务机构，由其为专项计划提供与基础资产及其回收有关的管理服务及其他服务。在分配日，计划管理人向托管人发出分配指令，托管人根据分配指令，按照约定的顺序进行分配。

该项目设置了超额现金流覆盖、优先级/次级产品结构化分层、加速清偿与开放期回售安排等信用增级措施。

（2）相关讨论

在基金层面，年化业绩基准为 A 类份额 5%/年，B 类、M 类份额 9%/年。在资产支持专项计划层面，分为优先级（包括 3,679 万元川投 A、2.1 亿元川投 B）和次级部分（300 万元），其中，川投 A 的票面利率为 4.5%，川投 B 的票面利率为 4.7%。

在该案例中，川投集团首先认购了川投基金的 A 类份额，进而以此为基础资产发行 ABS 融资回笼资金，提高了资金的流动性。并且，川投集团通过全额认购次级资产支持证券留存了差额收益。

虽然都是融资行为，但城投企业 PPP 项目 ABS/ABN 与收费收益权 ABS/ABN、CMBS/CMBN 有较大的区别。城投企业发行 PPP 项目 ABS/ABN 的意图更多在于提高资金周转率，通过“加杠杆”获得较高的收益率，发行收费收益权 ABS/ABN、CMBS/CMBN 的主要目的为获得较低成本的资金，用于偿还存量借款。

（四）应收账款 ABS/ABN

1. 基本情况

根据《资产证券化业务基础资产负面清单指引》，以地方政府为直接或间接债务人的应收账款不适合作为基础资产。《NAFMII 市场创新自律问答（第一期）丨资产支持票据（ABN）》指出，现金流来源于地方政府的基础资产存在较大市场争议。因此，城投企业应收账款 ABS/ABN 业务的开展受到一定的限制。

从交易结构来看，城投企业应收账款 ABS/ABN 与房地产企业购房尾款 ABS/ABN 相似，城投企业将应收账款作为基础资产转移给资产支持专项计划或资产支持票据信托，进而发行资产支持证券。

2. 典型案例

城投企业应收账款 ABS/ABN 的案例相对较少，南京市河西新城区国有资产经营控股（集团）有限责任公司（以下简称南京河西新城国资集团）、遵义道桥建设（集团）有限公司（以下简称遵义道桥建设）、山西建设投资集团有限公司（以下简称山西建投）等城投企业发行过此类产品。

从几项典型案例来看，城投企业应收账款 ABS 有两类设计模式（见表10）。一是南京河西新城国资集团的案例，优先级分为 1～10 档，对应的发行期限为 1～10 年。二是遵义道桥建设、山西建投的案例，优先级不再细分或仅分为优先 A、B 两个档次，这类案例的发行期限较短，为 1～3 年。

表 10　城投企业应收账款 ABS 发行情况*

项目名称	发起机构	发行时间	发行规模（亿元）	分层情况	发行期限	票面利率
汇富河西嘉实 1 号资产支持专项计划	南京河西新城国资集团	2015. 10	8. 5	优先级细分为 1～10 档（均为 AA+）；5. 88% 次级	优先级 1～10 档对应的发行期限分别为 1～10 年	优先 1：4. 9%；优先 2：5. 13%；优先 3：5. 17%；优先 4～10：5. 33%
国融证券－遵义道桥应收账款资产支持专项计划	遵义道桥建设	2018. 12	10. 43	30. 01% 优先 A（AAA）；65% 优先 B（AA+）；4. 99% 次级	2. 61 年	优先 A：6. 5%；优先 B：7%

续表

项目名称	发起机构	发行时间	发行规模（亿元）	分层情况	发行期限	票面利率
申万宏源－山西建投应收账款资产支持专项计划	山西建投	2019.7	10.59	95%优先级（AAA）；5%次级	1.75年	优先级5.2%

＊（1）南京河西新城区国资集团为银保监会口径下的城投企业；（2）遵义道桥建设、山西建投为Wind口径下的城投企业。资料来源于Wind，由百瑞信托整理。

将应收账款ABS与发起机构其他债券融资相对比，遵义道桥建设、山西建投应收账款ABS的票面利率较高，降低融资成本的作用不太显著。南京河西新城国资集团的案例将优先档分为1～10档，优先级4～10档的票面利率均为5.33%，发行期限较长的阶段票面利率优势比较明显（见图8）。

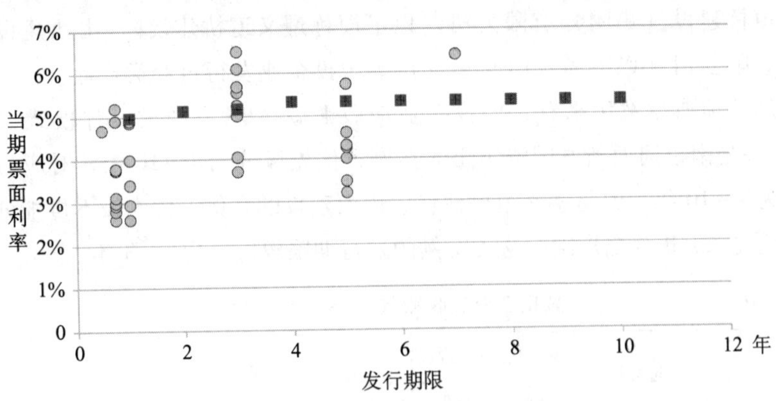

图8　南京河西新城国资集团发行债券期限与利率情况＊

＊资产证券化ABS以方形点标示，其他债券以圆形点标示。资料来源于Wind，由百瑞信托绘制。

（五）反向保理供应链ABS/ABN

1. 基本情况

由于部分城投企业承担了当地市政基础设施建设的职能，因此形成了一定的应付工程账款。可借鉴房地产企业供应链ABS/ABN的模式，引入保理公司将供应商对城投企业的应收账款做统一的归集，并以保理公司为原始权益人发行ABS/ABN。

《资产证券化业务基础资产负面清单指引》规定，“以地方融资平台公司为债务人的基础资产”属于负面清单。因此，城投企业反向保理供应链ABS/ABN的业务开展有一定的限制。在实务中，可由城投企业下属项目公司作为债务主体，城投主体仅作为供应链核心企业进行增信，以此来规避基础资产负面清单对业务开展的限制。

2. 交易结构

城投企业反向保理供应链ABS/ABN的交易结构与房地产企业供应链ABS/ABN相似，设置单层SPV结构即可（见图9）。供应商向城投主体及下属公司提供货物或服务，进而获得应收账款。保理公司向供应商提供保理服务，受让应收账款，并以此为基础资产，发行ABS/ABN。在交易结构中，城投企业作为供应链核心企业，应提供付款承诺。

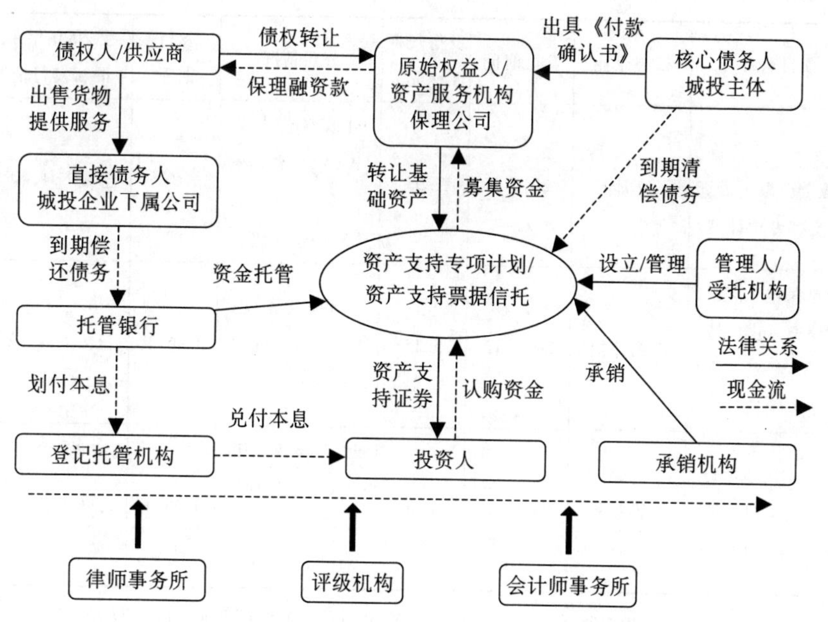

图9　城投企业反向保理供应链ABS/ABN交易结构图*

*百瑞信托整理。

3. 典型案例

典型案例包括云南省能源投资集团有限公司（以下简称云南能投）、山西建设投资集团有限公司（以下简称山西建投）、郑州航空港兴港投资集团有限公司（以下简称兴港投资）等（见表11）。与基础资产的特性有关，城投企业反向保理供应链ABS/ABN的发行期限不会很长，一般在1年以内。在产品分层方面，一般会设置优先级与次级，且因为发行期限一般较短，优先级部分难以细分。

城投企业反向保理供应链ABS/ABN的特色在于，一般采用一次申请注册额度，分期发行的“储架”模式。云南能投、山西建投、兴港投资这几项典型案例均已发行多期产品。

从现有案例情况来看，云南能投、山西建投、兴港投资虽然都属于Wind口径下的城投企业，但已不在银保监会城投名单中。因此，这类城投企业发行反向保理供应链ABS/ABN仍有一定的空间。

表11　城投企业反向保理供应链ABS发行情况*

项目名称	核心企业	发行时间	发行规模（亿元）	分层情况	发行期限	至2020年4月最新发行情况
平安－云南能投供应链金融1号资产支持专项计划	云南能投	2019.3	1.95	94.87%优先级（AAA），票面利率4.5%；5.13%次级	1年	已发行1~4期
晋建保理－交银施罗德－供应链金融1号资产支持专项计划	山西建投	2019.12	5.15	100%优先级（AA+），票面利率5.1%	0.96年	已发行1~2期
平安－兴港投资供应链金融1期资产支持专项计划	兴港投资	2020.1	0.56	98.21%优先级（AAA），票面利率3.9%；1.79%次级	0.96年	已发行1~2期

*（1）云南能投、山西建投、兴港投资均为Wind口径下的城投企业；（2）仅列出系列产品的第一期相关情况。资料来源于Wind，由百瑞信托整理。

（六）信托受益权ABS/ABN

1. 典型案例：畅行资产支持专项计划

（1）交易结构

畅行资产支持专项计划于2015年4月发行，发行规模10亿元，原始权益人为中油资产管理有限公司（以下简称中油资管）。

畅行资产支持专项计划的交易结构分为信托计划、资产支持专项计划两个层面（见图10）。在信托计划层面，非特定原始权益人中油资管投资昆仑信托设立的单一资金信托，向广东省交通集团有限公司发放一笔本金为10亿元的贷款。广东省交通集团有限公司（以下简称广东交通集团）为Wind口径下的城投企业。

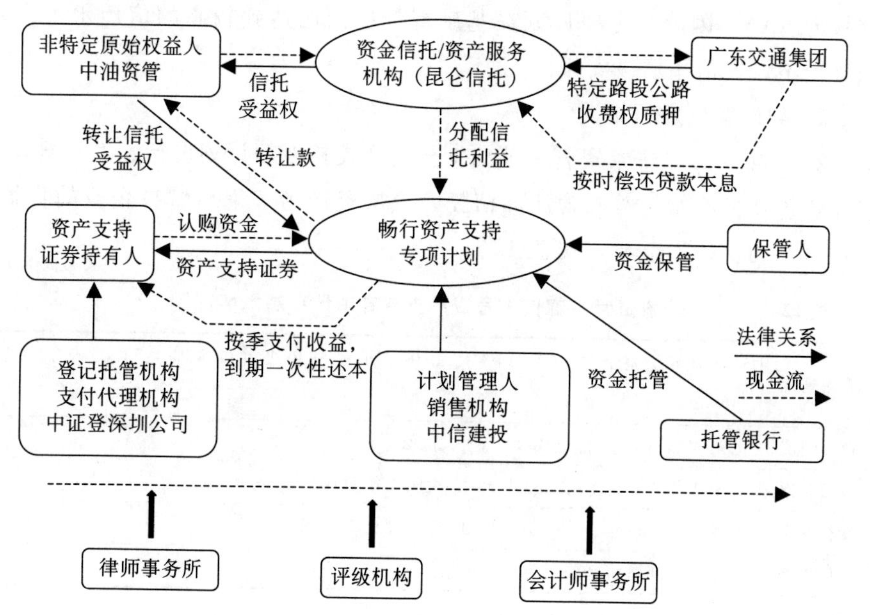

图10　畅行资产支持专项计划交易结构图*

*资料来源为计划说明书，由百瑞信托整理。

在资产支持专项计划层面，计划管理人中信建投证券股份有限公司（以下简称中信建投证券）设立并管理专项计划，认购人将认购资金委托计划管理人中信建投证券管理，成为资产支持证券持有人。计划管理人中信建投证券根据与非特定原始权益人中油资管签订的“信托受益权转让协议”，将专项计划资金用于向非特定原始权益人中油资管购买基础资产。基础资产为非特定原始权益人中油资管依据信托合同所形成的信托受益权。广东交通集团将按约定偿还信托贷款的本息，专项计划以信托受益权的现金流为限支付当期资产支持证券的本金、利息及税费。

在交易结构中，资产服务机构也由昆仑信托担任，负责基础资产对应的信托贷款下借款人的贷款利息和本金回收的资金管理、信托贷款项目的跟踪评估、信托合同的变更管理、基础资产合同期满的法律手续处理和资料保管等基础资产管理工作。

（2）增信措施

由于基础资产项下信托贷款的借款人广东交通集团信用等级较高，主体评级为 AAA，因此，专项计划在基础资产层面已达到较高的信用水平，专项计划不设置信用增级安排。

2. 类似案例发行情况

2020 年 4 月，华泰资管 - 苏信 1 号资产支持专项计划发行，发行规模 7 亿元。该项目原始权益人为江苏信托，底层资产为 7 笔对城投企业的贷款，基础资产为信托受益权（见表 12）。

表 12　　华泰资管 - 苏信 1 号资产支持专项计划基本情况*

分层情况	5.05 亿元优先 A 级（72.14%），0.9 亿元优先 B 级（12.86%），1.05 亿元次级（15%）
评级情况	优先 A 级 AAA，优先 B 级 AA +，次级未评级
票面利率	优先 A 级 4%，优先 B 级 4.5%，次级无票面利率
发行期限	优先 A 级 1.3 年，优先 B 级 2.05 年，次级 2.05 年
增信措施	仅设置内部增信措施，无外部增信措施

* 资料来源于 Wind，由百瑞信托整理。

3. 相关讨论

畅行资产支持专项计划与华泰资管 - 苏信 1 号资产支持专项的底层资产均为对城投企业的信托贷款。通过以信托受益权为基础资产发行资产支持证券的方式，实现了“非标转标”。

从底层贷款债务人的选择来看，应首选资质较好、评级较高的城投企业。2015 年发行的畅行资产支持专项计划底层资产仅有 1 笔贷款，资产过于集中。但由于广东交通集团盈利能力突出，经营性现金流表现良好，因此，主体评级达到 AAA，该资产支持专项计划也获得了 AAA 评级。如果底层贷款的债务人资质一般，应借鉴近期发行的华泰资管 - 苏信 1 号资产支持专项计划，底层资产应包含多笔贷款，实现底层资产的分散化。根据交易所要求，通常要求底层资产为10笔以上，但如果有充足的增信措施，也可以豁免10笔资产的要求。

从项目分层情况来看，畅行资产支持专项计划无次级，华泰资管－苏信1号资产支持专项计划设置了15%的次级。如果设置次级部分，信托公司可认购次级部分留存差额收益。

以信托受益权为基础资产，通常属于信托公司开展的非标转标业务，一方面通过非标转标为优质交易主体提供公开市场的融资渠道，另一方面通过自有资金投资底层信托受益权并持有次级，还可以获得非标资产收益和公开发行利率之间的价差。除了在交易所发行专项计划，在银行间市场发行资产支持票据也可以实现非标转标，相对而言，银行间市场对于基础资产的要求没有交易所市场严格，但操作规范性也相对较差，时间流程较难把握。

三、城投企业资产证券化业务小结

（一）城投企业各类资产证券化业务的比较

整体来看，城投企业收费收益权ABS/ABN、CMBS/CMBN、应收账款ABS/ABN、反向保理供应链ABS/ABN这四类资产证券化业务的基本目的均仅在于融资。城投企业除了资产证券化融资方式外，其他债券融资方式包括超短融SCP、短融CP、中票MTN、定向工具PPN、私募债等。

收费收益权ABS/ABN的优先级部分可进行进一步的细分，优先级各个档次的到期时间可覆盖0～10年各个阶段，相当于一次性发行了覆盖短期、中期、长期的各类债券，且票面利率可能更具优势。

CMBS/CMBN则可在发行期限上获得更大的突破，期限可达18～20年，其他各类债券融资方式均很难达到CMBS/CMBN的发行期限。并且，CMBS/CMBN也可以将优先级再分为优先A级、优先B级，获得较长发行期限下具有比较优势的票面利率。

应收账款ABS/ABN有两种情况，如果将优先级部分细分为多个档次，类似于收费收益权ABS/ABN，在发行期限较长的情况下票面利率可能具有一定的优势。如果未对优先级部分做细分，一般将作为一种中短期的融资方式。

反向保理供应链ABS/ABN期限较短，在发行期限上与超短融、短融比较接近，与超短融、短融有一定的替代性。

从总体来看，资产证券化融资对城投企业的意义在于，通过获得优于主体评级的债项评级，降低融资成本。

表 13 总结了本文梳理的六类城投企业资产证券化业务的优势与局限性。

表 13　城投企业各类资产证券化业务的比较*

业务分类	业务优势	业务局限性
收费收益权 ABS/ABN	可将优先级细分为多个档次，降低融资成本	局限于供水、供热、供气、交通等几项特定的收费收益权
CMBS/CMBN	发行期限长，融资成本较低	城投企业需拥有地产类资产
应收账款 ABS/ABN	产品优先级设计方案灵活，能够起到一定的降低融资成本作用	（1）基础资产范围受限； （2）存在其他中短期债券融资方式作为替代
反向保理供应链 ABS/ABN	（1）可拉长城投企业应付账款账期； （2）多期发行，业务规模较大	（1）基础资产范围受限； （2）超短融、短融的替代性较强
PPP 项目 ABS/ABN	信托公司可以多种方式参与业务	需挖掘合适的 PPP 项目资源
信托受益权 ABS/ABN	（1）实现"非标转标" （2）信托公司参与度较高	业务开展需以具备合适的底层贷款资产为前提

*由百瑞信托整理。

（二）信托公司参与城投企业资产证券化业务的方式

对于收费收益权 ABS/ABN、CMBS/CMBN、应收账款 ABS/ABN、反向保理供应链 ABS/ABN 这四类业务，信托公司的参与方式有两种。一是通过设立信托型 SPV 参与收费收益权 ABN、CMBN、应收账款 ABN、反向保理供应链 ABN；二是通过资金信托或财产权信托参与 CMBS/CMBN 第一层 SPV 的形成。

在 PPP 项目 ABS/ABN 中，信托公司的基本参与方式是设立信托型 SPV 发行资产支持票据。借鉴本文梳理的"华西证券－川投 PPP 项目资产支持专项计划"案例，信托公司也可以在基金层面参与业务。在"华西证券－川投 PPP 项目资产支持专项计划"案例中，川投基金 44% 的 B 类份额由中航信托集合资金信托计划认购，M 类份额由基金管理人川投航信持有，而川投航信的股东包括中航信托、交银信托。

对于信托受益权 ABS/ABN，信托公司的参与度较高，主要表现在两个方面：一是信托公司对城投企业发放信托贷款，参与底层资产的构建；二是原始权益人以信托受益权作为基础资产，信托公司可设立资产支持票据信托。

我国上市公司可转债介绍及投资策略分析

随着金融市场的迅猛发展，为了规范证券市场、促进市场长期稳定，证监会近年来在各个环节出台了一系列规范政策。2017 年 5 月 27 日，证监会颁布《上市公司股东、董监高减持股份的若干规定》，将大股东非公开发行获得的股份纳入减持监管。与此同时，规定中明确指出了可转债融资不受融资频率限制，一紧一松之间，作为定增的重要替代的可转债迎来蓬勃发展的机遇期，在证券市场之中受到投资者重视程度日益加深。

截至 2020 年 3 月，可转债发行存量标的数量共 296 只，发行规模达到 4,245.14 亿元。其中，2020 年以来共发行可转债 39 只，合计发行规模为 373.38 亿元。无论是对证券市场的持续发展，还是国内上市公司自身的可持续运转，显然可转换债券的重要程度已经在不断地深化，在金融市场之中占据越来越重要的地位。从市场行情来看，截至 3 月 31 日，中证转债指数近一年上涨 6.55%，涨幅明显高于上证 50、沪深 300 与中证 500 指数。从指数区间收益率上看，中证转债指数相比上证 50、中证 500 和沪深 300 表现出较强的收益性，同时，在抗跌能力上也较为突出，截至 3 月 31 日的涨跌幅情况如表 1 所示。

表 1　　指数区间收益率比较（截至 2020 年 3 月 31 日）

涨跌对比	中证转债	上证 50	中证 500	沪深 300
月度	-2.10%	-4.67%	-7.52%	-6.44%
季度	0.02%	-12.20%	-4.29%	-10.02%

续表

涨跌对比	中证转债	上证 50	中证 500	沪深 300
半年度	6.61%	-7.19%	2.04%	-3.37%
年度	6.55%	-5.25%	-9.12%	-4.81%

由于市场参与者对各类金融产品认知水平不断提高，对于可转债市场情况有更深入的了解，这一昔日小众的投资标的正在日益受到关注。基于此，本文将介绍可转债基础知识，并对我国当前可转债市场状况进行阐述，对可转债基本投资策略进行梳理，这对于信托公司在固定收益类标品信托产品体系搭建方面具有一定的借鉴意义。

一、可转债的概念和内容

（一）可转债概念

可转债，全称为“可转换公司债券”（Convertible Bond），是指在一定期限内依据约定的条件既定的转股价格转换成发行人公司股票的债券。可转债属于一种内嵌期权的金融产品，其可变性强、灵活程度高，同时具备债券和股票双重属性。可转债在发行时便对转换条件、转换价格作出相应规定。对于金融市场的参与者来说，可转债为投资人以及发行人都提供了相比其他金融产品所不具有的选择权，其结合了股票的长期增长潜力和债券所具有的安全和收益固定的优势。可转债可以看作债底+看涨期权的组合，对投资者具有强大的市场吸引力。

可转换公司债券的特点如表2所示。由于可转债具备一定的期权属性，对于发行人来说，其票面利率相对低于同期普通公司债券以及银行贷款利率，可以有效使用较低融资成本来获得目标筹资金额，即便是投资者在可转债转股期间选择将其转化为公司股票，仍然可以推迟上市公司原股东的股权稀释。而对于购入方来说，相比起其他金融产品，可转债不仅安全性更高，盈利水平更稳定，而且可以凭借将其转换为股份的方式来获得相对更高水平的收益。

表 2　　可转换公司债券的特点

种类	发行方	购入方
可转换公司债券	（1）相对成本较低； （2）股权稀释时间得到延迟	（1）兼顾安全性与较高的收益水平； （2）通过股份转换的形式来获得更高水平的收益

与其他金融产品相比，可转债不仅具备更高的安全性和更稳定的盈利水平，还为持有人提供转换机会，可以在一定条件下通过转股的方式获得更高水平的收益。“下有债券兑付保底，转股收益上不封顶”（见图 1），因而可转债受到投资风格相对稳健投资者的青睐。

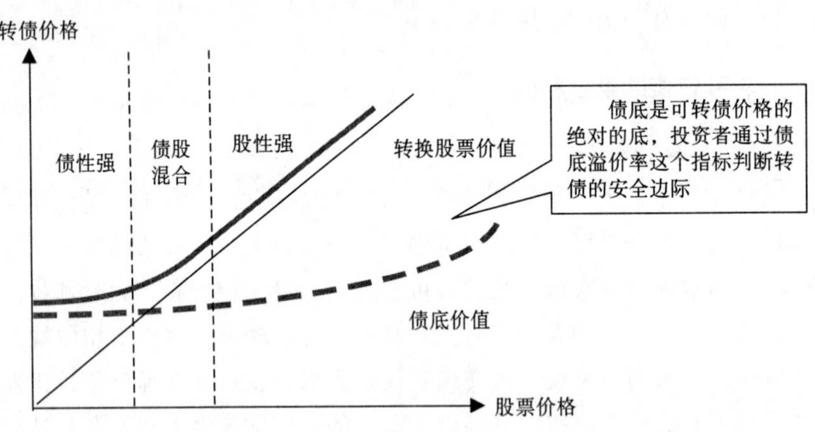

图 1　可转换公司债券的特点

（二）可转债的条款解释

由于可转债是内嵌股票期权的债券，因此，在条款的设置上既包括票面利率、期限等最基本的债券条款，同时又兼含一些特殊的条款：

（1）转股条款

在进入转股期后，投资者可以按照事先的约定价格将持有的可转债转换为相应公司的股票。转股价为可转债转换为每股股票所支付的价格。

（2）赎回条款

一般情况下，可转债可以实现到期赎回或者提前赎回。前者是可转债到期后，发行人以约定价格将尚未转股的可转债全部赎回。后者则是指在可转债赎回期内，股票的价格连续在 N 个交易日内至少有 n 个交易日的收盘价不低于转股价格的一定比例时，发行人拥有提前按照约定价格赎回可转债的权利。赎回条款的设置实际上有利于发行人，也可以促使投资者为避免触发赎回而尽快转股。

（3）回售条款

在回售期内，如果股票收盘价连续几个交易日低于转股价格一定比例时，投资者有权将可转债全部或部分按约定价格回售给发行人。这一条款的设置主要是给投资者提供一定的保护，避免在回售期间相应股票市场价格下跌程度过大，给投资者带来的较大损失。但对于发行人来说，回售情况的发生并不喜闻乐见，这表示发行人的股票价格已经在相当长一段时间内处于较低水平。

（4）下修条款

可转债发行后，公司因配股、增发、送股、分立及其他原因引起发行人股份变动的，调整转股价格，并予以公告。转股价格调整的原则及方式在公司发行可转债券时在募集说明书中事先约定，基本包括：①送红股、增发新股和配股等情况。当可转债发行后，发行人面向 A 股股东送红股、增发新股和配股、股份合并或分拆、股份回购、派息等情况使股份或股东权益发生变化时，转股价将进行调整。②降低转股价格条款（特别向下修正条款）。当公司 A 股股票收盘价连续若干个交易日低于当期转股价达到一定比例，发行人可以将当期转股价格进行向下修正，作为新的转股价。这意味着当可转债的期权处于虚值状态时，发行人和投资人事先约定可以重新议定转股价格，有利于促使投资者转股。当然，具体设置严苛程度也取决于发行人促转股的意愿，同时，也是为了避免回售的压力。

二、我国可转债市场现状分析

（一）我国可转债发展历程及相关政策

在国内，可转换公司债券正式进入金融市场的时间相对较迟，迄今为止大概经历了萌芽期、试行期、稳定期以及高速发展期四个发展阶段。

（1）萌芽期（1993～1997 年）

可转债在国内金融市场的发展萌芽早在 1991 年便出现了，琼能源用可转债发行了新股，成为我国最早发行可转债的公司。最开始的可转债是由我国上市公司自发发行的，并不受政府要求与监管。因此，其出现便如昙花一现。1992 年 11 月，诞生了第一只上市公司可转债——由深宝安发行的宝安转债，但由于缺少相关法律制度的规范，后期转股失败，导致市场出现一定程度的紊乱。因此，在萌芽期间，敢于尝试这一金融产品的上市公司寥寥无几，可转债在国内市场的发展基本属于试验性的，持续时间较短并且缺少相应的规范与监管。

（2）试行期（1997～2006年）

1997年，国务院首次发布了可转债规范性文件《可转换公司债券管理暂行办法》，正式对可转债的发行事宜作出一定规范与限制。自此10年间，这一管理办法对于可转债在我国金融市场的运行发展具有极其重要的作用。2001年，中国证监会接连发布《上市公司发行可转换公司债券实施办法》、《关于做好上市公司可转换公司债券发行工作的通知》，针对上市公司发行可转债的具体实施细节进一步作出规范与调整，并制定了相应的监督管理体系。在试行期间，可转债的发行管理得到了一定程度的规范，监督管理体系也得到了初步建设，但市场体系尚未完全成熟，相应监督管理职能的划分以及具体条款的设置与市场发展实际之间并不完全匹配。

（3）稳定期（2006～2017年）

证监会在2006年发布《上市公司证券发行管理办法》，就国内上市公司发行证券的方式及具体内容进行了更加详细的规定，在最新管理办法出台的同时，对此前出台的各类文件进行废除。在这份文件之中，可转债的发行方式正式列入股票发行范畴之中，并且沿用至今。随后，由于金融危机席卷全球，国内证券市场也受到影响，在文件颁布的10年间，可转债并没有实现迅速增长，而是一直保持着稳定持续的增长态势，基本处于一种相对稳定的发展阶段。

（4）高速发展期（2017年至今）

随着国内证券市场不断发展成熟，上市公司再融资需求不断提高，但是无序的大股东减持行为也严重扰乱了市场秩序。为了使监督管理水平能够与当下市场发展实际情况相匹，证监会于2016年开始对上市公司的再融资渠道以及公开筹集方式作出更进一步的监督管理。在原有规范文件的基础上，对于上市公司融资行为以及股票发行相关规范作出了更加深入的管制。仅在2017年，证监会便针对可转债的具体方式与管控制度先后发布了《关于修改〈上市公司非公开发行股票实施细则〉的决定》、《发行监管问答——关于引导规范上市公司融资行为的监管要求》和《上市公司股东、董监高减持股份的若干规定》，不仅从定价基准日、发行规模、融资频率、前期资产等方面，收紧再融资的审核，而且将大股东非公开发行获得的股份纳入减持监管。经过证监会的不懈努力，可转债的发行管理得到了较高程度的规范，监督管理体系也得到了进一步完善与优化，市场体系趋向成熟，相应监督管理职能的划分以及具体条款的设置与市场发展实际之间匹配程度逐渐提高。我国上市公司可转债发行正式进入高速发展期。如表3所示，基于公募可转债发行条件的严格限制，截至目前，我国证券市场尚未发生可转债相关违约问题。

表3　　各类股权再融资具体要求概示*

规定类别	定向增发类	配股类	公开增发类	可转换公司债券
盈利情况	无	无	最近3个会计年度加权平均净资产收益率平均不低于6%	(1) 最近3个会计年度加权平均净资产收益率平均值不低于6%；(2) 最近3个会计年度实现的年均可分配利润不少于公司债券1年的利息
发行规模	无	拟配售股份数量不超过本次配股前股本总额30%	无	本次发行后累计公司债券余额不超过最近1期末净资产额的40%
具体发行价格	发行价格不低于定价基准日前20个交易日公司股票均价的90%	无	发行价格应不低于公告招股意向书前20个交易日公司股票均价或前1个交易日的均价	(1) 可转债每张面值100元；(2) 募集说明书约定的转股价格，应不低于募集说明书公告日前20个交易日该公司股票交易均价和前1交易日的均价；(3) 募集说明书约定转股价格向下修正条款的：①修正方案提交公司股东大会，且须到会股东所持表决权的2/3以上同意，表决时持可转债的股东应回避；②修正后的转股价格不低于前项规定股东大会召开日前20个交易日该公司股票交易均价和前1交易日的均价

续表

规定类别	定向增发类	配股类	公开增发类	可转换公司债券
其他	本次发行的股份自结束之日起，12个月内不得转让；控股东、实际制人及其控制的企业认购的股份，36个月内不得转让	（1）控股股东应当在股东大会召开前公承诺认配股份的数量；（2）采用证券法规定的代销方式发行	除金融类企业外，最近1期末不存在持有金额较大的交易性金融资产和可供出售的金融资产、借予他人款项、委托理财等财务性投资的情形	（1）可转债券的期限最短为1年，最长为6年；（2）公开发行可转债，应当提供担保，但最近1期末经审计的净资产不低于人民币15亿元的除外；（3）可转债自发行结束之日起6个月后方可转换为公司股票；（4）募集说明书可以约定赎回条款、回售条款、转股价格向下修正条款；（5）募集说明书应当约定转股价格调整的原则及方式，因配股、增发、送股、派息、分立及其他原因引起上市公司股份变动的，应当同时调整转股价格

* 资金筹集额度、筹资程序以及使用程序必须符合相应规定：（1）组织机构健全、运行良好、符合相关规定；（2）盈利能力具有可持续性，最近3年以现金方式累计分配利润不少于最近3年实现的年均可分配利润的30%，且符合其他相关规定；（3）最近36个月内财务会计文件无虚假记载，且不存在重大违法行为；（4）募集资金的数额和使用应当符合相关规定性，最近3个会计年度连续盈利，且符合其他相关规定；（5）财务状况良好。

2020年新修订的《证券法》对于股东减持作了新规定，将股东配售的可转债纳入限制减持范围。新修订的《证券法》第四十四条规定，“上市公司、股票在国务院批准的其他全国性证券交易场所交易的公司持有百分之五以上股份的股东、董事、监事、高级管理人员，将其持有的该公司的股票或者其他具有股权性质的证券在买入后六个月内卖出，或者在卖出后六个月内又买入，由此所得收益归该公司所有，公司董事会应当收回其所得收益。”也就是说，《证券法》的修订扩大了对短线交易的认定范围，此前短线交易的限制对象仅有董监高持有的股票，但新修订的《证券法》将认定范围扩大至股权性质的证券，而可转债因为其转股的属性也被认为是股权性质的证券产品。所以，大股东在可转债发行以后6个月内很难减持。

（二）我国可转债市场概况

为了减少上市公司大股东利用再融资工具扰乱市场，机制规则持续完善令可转债在过去两年间发行速度、规模同步提升，逐渐成为上市公司再融资的重要工具。由此，可转债已经进入了一种高速发展的状态。可转债审批需要经过文件准备、内部机构决策、证监会审批和发行等四个阶段，具体安排如表4所示。

表4　　上市公司公募可转债发行流程

阶段	具体事项	主要负责人
文件准备	（1）发行人聘请中介机构； （2）确定募集资金使用方案及可行性报告； （3）根据市场情况及发行人需求，设计转债基本条款； （4）中介机构进行尽职调查，准备申报文件	发行人中介机构
内部机构决策	（1）完成所有董事会决议等法律文件工作； （2）审议通过转债方案； （3）召开年度股东大会审议通过可转债募集方案和前次募集资金使用情况的专项报告	发行人
证监会审批	（1）由中介机构与发行人向证监会申报； （2）取得证监会反馈意见，中介机构及发行人完成回复证监会反馈意见工作； （3）通过发审会并补充相关材料，取得证监会发行批文	—
发行上市	（1）可转债预路演； （2）公布可转债募集说明书； （3）可转债网上路演； （4）确定可转债申购日； （5）公告中签率及申购资金解冻； （6）可转债上市	发行人承销机构

根据2019年上市公司年报数据以及表3中可转债发行条件，我国共有905家上市公司满足可转债发行条件，主要分布于东南沿海地区。从图2可以看出，其中，前五名分别为广东省152家、浙江省133家、江苏省100家、北京市82家、上海市70家。河南省拥有16家，分别为中原环保，双

汇发展，华兰生物、濮耐股份、远东传动、飞龙股份、龙蟒佰利、牧原股份、四方达、新开普、新天科技、濮阳惠成、森霸传感、宇通客车、神马股份、洛阳钼业。从行业分布来看，满足可转债发行条件的上市公司所在前三大行业分别为化工行业、医药生物行业和电子行业，如图3所示。

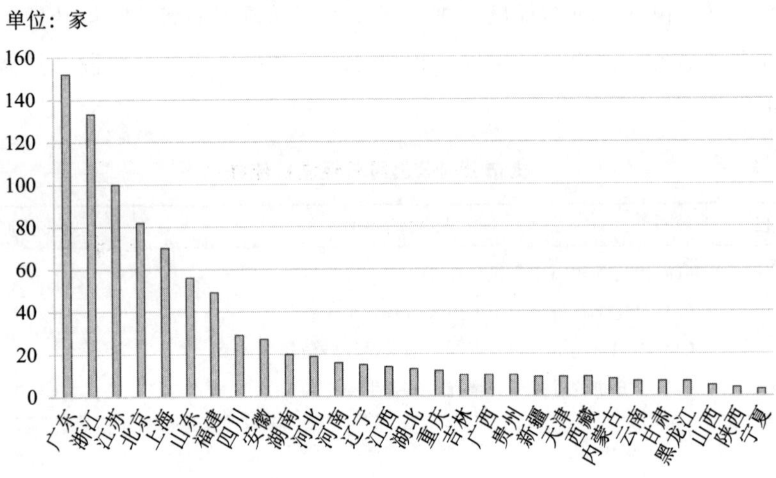

图2　符合可转债发行条件的上市公司区域分布图

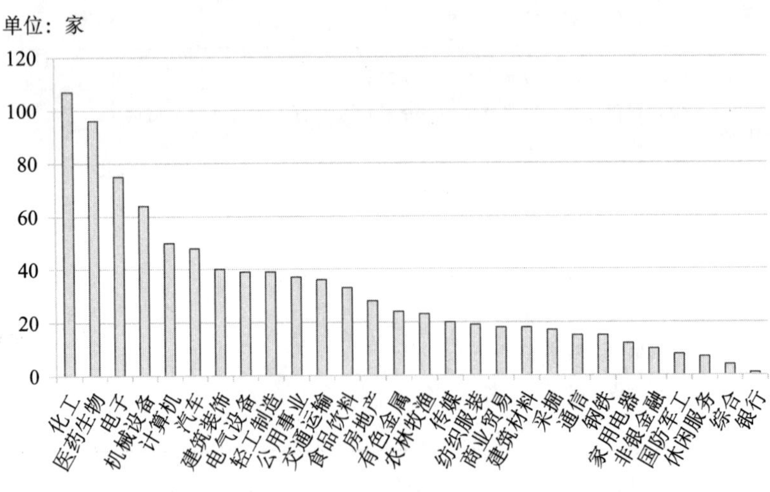

图3　符合可转债发行条件的上市公司行业分布图

从转债供给来看，2018年公募可转债市场总计发行债券总额911.75亿元，2019年新上市转债募资资金额达2,478.31亿元，促使可转债市场达到了一个前所未有的体量。从图 4 中可以看出，截至 2020 年 3 月，仅在沪深两个证券市场上处于交易状态的可转债便有接近 300 只，总金额超过了 4,200 亿元。

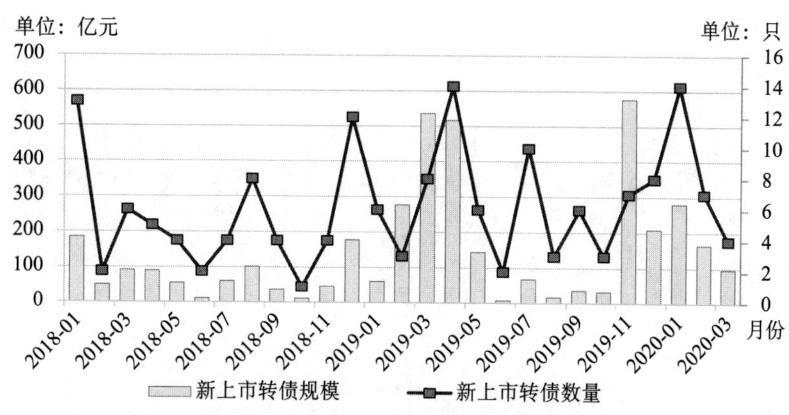

图 4　2018～2020 年可转债供需概况

图 5 显示了可转债发行方的具体行业分布。其中，银行业通过可转债募集的资金为 1,500 亿元，占总额的 35.33%，远远超过其他行业。其后依次为：资本货物（519 亿元，占 12.23%）、材料（498 亿元，占 11.74%）、技术硬件与设备（265 亿元，占 6.24%）、多元金融（256 亿元，占 6.04%）、汽车与汽车零部件（166 亿元，占 3.91%）等。按照发行公告，2019 年上市的可转债总募集金额为 2,478 亿元，浦发转债一只即达到了 500 亿元，商业银行的地位以及覆盖程度都达到了其他行业无法企及的高度，成为这一市场的中流砥柱。

2018～2020 年，由于可转债本身的特性，随着股票市场不断发生变化，中证转债指数表现出“牛市跟涨，熊市跌得少”的明显特性。一般情况下，当正股持续上涨时，在可转债股性作用下，中证转债指数也随之上涨；而当正股发生下跌情况时，在可转债的债性作用下，中证转债指数虽然也会发生下跌，但是其幅度相对并不大。如图 6 所示，可转债的投资收益并不低于沪深 300，但是波动性却要小得多，可见可转债投资风险收益比具有一定的相对优势。一般可转债的债券隐含收益率和相同久期、相同信用等级纯债相当时，可转债就基本到底，此时仍能够获得正股上涨期权价值。

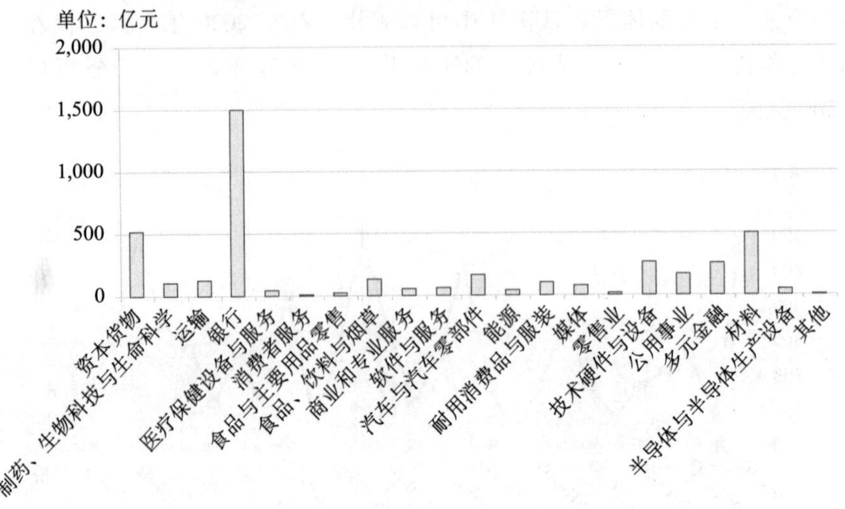

图5 可转债发行方具体行业及发行规模分布

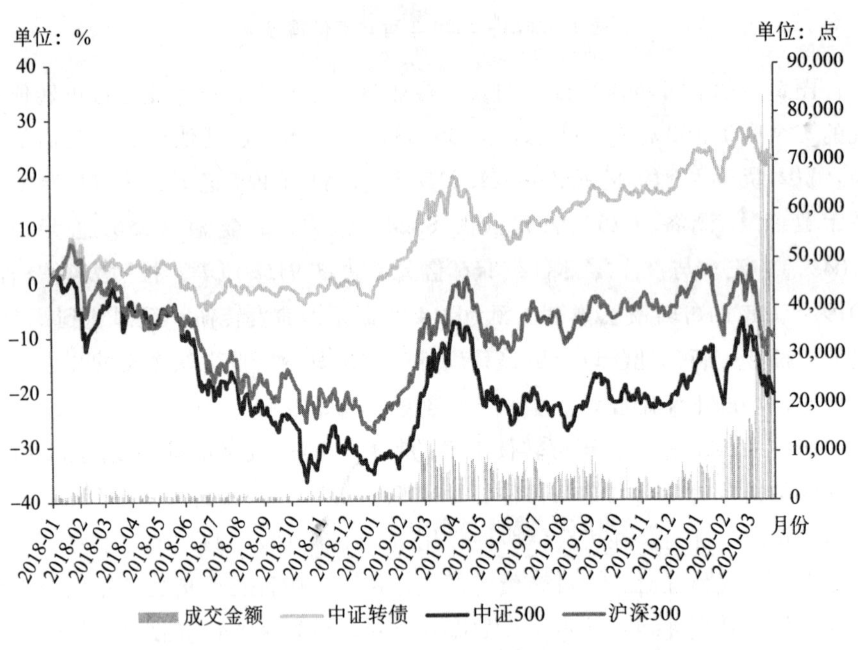

图6 2018～2020年中证转债指数与其他收益情况

基于可转债在市场上的供需情况，一般情况下，持有可转债最多的通常是企业一般法人、保险公司以及基金等。其中，在2018～2019年，基金展现了前所未有的大规模增长，2020年第一季度公募基金转债持仓市值达

600.72 亿元，同比提升 56.97%，继续创下历史新高（见图 7）。另外，从可转债持仓占比来看，2020 年第一季度末可转债占公募基金净值比重和占总体债券投资比重分别为 0.36% 和 1.95%，同比均有所提高。

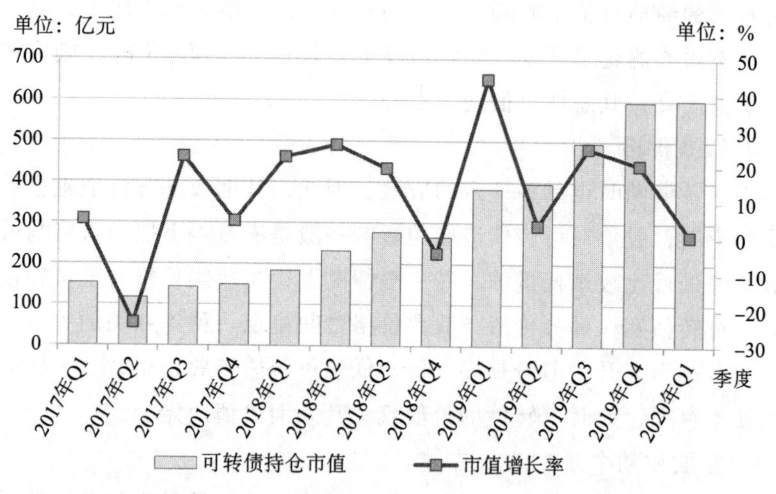

图 7　2017～2020 年公募基金持有可转债市值

三、可转债的投资策略

在对可转债进行具体投资策略制定时，最核心的是选择优质配置标的，获取正股上涨带动转债上涨的收益。因此，投资可转债同样需要重点关注上市公司基本面，并将其作为主要择券标准。可转债的转股条款、赎回条款、下修条款、回售条款等，也需要特别留意。

（一）影响可转债价值的主要因素

可转债本身同时具备了债券性以及股票性，在拥有普通债券价值的同时，还可以在未来根据期权价值来获得更高的收益，其具体价值也受到多个方面因素的共同影响。

（1）市场利率

相对其他金融工具来说，可转债的复杂程度更高，其同时具备了债性和股性，又拥有普通债券的相关特点和性质等。由于其票面利息以及利息支付方式已经通过事先约定的形式确定下来，因此在其纯债部分，可转债价值会受到市场利率变化的较大影响。一般情况下，其纯债部分价值与市场利率呈现一种负相关的关系，随着市场利率的升高，可转债的纯债价值反而不断变低。除此之外，可转债的纯债部分价值同样受到当下信用利差和市场无风险利率的影响，其与后者同样呈现一种负相关关系，随着市场无风险利率的升高，可转债的纯债价值不断降低。但相对而言，在诸多因素之中，对纯债部分价值影响最大的仍是利率。通常情况下，若是市场利率下降，则可转债纯债部分价值上升，其总体价值随之上升。

（2）股票价格

由于可转债同时也具备一定的股性，因此，其期权部分价值也会受到股价水平的影响，股价对可转债造成的影响一般是通过当下股票价格与可转债的转股价格进行比较来衡量的。在一般情况下，当股票价格高于可转债转股价格时，可转债期权部分价值与股票价格之间呈现一种正相关的关系，会随着后者的升高而上升。但若是股票价格低于可转债转股价格时，可转债的期权价值便不存在，此时可转债的价值仅由其票面价值决定。

（3）正股波动率

可转债的价值在通常情况下与正股波动率呈现一种较为复杂的关系，但基本是趋向积极的。一旦股价波动率实现上升，则可转债本身的价值有可能会随着股价上升得到提升，即便股价发生下降，可转债的价值还有其票面价值可以保底。因此，无论正股波动率如何变化，其对可转债价值的影响始终趋向积极，利大于弊。

（4）转股价格

转股价格是指可转债转换为股票时的每股支付价格。其中，初始转股价格一般要求不低于募集说明书公告日前 20 个交易日公司股票交易均价和前 1 个交易日的均价之间的较高者；触发下修条款并同意修正后的转股价格，除了要不低于此次股东大会召开日前 20 个交易日公司股票交易均价和前 1 个交易日均价之间的较高者之外，还要求不得低于公司最近一期经审计的每股净资产和股票面值。通常情况下，转股价格制定得越高，其相对应的转股比例就越低，在股票价格一定的情况下，可转债价值也越小。另外，转股价格越高也意味着期权的执行价格越高，期权部分的价值就越低。

（5）到期期限

由于可转债同时具备债性与股性，在可转债到达转股期之后，任意时刻持有方都可以按照规定行使自己的转股权利。一般情况下，可转债的期权部分价值与到期期限呈现一种正相关的关系，离到期期限的时间越长，其期权部分价值就越高，总体价值也就越高。

（二）可转债具体指标分析

由于可转债本身同时具有债性和股性，在市场变化之中，前者通常表现为防守性，后者表现为进攻性，则在具体指标的选取中，也按照这两种性质情况进行指标选择与分类，具体如表5所示。

表5 可转债评估指标

名称	内容	计算公式	性质
转换比例	单张可转债最终可以转换的对应股票数额	100÷约定转股价格	股性
转股价值	当前可转债的价值，一般可以在按照约定转换为股份之中进行确定	转股比例×当前股票价格	
转股溢价	可转债转换为股票前后的市场价值差距，这一指标与可转债的股性呈现负相关关系	可转债市场价值－转股价值	
转股溢价比率	同上	实际转股溢价÷转股价值	
纯债价值	到期本金偿还构成的普通付息债券的价值，通常情况下按照可转债票息收益和到期回购金额进行确认	对可转债未来现金流进行总贴现价值计算	债性
纯债溢价	可转债市场价值与其纯债价值部分的差距，这一指标与可转债的债性呈现负相关关系	纯债溢价－纯债价值	
纯债溢价率	同上	纯债溢价÷纯债价值	
到期收益率	按照市场价值购入可转债后持有到期预计能够获得的收益，这一指标与可转债的债性呈现正相关关系	可转债市场价值与未来预计现金流结合计算	

在对股性进行评估衡量的指标之中，最为重要的应当是转股溢价率，这一指标通常情况下为正数，可以较好地对可转债的股性进行衡量，对可转债价格与目前对应股票价格之中存在的泡沫部分进行确认。转股溢价率与转股价格也跟对应股票之间的同步程度呈现一种负相关关系，前者越小，后者越大，当对应股票价格发生上涨，可转债的期权部分价值也随之发生上涨。

而在对债性进行评估衡量的指标之中，最为重要的应当是纯债溢价率，可以较好地对可转债的债性进行衡量，图8是可转债溢价率散点分布图。纯债部分溢价率与期权部分价值以及转股可能性之间呈现一种正相关关系。但是，这一指标在实际评估过程之中相对较为片面，因此需要结合其他相应指标，比如纯债部分价值以及到期收益率价值等多个指标来对具体情况进行综合评估。

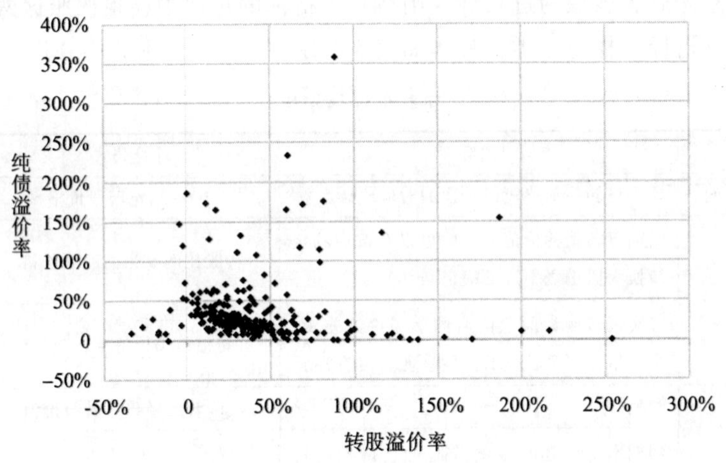

图 8　可转债溢价率散点分布图

实际上，在这两个评估指标之间同样存在着一定程度上的负相关关系，这种关系主要表现为两者不会同时呈现较高的或者较低的水平。通常情况下，多为一个较高，一个较低，哪一个指标数值较高，则对应的性质便相对占据优势，而这种优势通常是由未来一定时间段内的预期股价水平决定的。当转股价格高于正股价格时，可转债会表现出较强的债性，此时，转股溢价率较高，纯债部分溢价率则相对较低，这一类可转债可以基本等同于市面上的普通债券。此时，对于发行人来说，为了规避后期需要付出巨款来对可转债进行赎回，在通常情况下，不到万不得已，发行人不会通过对转股价格进行向下修正的方式来降低风险。而当转股价格低于正股价格时，可转债会表现出较强的股性，此时，发行人选择提前赎回的可能性相对更高。由于转股溢价率相对纯债部分溢价率比较低，因此可转债市场价格会与正股相对比较接近。可转债便会表现出较高风险，所以对于投资者来说，应当抓住时机，避免风险，获得相应收益。

（三）可转债投资策略

在针对可转债进行投资配置时，可根据以下列示策略进行投资：

（1）行业配置策略

与普通公司债券不同，可转债同时兼具的债性以及股性决定了它的整体价值不仅会受到票面价值的影响，同时，也会受到股市情况以及价格波动率变化的影响。因此在选择可转债投资时，应当针对宏观经济条件、经济发展状况以及行业本身的情况进行充分、综合的考虑，针对行业来进行合理配置。

基于不同的经济周期以及对应市场情况，考虑到产业结构的组成与调整，可以对不同行业进行充分考虑并进行相应投资配置布局。一般情况下，不同行业可转换债券本身具有的收益水平以及风险特征会受到不同的经济发展时期的影响并随之发生改变。通常情况下，在经济衰退时，周期性相对较弱的行业，其可转债收益水平相对比较稳定；而在经济复苏时期，拥有资源比较固定的行业，其可转债收益水平相对较高。

（2）配售选择策略

由于可转债的一级市场与二级市场之间存在比较明显的价格差距，因此对于投资者来说，为了取得更高水平的收益，可以在一级市场进行配售。而对于部分发行规模较大、对应股价比较高的可转债，为了能够实现筹码的获取，投资者可以在发行之前便参与其抢权配售，争取更高的收益可能性。图9为可转换公司债券上市首日表现。

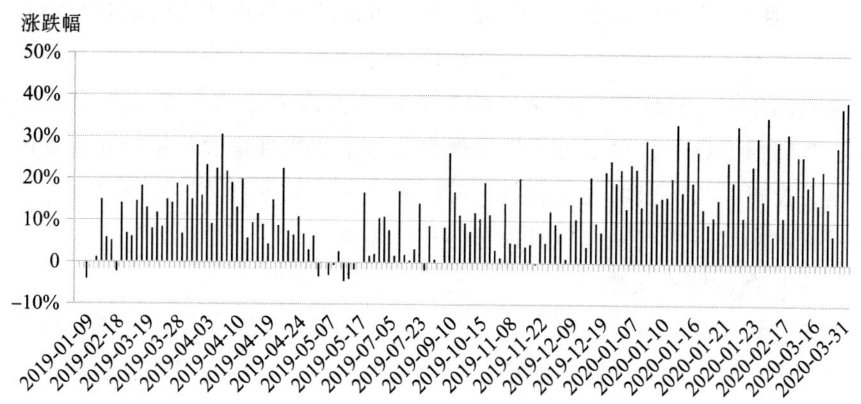

图9　可转换公司债券上市首日表现

（3）个券配置策略

在制订相应的投资计划时，对于一只可转债的收益判断通常是以其发行企业本身的基本情况作为判断基础的，在对企业当下经营情况，包括其行业结构、管理水平以及竞争实力等进行了解之后，可以使用投资理论来有针对性地结合定性、定量分析方式对可转债的实际情况进行较为深入的研究，待其安全性以及收益性均得到一定程度的确认之后再做投资筹划。在进行投资规划时，通常会在可转债的基本条款之上结合信托计划的实际内容，通过评估指标选取与模型计算来得到相应的可转债价值，最终对其可能获益进行确认。这一过程之中需要考虑的主要条款包括赎回权利、股价修正权利以及回售权利等，需要做全面的、深入的调研。

（4）交易策略

在对可转债的价值进行确认时，主要对比指标包括市场价格以及理论价值。若是前者显著低于后者，则表明现阶段这一可转债存在被低估的情况可能性较高；若是前者显著高于后者，则表明现阶段这一可转债存在被高估的情况可能性较高。通过对可转债市场情况进行持续深入的追索，可以在市面上众多可转债之中较快地选择出纯债部分溢价率与转股溢价率比值适中、资金水平相对稳定以及其整体价值可能受到低估的部分可转债，并从中进行挑选，最终得到相对投资价值最高的部分进行规划。

（5）转股策略

当可转债处于转股期间时，若是可转债转股价格显著高于当前市场交易价格，则为了确保更高水平的收益，当下可以选择将可转债转化为股票并进行抛售。若是当下投资组合之中流动性相对较差，为了确保这一组合的资产能够顺利运转，则同样可以采取转换股份的方式来增强其整体组合的流动性。在转债市场中，对于已经满足提前赎回条款并且正股价格仍在上涨的可转债，投资者为了获取更高收益，可以先将可转债进行转换股份处理，随后再根据市场实际情况来选择时抛售还是继续持有。

（6）条款博弈策略

在可转债的条款设置之中，一般会对股价修正、提前赎回或者回售等方面内容进行事先约定，除了提前售回，这类型约定内容更多地是赋予发行人对可转债的处理权。比如，提前赎回是指发行人拥有提前将可转债进行赎回的权利，而股价向下修正则是指发行人拥有根据股价实际情况对于转股价格进行事后向下修改的权利，这些条款的设置都会在不同程度上对可转债的价格产生一定影响。因此在进行投资筹划时，对于可转债的选择，其本身含有的约定条款也是一个非常关键的参考内容，直接关系到后期收回投资时可以获取的收益水平，需要得到一定的重视和深入发掘，来最终对可转债价值进行相应评估。

（7）套利策略

针对可转债进行投资规划时，需要重点关注的套利情况主要包括两种，一种是在可转债的发行期间，若是其本身具有吸引力较高的优先配置约定，则可以即时购入相应的发行人股票来进行可转债配售，随后在可转债上市之后将其售出；另一种则是在可转债进入转股期之后，可以通过一级市场与二级市场之间存在的价值差异来进行转股售出，由此获得一定的收益。

基于上文各项配置策略，显然在制定投资计划时，通过对金融工具进行分散组合，可以更有效地降低投资组合整体的风险性，同时提高其安全性，并且保证一定程度的收益水平。期间需要得到重点关注的应当是宏观市场发展情况，经济周期阶段以及未来市场走向，在这一大前提之下对于各类金融工具进行合理配置。重点考虑同时兼具股性以及债性的可转债，充分利用其本身拥有的纯债部分价值以及期权部分价值来对整体价值进行评估，通过提高这一灵活金融衍生工具在投资组合之中占有的比例来全面提高组合流动性以及收益性，满足各类客户的不尽相同的理财需求，最终实现保障投资者收益，促进金融市场持续、健康发展的目的。

决策树模型的原理、分类及量化应用

决策树模型是一种性能优异、相对基础和常用的机器学习算法，也是很多复杂算法的基础。它容易被理解和解释，计算量适中，数据要求低，可调节参数多，适用广泛，在传统数据挖掘和量化投资中被大量应用。本文对决策树的基本原理和分类进行了简述，在此基础上，介绍决策树模型的 python 实现方法及其在股票市场中的应用，以期为读者的量化投资研究提供帮助。

一、决策树模型的原理

决策树（Decision Tree）是一种非参数的有监督学习法，它可以通过一系列具有一定特征和标签的数据总结出决策所遵循的规则，并将其用树状图的结构来呈现，从而解决一些分类和回归的问题。决策树的算法易理解、适用广，尤其是各种以树模型为核心的集成算法，在各个行业和领域都有广泛的应用，尤其最近几年，其在量化投资的应用也越来越多。

决策树算法从本质上来说，是一种利用一系列问题对数据进行分类的图结构。如图 1 所示，根据数据集构造下面的决策树后，每当新出现一个人，就可以依据他的职业、年龄和学历等特征判断他是否有贷款意向。在这个决策过程中，我们一直在对记录的特征进行提问。最初问题所在点为根节点，得到结论之前的每个问题为中间节点，而最终得到的每个结论为叶子节点。

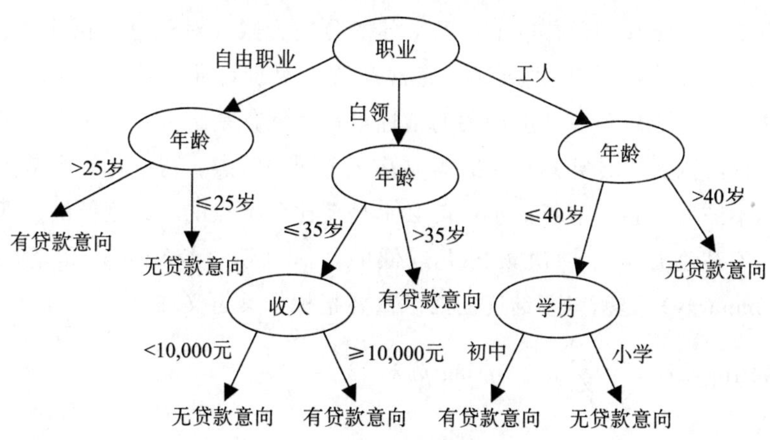

图1　决策树模型示例

决策树算法的核心是要解决以下两个问题：一是如何从数据表中找出最佳节点和最佳分枝？二是如何使决策树停止生长，防止过拟合现象？这两个问题几乎是所有决策树相关模型调整方法的中心。决策树优点如下：①是一个白盒模型，结果很容易能够被理解和解释；②需要很少的数据准备；③使用树的成本比较低；④能够同时处理数字和分类数据，既可以做回归又可以做分类；⑤能够处理多输出问题，即含有多个标签的问题；⑥可以使用统计测试验证模型，这让人们可以考虑模型的可靠性；⑦即使其假设在一定程度上与生成数据的真实模型有一定差距，也能够表现良好。决策树的缺点如下：①决策树容易过拟合；②决策树可能不稳定，数据中微小的变化可能导致生成完全不同的树；③决策树的学习是基于贪婪算法，它靠优化局部最优来试图达到整体的最优，但这种做法不能保证返回全局最优决策树；④决策树不善于表达XOR、奇偶校验以及多路复用器等问题；⑤如果标签中的某些类占主导地位，决策树学习者会创建偏向主导类的树。

实现决策树模型的方法是调用python的sklearn工具包，决策树的类都在sklearn的tree这个模块之下。这个模块共包含五个类：分类树、回归树、决策树导出、高随机版本分类树和高随机版本回归树。其中，最重要的是分类树和回归树，下文将对这两类树进行详细讨论。

二、分类树模型的构建思路

分类树，顾名思义就是将数据转化成一棵可以用来分类的树。为了转化，决策树要能找到最佳的节点及最佳的分枝方式，对于分类树而言，“不纯度”是衡量“最佳”的指标。通常来说，对训练集拟合越好的决策树，其不纯度越低。对与不纯度相关的指标进行最优化是决策树算法中关于分枝方面的核心内容。计算不纯度时需要基于不同的节点，树中每一个节点都有对应的不纯度，且子节点的不纯度必定是要比父节点的不纯度低的，即叶子节点的不纯度是同一棵决策树上最低的。信息熵（Entropy）和基尼系数（Gini Impurity）是衡量不纯度的两个重要指标，其定义如下。

$$\text{Entropy}(t) = -\sum_{i=0}^{e-1} p(i \mid t)\log_2 p(i \mid t)$$

$$\text{Gini}(t) = 1 - \sum_{i=0}^{e-1} p(i \mid t)^2$$

其中，t 表示给定的节点；i 表示标签的任意分类；$p(i \mid t)$ 表示标签分类 i 在节点 t 上所占的比例。需要注意的是，在使用信息熵时，sklearn 实际计算的是基于信息熵的信息增益（Information Gain），即父节点与子节点的熵之差。

三、分类树的 python 实现与重要参数

如下，分类树在 python 中用 sklearn. tree. DecisionTreeClassifier 类实现。*class sklearn. tree. DecisionTreeClassifier（criterion = 'gini', splitter = 'best', max_depth = None, min_samples_split = 2, min_samples_leaf = 1, min_weight_fraction_leaf = 0. 0, max_features = None, random_state = None, max_leaf_nodes = None, min_impurity_decrease = 0. 0, min_impurity_split = None, class_weight = None, presort = False)*

分类树有十个重要参数，其中：一个优化方法参数 criterion；两个随机性相关的参数 random_state 和 splitter；五个剪枝参数 max_depth、min_samples_leaf、min_samples_split、max_feature 和 min_impurity_decrease；两个目标权重参数 class_weight 和 min_weight_fraction_leaf。

criterion 这个参数正是用来决定不纯度的计算方法的。sklearn 提供了两种选择：①输入“entropy”，使用信息熵；②输入“gini”，使用基尼系数。

random_state 参数是随机数生成种子，是用来设置分枝中的随机模式的参数，默认 None，该设置是为了能够保证每次由系统随机生成的随机数是

一致的；如果不进行设置，每次生成的随机数则不同。在决策树的生成过程中，往往引入随机数，这是为了得到更好的分类间隔，比如数据本身的特征是连续的，在计算分割点时就需要随机。数据的随机性通常和维度相关，高维度时，其随机性会表现得十分明显；而低维度时，随机性几乎显现不出来。输入任意整数，会一直长出同一棵树，让模型稳定下来。

用以控制决策树中随机选项的同样还有 splitter 参数。splitter 参数有两种输入值：输入“best”时，决策树优先利用更重要的特征进行随机分枝，通过 feature_importances 可以查看重要性；输入“random”时，决策树更随机地进行分枝，树会因为含有更多的不必要信息而更深更大，并因此降低对训练集的拟合。这也是防止过拟合的一种方式。

如果预测到生成的模型会出现过拟合的情况，使用上面两个参数可以有效地帮助降低树建成之后过拟合发生的可能性。而在树建成之后，通常是借助剪枝参数来防止过拟合。若不加限制，一棵决策树往往会在衡量不纯度的指标达到最优或没有其他更多特征可用时才停止生长。这种情况下，决策树通常会表现得过拟合的现象，即它在训练集上表现不错，但在测试集上却表现得不尽人意。因为收集的样本数据不可能和整体的状况完全一致，所以当一棵决策树对训练数据有了过于优秀的解释性时，训练样本里面的噪声必然包含在它找出的规则中，因此会导致其对未知数据拟合程度的不足。为了得到具有更好泛化性的决策树，对其进行剪枝是十分必要的。剪枝策略对于决策树有着巨大的影响，对决策树算法进行优化的核心便是使用正确的剪枝策略。

Sklearn 可提供如下五个参数来调整剪枝策略：

max_depth 参数可以对树的最大深度进行限制，超过深度设定值的树枝会被全部剪掉。该参数是剪枝参数中使用得最为广泛，其在高维度、低样本量时十分有效。决策树每多生长一层，样本量的需求便会增加一倍，因此限制树的深度可以有效地防止过拟合。该方法在集成算法中也非常实用。在实际应用中，建议从 3 开始尝试，并根据拟合效果判断是否需要改变设定的深度。

min_samples_leaf 参数可以对一个节点分枝后的每个子节点中所包含的最少训练样本量进行限定，否则，分枝可能不会发生，或朝着满足每个子节点都包含 min_samples_leaf 限定的数量去发展。该参数一般搭配 max_depth 使用，在回归树中有不错的效果，可以让模型变得更加平滑。该参数的数量设置需恰当，数量太小会导致过拟合，数量太大会阻止模型学习数据。一般来说，建议从5开始使用。当叶子节点中含有变化很大的样本量时，可以通过输入浮点数来作为样本量的百分比去使用。同时，由于该参数能够保证每一片叶子的最小尺寸，因此在回归问题当中可以避免低方差、过拟合的叶子节点的出现。对于类别不是很多的分类问题，1通常就是最佳选择。

min_samples_split参数可以对一个叶子节点必须要包含的最少训练样本数进行限定，这个节点才允许被分枝，否则分枝就不会发生。

max_features参数可以对高纬度数据的过拟合的剪枝参数进行限制，但其方法比较简单直接，是通过对特征数量进行限制，从而使决策树强行停下。在不清楚决策树中各特征的重要性时，直接对这个参数进行设定有可能会使模型学习不足。如果想要借助降维的方式来防止过拟合现象，建议使用PCA、ICA或特征选择模块里的降维算法。

min_impurity_decrease参数可以对信息增益的大小进行限制，使得分枝中不会出现小于设定值的情况。这是Python在0.19版本中更新的功能，在0.19版本之前使用min_impurity_split。

另外，还有两个参数class_weight和min_weight_fraction_leaf调整目标权重，完成样本标签平衡。样本不平衡是指在一组数据集中，标签的一类天生占有很大的比例。例如，当银行需要判断“一个办了信用卡的人是否会违约”时，就是“是”与“否”（1%:99%）的比例。在该分类情况下，即便决策树模型什么也不做，将结果全部预测成“否”，也可以达到99%的正确率。因此，需要通过使用class_weight参数对样本标签进行一定程度的均衡，对少量的标签给予更多的权重，使模型更偏向于少数类，向捕获少数类的方向建模。该参数默认None，表示数据集里面的所有标签具有相同的权重。有了权重之后，样本量就不再是单纯地记录数目，而是受输入的权重影响了，因此这时的剪枝操作就需要搭配基于权重的min_weight_fraction_leaf剪枝参数去使用。另外需注意，基于权重的剪枝参数（比如min_weight_fraction_leaf）会更少地偏向主导类。如果样本是加权的，则使用基于权重的预修剪标准更容易优化树结构，这确保叶子节点至少包含样本权重的总和的一小部分。

四、回归树的构建思路

回归树的构建思路与分类树类似，只不过使用的是误差而不是不纯度来构建模型。衡量误差的指标有三种。①均方误差（Mean Aquared Error，MSE），父节点和叶子节点之间的均方误差的差额将被用来作为特征选择的标准，这种方法通过使用叶子节点的均值来最小化损失；②费尔德曼均方误差，即使用费尔德曼针对潜在分枝中的问题改进后的均方误差；③绝对平均误差（Mean Absolute Error，MAE），即通过应用叶子节点的中值最小化损失。

$$MSE = \frac{1}{N}\sum_{i=1}^{N}(f_i - y_i)^2$$

其中，N 表示样本数量，i 表示每个数据样本，f_i 表示模型回归出的数值，y_i 表示样本点 i 的实际数值标签。所以，MSE 的本质是样本真实数据与回归结果的差异。在回归树中，MSE 不只是分枝质量的衡量指标，也是最常用的衡量回归树回归质量的指标，当人们使用交叉验证或其他方式来获取回归树的结果时，均方误差往往被选择作为评估（在分类树中，这个指标是 score 代表的预测准确率）。在回归中，人们追求的是 MSE 越小越好。值得注意的是，均方误差虽然永远是正的，但在 sklearn 中将其作为评判标准时，需要计算“负均方误差”。这是因为 sklearn 在计算模型评估指标的时候，会考虑指标本身的性质，均方误差本身是一种误差，所以被 sklearn 划分为模型的一种损失，因此在 sklearn 当中，都以负数表示。

五、回归树的 python 实现与重要参数

如下，回归树在 python 中用 sklearn. tree. DecisionTreeRegressor 类实现。*class sklearn. tree. DecisionTreeRegressor（criterion = 'mse', splitter = 'best', max_depth = None, min_samples_split = 2, min_samples_leaf = 1, min_weight_fraction_leaf = 0. 0, max_features = None, random_state = None, max_leaf_nodes = None, min_impurity_decrease = 0. 0, min_impurity_split = None, presort = False）*

回归树的参数几乎和分类树的一致。需要注意的是，回归树中没有标签分布是否均衡的问题，因此没有 class_weight 这样的参数。另外，criterion 参数的值分为 mse、friedman_mse 和 mae 三种，分别对应均方误差、费尔德曼均方误差和绝对平均误差。决策树模型还有一个重要属性 feature_importances，能够查看各个特征对模型的重要性。

sklearn 中许多算法的接口都是相似的，比如说 fit 和 score，几乎对每个算法都可以使用，fit 是利用数据训练模型，score 是借助测试集对模型进行

测试并得到评估分数。除了这两个接口之外，决策树最常用的接口还有 apply 和 predict。apply 中输入测试集返回每个测试样本所在的叶子节点的索引，predict 输入测试集返回每个测试样本的标签。

所有接口中要求输入 X_train 和 X_test 部分，且输入的特征矩阵必须起码是一个二维的矩阵。sklearn 不接受任何一维矩阵作为特征矩阵被输入。如果数据确实只拥有一个特征，那就需要借助 reshape（-1，1）为矩阵增维。

六、决策树模型在量化分析中的应用

本文使用 T 股票近半年的一分钟数据来进行分析，数据个数约为 3 万个。分钟数据的预处理过程如下，如果是上涨，则将其设为 1，如果下跌或者涨幅为 0，则设为 0。本文选用的特征是包括 BBI、DDI、DMA 等在内的一些常用技术指标，共 56 个。将数据按照比例 3:7 随机分成样本内、样本外数据，对此数据集，用决策树分类模型进行分析。

先将决策树的深度调至 4，则样本内外的得分分别为 0.6184 和 0.6022，对样本进行重新分类，发现在此参数下，样本内外的得分基本上维持在 0.6 以上，说明本模型的拟合效果还是可以的。本文首先对深度进行调优，通过循环得到图 2，图 2 的横坐标是深度数值，纵坐标是样本外的得分，不同的线段在于样本划分不同，发现最优的 max_depth 参数区间为（2，10），主要集中于 2 ~ 5。

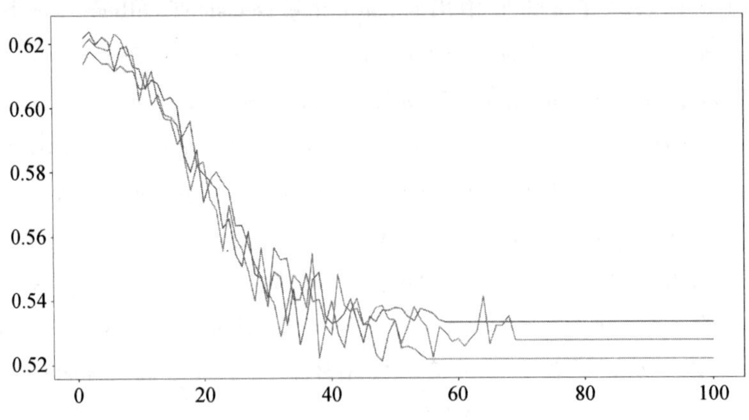

图 2　max_depth 对样本外得分的影响

本文将最大深度设成 6、8、10、12，再来调整 min_samples_leaf 这个参数，通过观察图 3 至图 6，发现这个参数的影响比较杂乱，而且整体来说，最大深度越大，这个参数的影响越大，当最大深度比较大的时候，这个参数的影响呈 U 型，但此时的效果并不如最大深度为 5 时的效果。

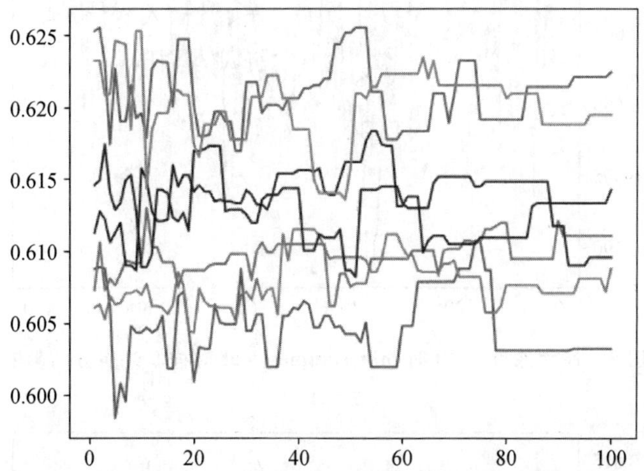

图 3　最大深度为 6 时 min_samples_leaf 对样本外得分的影响

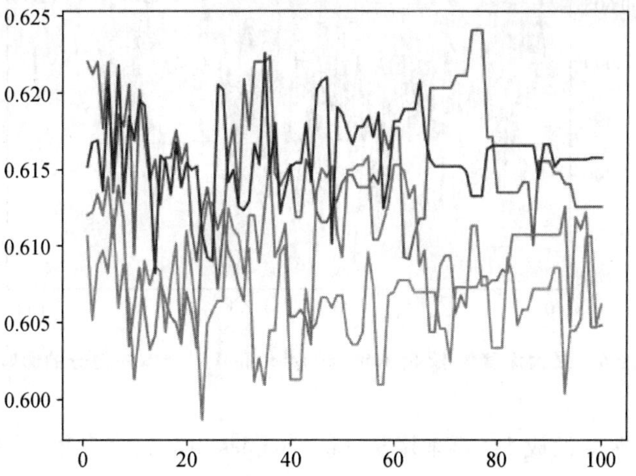

图 4　最大深度为 8 时 min_samples_leaf 对样本外得分的影响

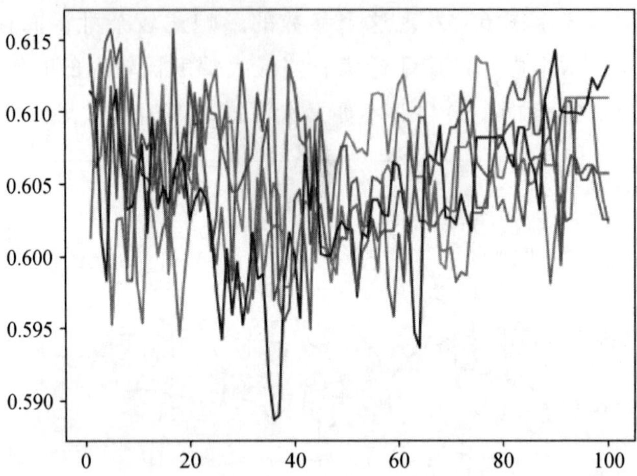

图 5　最大深度为 10 时 min_samples_leaf 对样本外得分的影响

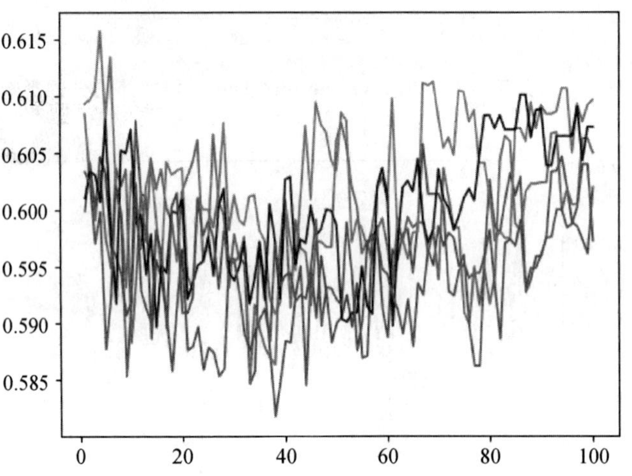

图 6　最大深度为 12 时 min_samples_leaf 对样本外得分的影响

将最大深度设成 5，再来调整 min_samples_leaf 这个参数，得到图 7，发现当最大深度等于 5 的时候，调整 min_samples_leaf 这个参数没有什么效果，这是因为剪枝操作已经由最大深度这一参数完成了，不再需要额外参数来实现。

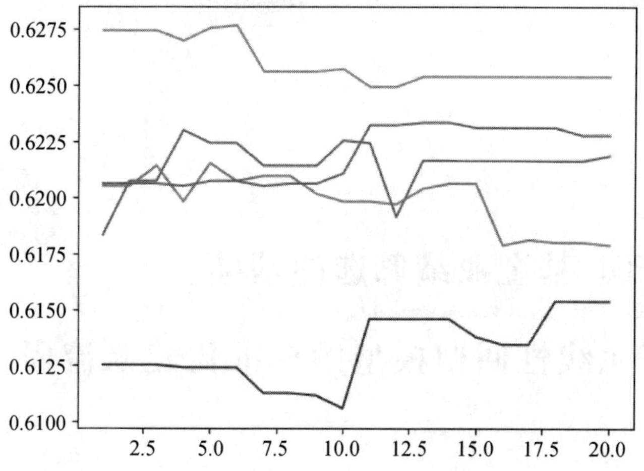

图 7　最大深度为 5 时 min_samples_leaf 对样本外得分的影响

将最大深度设为 5，再来调整 min_samples_split 这个参数，得到图 8，发现这个参数的总体影响比较小，而且该参数越小越好。

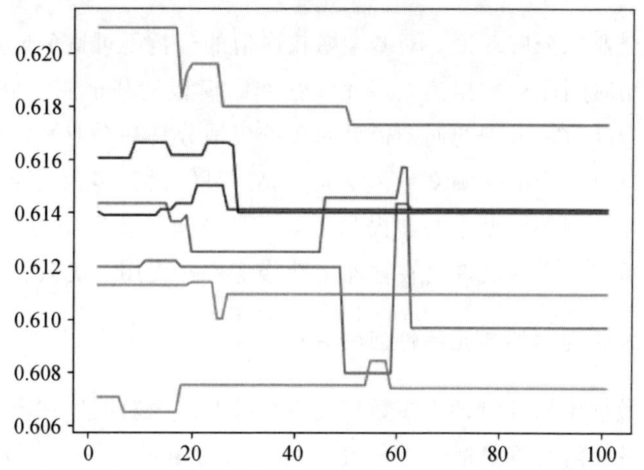

图 8　最大深度为 5 时 min_samples_split 对样本外得分的影响

综合来看，参数 max_deep 的影响比较大，结合拟合效果和参数表现，取 5 比较合适。当取该参数的时候，预测的准确率平均达到 61.5%，稳定超过 50%，有机会以此为依据构建出策略。

FOF 基金业绩筛选的基础

——多元线性回归模型的标准化建立流程

FOF 基金的本质是基金的组合，设立 FOF 的最终问题是具体基金的选择，从众多基金中选出业绩表现优异且稳定的基金，是 FOF 基金的最重要的环节。

根据基金业绩分解理论，对基金赋权净值的分析不可避免地涉及多元线性回归。利用时间序列数据建立多元线性回归模型是基金业绩分解的基础。能否建立一个高效、合理的回归模型对于准确地分解基金业绩，以及后续的择股能力和择时能力的准确度量都至关重要。可以说，多元线性回归模型的建立是基金业绩分解模型中的前提和基础，是“第一步”，如果这第一步做得不够好，后续的工作就像是在沙滩上建楼房——无用、无效、无意义。

一、学术研究中的多元线性回归分析

以往在做学术研究时，大多数情况下是针对一组时间序列数据进行回归分析，得到各个解释变量的与被解释变量之间的相关关系。在这一过程中，我们有足够的时间和机会考察数据的性质，并对回归结果进行“鞭打”，最终得到合理的结论和解释。

1. 序列数据的平稳性

在利用时间序列数据建立多元线性回归模型之前，需要考察各个序列数据的平稳性。诺贝尔经济学奖获得者格兰杰通过模拟实验发现，完全无关的非平稳时间序列之间可以得到拟合得非常好但毫无道理的回归结果。这一发

现说明，非平稳时间序列由于存在共同的变化趋势，即使它们之间在经济金融市场中并不存在因果关系，如果将它们分别作为计量经济学中的被解释变量和解释变量，也能够显示出较强的统计上的因果关系。换句话说，在进行时间序列分析时，如果回归中一个或者多个序列是非平稳序列，统计推断得到的往往是一种假象（伪回归），因此，在采用时间序列数据建立计量模型时，第一步需要对涉及的序列的平稳性进行检验。如果都是平稳序列，则可以进入下一步；如果存在不平稳的序列，则需要通过差分等方法得到平稳序列。

检验数列的平稳性可以用 Phillips - Perron 检验、Dickey - Fuller 检验以及 GLS 扩展的 Dickey - Fuller 检验。其中，David Dickey 和 Wayne Fuller 的单位根检验（Unit Root Test）即 DF 检验，是一种对数据进行平稳性检验的比较常用的方法。DF 检验的原假设为序列为单位根过程，P 值为序列为单位根过程的概率，即非平稳序列的概率。一般来说，$P<0.1$，则可以认为时间序列为平稳序列；$P\geqslant 0.1$，则认为时间序列为非平稳序列。

2. 多元线性回归模型一般形式及基本假设

多元线性回归模型的一般形式为：

$$Y = \beta_0 + \beta_1 X_1 + \beta_2 X_2 + \cdots + \beta_k X_k + \mu$$

其中，k 表示解释变量数目，β_j 表示回归系数。上式被称为总体回归函数的随即表达形式。在给出总体的一个样本时，估计样本回归函数的随机表达式可以表示为：

$$Y = \hat{\beta}_0 + \hat{\beta}_1 X_1 + \hat{\beta}_2 X_2 + \cdots + \hat{\beta}_k X_k + e$$

其中，e 表示残差或者剩余项，可以看作总体回归函数中随机干扰项 μ 的近似替代。

为了使参数估计量具有良好的统计性质，对于多元线性回归模型可作出若干个基本假设。①对模型的假设：回归模型是正确设定的。②对解释变量的假设：解释变量在所抽取的样本中具有变异性，且各个解释变量之间不存在严格线性相关性。③对随机干扰项的假设：随机干扰项具有条件零均值性；随机干扰项具有条件同方差以及非序列相关性；随机干扰项服从正态分布。

但在实际应用过程中，完全满足上述所有假设的情况并不多见。在建立计量模型时，必须对上述基本假定进行检验，如果出现一个或者多个基本假设违背时，则需要采取补救措施。一般来说，违背基本假设的情形主要有：解释变量之间存在严重的多重共线性；随机干扰项存在序列相关性；解释变量具有内生性等。

3. 解释变量之间的多重共线性

所谓多重共线性是从完全共线性基础上发展而来的，多重共线性是指变量之间高度相关，虽然不是完全共线性，参数可以被识别，但系数方差很大估计会很不准确。对于多重共线性的处理可以分为识别和处理两个部分。

（1）多重共线性的检验

多重共线性的检验本质上是对解释变量之间线性关系程度的检验。解释变量之间的相关系数矩阵只能大致判断变量间是否存在多重共线性，并不能做到准确判断。一般的处理方法是计算各个解释变量的方差膨胀因子（VIF），并以此来判断是否存在多重共线性。一般来说，判断多重共线性的标准是（两个标准同时满足）：最大的 VIF 大于 10；平均的 VIF 大于 1。

（2）多重共线性的处理

如果不存在多重共线性则无需处理，如果存在多重共线性，则可以通过以下几种方式进行处理。

第一种方法是将一些解释变量并入误差项，因为既然多重共线性问题是解释变量之间的相关性，那么解释变量减少，就可以减少多重共线性。

第二种方法是采用主成分分析法和聚类分析，先将变量进行分类降维，然后再做回归分析。主成分分析对解释变量进行变量综合，然后将综合后的新变量作为解释变量，再进行 OLS 回归，得到主成分的估计结果。然而，主成分估计的结果必然受到重叠信息的影响；另外，主成分估计提取的主成分与被解释变量之间的关系也不够密切，使模型的拟合程度降低，主成分的实际意义也不够明确。

第三种方法是在回归方法的选择上做文章，可以考虑采用逐步回归法或者岭回归法，从一定程度上减小多重共线性问题。以逐步回归为例，从一个解释变量出发，视解释变量对被解释变量的影响显著性大小，从大到小引入回归方程，同时，再逐个将解释变量选入回归方程中，如果发现先前被引入的解释变量由于某些解释变量的引入而失去其重要性，可以随时予以剔除，引入一个变量或者剔除一个变量，为逐步回归的一步。这个过程反复进行，每一次都要进行显著性检验，直到既无显著变量从方程中剔除，也无显著变量需要引入方程为止。

此外，对数据进行标准化处理也能在一定程度上减小多重共线性问题。

4. 序列相关性

多元线性回归模型的基本假设之一是模型的随机干扰项相互独立或者不相关。如果模型的随机干扰项违背了这一假设，称为存在序列相关性。一般经验认为，时间序列数据由于在不同样本点上解释变量以外的其他因素在时间上的连续性，带来它们对被解释变量的影响的连续性，所以往往存在序列相关性。序列相关性会导致参数估计量非有效、变量的显著性检验失去意义等诸多问题。

（1）序列相关性的检验

序列相关性的检验方法有很多种，如回归检验法、DW 检验等。这些方法共同的思路是：采用普通最小二乘法估计模型求出残差序列，然后再分析残差序列自身的相关性，以达到判断随机干扰项是否具有序列相关性的目的。

（2）序列相关性的处理

如果证明模型存在序列相关性，可以有两种处理方式：一是采用最小二乘法和广义差分法；二是采用普通最小二乘法估计原模型，之后再对参数估计量的方差或标准差进行修正，这种方法称为序列相关稳健估计法。

5. 异方差性

对于不同的样本点，随机干扰项的方差不再是常数，而是互不相同，则认为出现了异方差性。当数据有异方差问题时，如果仍采用普通最小二乘法估计模型参数，会导致参数估计量非有效、变量的显著性检验失去意义等一系列后果。

（1）异方差性的检验

异方差性的检验在一些计量经济学教科书中可以看到十几种检验方法，如图示检验法、等级相关系数法、戈里瑟检验、巴特列特检验、G－Q 检验等，很难说哪一种方法是最好的。方法虽然不同，但是却有着共同的思路：异方差性是指对于不同的解释变量观测值，随机干扰项具有不同的方差，那么检验异方差性，也就是检验随机干扰项的方差与解释变量之间的相关性。

（2）异方差性的修正

如果模型被证明存在异方差性，最常用的方法就是加权最小二乘法。加权最小二乘法是对原模型加权，使之变成一个新的不存在异方差性的模型，然后采用普通最小二乘法进行估计。

实施加权最小二乘法的关键是寻找适当的“权重”，或者说是寻找随机扰动项的方差与解释变量之间适当的函数形式。在很多情况下，这一“权重”的寻找存在一定难度，因此在大多数情况下都采用异方差稳健标准误法。这一方法是在不能较好地实施加权最小二乘法的情况下，消除异方差性的主要手段。

在多元线性回归模型中，异方差稳健标准误处理的算法非常复杂，但是在实际使用时并不需要编程，在任何一款计量软件中都有标准的程序或者选项可供直接使用。如在 Stata 软件中，只要选择 robust 选项即可。

6. 内生性问题

解释变量的严格外生性假设要求任意观测点的解释变量与任意观测点的随机干扰项不相关，违背这一假设的问题被称为内生性问题。

模型中出现内生解释变量并且与随机干扰项同期相关时，普通最小二乘法是有偏且不一致的。事实上，内生性的检验是很困难的，内生性的处理同样困难，解决方法严重不足。这时最常采用的估计方法是工具变量法，工具变量是与可能内生的变量高度相关，而与误差项无关的变量。使用不同的工具变量会使得到的回归系数的显著性水平有很大的不同，有些工具变量得到的结果的显著性水平很低，说明估计是不准确的。所以如果有多个工具变量可供选择，一般都使用显著性水平比较高的结果。但在大多数情况下，我们找不到工具变量，更不用说找到多个工具变量以供选择。

因此可以说，内生性的检验和处理都是非常困难的。

7. 回归模型的统计检验

建立回归模型的目的是研究经济金融问题，如果建立模型后马上去预测、分析等，显然是不够审慎的，还需要通过统计检验才能确定这个模型是否真正解释了被解释变量和解释变量之间的关系，以判断模型的可靠程度。一般来说，在建立回归模型得到回归结果之后，还需要进行的统计检验包括两个方面，一方面检验回归方程对样本数据的拟合程度，通过可决系数来分析；另一方面检验回归方程的显著性，通过假设检验对模型中解释变量与被解释变量之间的线性关系在总体上是否显著作出判断，包括对回归方程线性关系的检验和回归系数显著性的检验。

（1）拟合优度检验

拟合优度是指模型对样本数据的近似程度。由于实际观察到的样本数据是对客观事实的一种真实反映，因此，模型至少应该能较好地描述这一部分客观实际情况。为了考察模型的拟合优度，需要构造一个拟合优度检验统计量指标——可决系数和校正可决系数。

可决系数的计算公式为：

$$R^2 = \frac{\sum (\hat{y}_i - \bar{y})^2}{\sum (y_i - \bar{y})^2}$$

该统计量的取值范围是大于 0、小于 1，是非负统计量，越接近 1，表明模型的拟合优度越好。它定量地描述了 y 的变化中可以用回归模型来说明的部分，即在被解释变量的变动中，由模型中解释变量所引起的比例。

在应用过程中经常发现，如果在模型中增加一个解释变量，模型的解释能力增强了，可决系数就会增大。这给人一个错觉：要使模型拟合程度高，就需要增加解释变量。但是，在样本容量一定的情况下，增加解释变量必定使得自由度减小。所以，用以检验拟合优度的统计量必须能够防止这种倾向，自由度可以用来调整可决系数 R^2 。调整后的可决系数剔除了解释变量数目与样本容量的影响，使具有不同样本容量和解释变量数目的回归方程可以进行拟合优度的比较。调整后的可决系数的计算公式为：

$$\bar{R}^2 = 1 - \frac{RSS/(n-k-1)}{TSS/(n-1)} = 1 - \left[\frac{n-1}{n-(k+1)}\right](1-R^2)$$

在实际应用中，$\bar{R}^2$达到多大能算是模型通过检验？这没有绝对的标准。模型的拟合优度不是判断模型质量的唯一标准，有时甚至是为了追求模型的经济意义，可以牺牲一些拟合优度。

（2）方程的显著性检验

所谓方程的显著性检验，就是检验模型对总体的近似程度，对被解释变量与解释变量之间的线性关系在总体上是否显著作出判断。最常用的检验方法是 F 检验。

事实上，F 检验与R^2的关系非常密切。拟合优度检验和模型总体的显著性检验是从不同原理出发的两类检验，前者是从已经得到的模型出发，检验它对样本观测值的拟合程度；后者是从样本观测值出发，检验模型总体线性关系的显著性。两者联系密切，一般来说，模型对样本观测值的拟合程度越高，模型总体线性关系的显著性就强。

在实际应用中，不必过分苛求 R^2 值的大小，重要的是考察模型的经济意义是否合理。

(3) 变量的显著性检验

对于方程总体的线性关系是显著的，并不能说明每个变量对被解释变量的影响都是显著的，因此，还需要对每个解释变量进行显著性检验。如果某个解释变量对被解释变量的影响并不显著则应该剔除，以建立更为简洁的模型。

变量的显著性检验最常用的方法是 t 检验，在目前使用的计量软件中，几乎都有 t 统计量的计算程序。值得注意的是，在一元线性回归中，t 检验和 F 检验是一致的，因为只有一个解释变量。

二、回测基金优选模型中的多元线性回归分析

在使用基金净值时间序列数据建立多元线性回归模型时，需要不间断地对近 3，000 只基金在不同时期的赋权净值数据分别建立回归模型，整体上可能需要建立几十万个回归模型。因此，根本不可能通过肉眼对每一组数据逐一观察数据性质，包括平稳性、多重共线性、序列相关性、异方差性等，无论是在工作量角度，还是在所需时间角度，都无法完成这一工作。所以，需要建立一套标准化的流程，对回归模型建立之前、之中、之后的全过程中可能存在的各种问题进行一般化的处理，得到一个相对准确的回归结果。换句话说，对于任意一组数据，无论这组数据是否平稳、解释变量是否存在多重共线性、是否存在序列相关性等等都能通过一整套的处理手段，建立一个可靠、高效的回归模型。

从实际来说，使用标准化的流程对某一时间序列数据进行处理可能不及手动处理得更为准确，毕竟人们可以根据数据的检验结果和个人经验灵活地采取更具针对性的处理方法。但是，标准化流程的优势在于“马不停蹄”，不需要人为操作和干预，所有的过程都是根据预先的设定进行，这对于动辄几十万个回归模型的基金业绩分解极为重要。

我们尝试建立一套处理时间序列数据的标准化流程。首先，在回归模型建立之前需要注意的是数据的平稳性问题。需要指出的是，在建立基金业绩

分解模型的过程中涉及的变量都是收益率的概念。被解释变量是基金复权净值的日线收益率序列，解释变量是各个重要市场指数的日线收益率序列。一般情况下，收益率序列都是平稳的，这一结论在以往的实证研究过程中已经得到了充分的验证。

在回归模型建立过程中，不可避免地会出现违背多元回归线性模型基本假设的情况，所以需要因地制宜地采取措施进行补救。因为几十个回归模型的建立都是自动完成，不可能对每个模型的多重共线性、异方差性、序列相关性等进行逐个检验和处理，所以只能假定所有的模型违背了所有的假定。我们想要构建的是这样一个模型：不管模型违背了哪一条或者哪几条假设，都能最大程度地建立起相对较为正确的回归模型。

总体来说，需要注意的问题主要有多重共线性、序列相关性、异方差性以及内生性问题。一般考虑问题的顺序是内生性、异方差性、多重共线性、序列相关性。这样安排顺序主要是由于如下考虑：一是忽视难以解决的内生性问题；二是假定存在相对容易处理的异方差性；三是通过多重共线性的处理确定入选解释变量，进而检验和处理序列相关性。

通过前文可知，内生性的检验和处理都比较困难，即便是一组数据出现了内生性问题，都会非常棘手，更何况是几十万组数据进行几十万次回归分析。处理内生性的最好办法是工具变量法，工具变量的确定非常困难，有时需要较丰富的计量经济学知识，一旦工具变量的选择不合适，会对回归模型产生较大的负面影响。因为需要建立几十万个回归模型，不可能对每个模型深入研究找出合适的工具变量，这使基金业绩回测过程中的内生性问题非常难以解决。与其解决不好，不如不解决，因此，选择对内生性问题不做任何处理。

需要指出的是，人们不需要在异方差性上花费太多精力，不管是否存在异方差性，都可以按照存在异方差性的情况进行处理。这在计量软件中非常容易实现，比如在 Stata 的回归程序中增加 robust 选型，如果存在异方差性，则标准误可以经过 white 异方差修正，从而使结果更稳健；如果不存在异方差性，增加的 robust 选项也不会对回归结果产生任何影响。

此时，应该重点考虑多重共线性问题，事实上各个重要的市场指数（解释变量）之间往往存在严重的多重共线性问题，这一问题能否妥善处理直接关系到回归结果的正确与否。逐步回归的方法可以处理这一问题，筛选出彼此之间相关性较低的解释变量。选择这一回归方法的另一个好处在于：得到回归模型之后无须进行变量的显著性检验，因为在进行逐步回归过程中，已经将系数不显著的解释变量剔除出去了，保留在模型中的变量的系数都是显著的，能够通过变量的显著性检验。

通过逐步回归筛选出彼此相关系数较低的解释变量之后，下一步就需要考察这些模型的序列相关性。事实上，时间序列数据很可能会存在序列相关性，这时，可以使用 BG 检验方法来检验一阶自相关性（一般情况下自相关性多表现为一阶自相关），当 p 值 <0.1 时，存在序列相关性；当 p 值 $\geqslant 0.1$ 时，不存在序列相关性。如果存在序列相关性，则可以采用广义最小二乘法修正一阶自相关，并建立时间序列回归模型；如果经过检验不存在序列相关性，则可以采用最简单的最小二乘法建立回归模型。

在建立多元线性回归模型得到回归结果之后，还需要对回归结果进行统计检验。考虑到逐步回归过程中已经对变量的显著性进行了考察，换句话说，在逐步回归过程中，入选模型的解释变量都已经通过了显著性检验，因此，这里无须再对变量的显著性进行考察。

除变量的显著性检验之外，还需要对方程的显著性水平以及拟合优度进行检验。事实上，拟合优度检验和模型总体的显著性检验是从不同原理出发的两类检验，两者联系极为密切。一般来说，模型对样本观测值的拟合程度越高，模型总体线性关系的显著性就越强。在实际应用中，对于拟合优度 R^2 的要求并不高，重点的是考察模型的经济意义是否合理。因此在这里，选择只对模型的显著性进行检验，而对拟合优度不作要求。

至此，就已经建立起了一整套标准化的处理时间序列数据的多元线性回归模型的方法，在拿到一组时间序列数据之后，可以根据上述步骤自动地实现回归模型的建立，得到回归结果。

总而言之，FOF 基金在设立过程中，需要对基金业绩进行有效、合理地分解，从而找出基金经理超越市场的能力。而对基金业绩进行分解不可避免地需要设计到多元线性回归。考虑到目前存续的主动股票型基金数量近 3,000只，数量较为庞大，我们不可能对各组数据仔细观察并选择最适应的回归方法，因此有必要设计一套较为通用的多元线性回归模型的处理流程，从而高效地度量数千只基金的择股能力。

区块链与信托应用场景研究

区块链技术作为当今金融界的焦点，吸引了众多金融机构对其进行研究和探索，本文通过对区块链技术未来发展趋势、数字经济与金融业未来变革方向的论述，提出了区块链与信托业务未来可能的应用场景。其中，公益/慈善信托、家族信托、供应链金融、资产证券化等业务均具有较大的业务前景。

一、区块链技术趋势

任何需要被证明或者需要被信任的东西，都是区块链技术的适用范围。例如，所有权、契约、合同以及公正信息等都可以被记录在区块链中，加之其去中心化的特征，所有权的转让可以不经过中心化的权威机构（央行、公正机构）的确认，就自由转让给其他后来者。基于这一特征，区块链技术不仅对业务交易具有重要的影响，而且也将会对未来的金融服务业产生革命性的影响。面对日益增长的需求，区块链技术也在不断地发展和完善，进而满足不同行业的交易结构。而数字货币、资产注册、应用程序堆栈和以资产为中心的技术将是未来区块链技术发展的趋势。①

（一）数字货币

从统计结果来看，数字货币已经超过500多种，这些货币与比特币相似，每一个数字货币都是一个小小的封闭网络，在这些独立的网络中，参与

① 李玲玲．区块链技术的本质特征及其在金融领域的应用［J］．企业科技与发展，2019（06）：177－178.

者依据自身的网络进行货币供应和交易，一种数字货币代表了一个小的社区，其发行和交易的基础依托于自身的社区。在社区内部，数字可以作为奖励、治理方案来提升内部社区客户的忠诚度。在现实运用中，依托于区块链技术的数字货币可以运用到供应链金融服务中，在供应链金融这个社区中，核心企业利用自身的高信用评级对上下游企业进行数字货币的交易与结算，从而提高交易效率，与此同时，核心企业还可以利用数字货币兑换积分进行奖励，来换取上下游企业的忠诚度，间接提升整个产业链的治理水平。

虽然国内监管对数字货币一直持抵触情绪，但是在2014年中国人民银行已经依托区块链技术对法定数字货币的可行性进行了研究，目前为止，已经到了发行的准备阶段，相信在不久的将来，个体和企业会大量采用法定数字货币进行交易和结算，而这也将会极大提升经济的整体效率，降低支付和结算的时间成本，提升货币政策的有效性。

（二）资产注册技术

该技术的主要目的是为了把数字货币网络内参与者的实际资产（固定资产、股票、债券等）与数字货币结合起来。在网络内部的用户可以通过数字货币进行标的资产的转换。资产所有权的变更可以被自动记录在公共账本中，无须内外部的清算机构服务，可以大大提升资金和交易的流转速度。但是，该技术尚不成熟，主要原因在于外部大量数据导入区块链后，会引起过载现象，这就需要额外的挖掘能力，并且还会同时导致测量难度的提升。虽然该技术已经面世，但是金融机构碍于现有技术却无法充分发挥其中的潜力。技术人员已经通过侧链的方式去解决区块链过载的问题，助力资产注册技术成为整个金融业通用工具。

（三）应用程序堆栈

应用程序堆栈技术适用于分布式网络中的完整应用程序，是一种“非货币”化的区块链平台。完整的应用程序其实更像一个分布式自治组织，组织内的商业组织由一系列资产、制度和个体组成，其中的制度控制着成员在组织内的交易与角色。

分布式自治组织是一个去中心化并且保持一种开源分布状态的商业结构，其通过对人工智能和人类劳动进行分别编码，从而保证企业制度与信用不被破坏。由于自治组织的分布式网络主要是基于代理人建立起来的，所以这些独立的代理人可以依据事前的规则来实现产出的最大化，并且相关利益的个体也是可以被审计的。分布式自治组织是目前为止去中心自动化系统中最为复杂的程序，其应用的简单形式包括智能合约、自治代理和去中心化运用等，目前可以运用的有NXT、以太坊（Ethereum）和Eris。

（四）资产为中心的技术

以资产为中心的技术是比特币默认的共识机制，它是基于分布式一致性的概念研发，它的优势在于降低了昂贵且巨大的工作量。目前比较被大家熟知的有恒星币（Stellar）、瑞波币（Ripple）、超级账本（Hyperledger）和域名币（Namecoin）。在这些去中心化的账本中，货币、贵金属、股票等实际资产可以自由交易。该技术与上诉三个技术不同点在于：在以资产为中心的区块链网络中，参与者可以自由交易不同的实际资产。①

毫无疑问，区块链技术的发展对于降低交易成本、减少时间成本和促进交易便利具有积极的作用，但是也要看到潜在的风险（如欺诈、网络犯罪与洗钱），因此，未来的金融风控将会面临更大的技术和人性的伦理挑战！

二、区块链与数字经济应用

区块链等金融科技的发展让消费者、客户与用户一起成为新的共同价值的创造者，这对于未来商业具有颠覆性的作用，而那些用户体验差且利润却保持较高水平的行业，则很有可能会最先受到冲击。

（一）数字资产管理与价值交换

随着数字经济在全球的普及与发展，数字资产管理与价值交换也正在朝着虚拟化市场发展。在这个虚拟市场中，分布在全球的组织或者社区利用数字价值进行交易、交换、清算。未来数字经济的核心行业利用安全的分布式总账应用程序逐步参与到封闭或者开放的数字经济中去来推动经济的发展。而未来我们需要对以下领域进行重点关注：数字资产管理和价值交换；分销和物流；物联网；机器与机器数据；分布式、在线和移动支付；通过智能合约进行的全球汇款和结算。

分布式账本（区块链）、相关标记化技术（数字货币）与智能合约主要解决未来以下几个问题：

① 邹传伟．区块链与金融基础设施：兼论Libra项目的风险与监管［J］．金融监管研究，2019（07）：18－33.

一是政府间的问题。通过对金融、税收、注册登记等相关数据进行检验与核查，从而对洗钱、欺诈等经济犯罪进行监督与惩罚。

二是政府与企业间的问题。企业的审计、税务、汇款、外汇结算以及信息追查等问题对于政府来讲一直是一个不小的挑战，政府可以综合利用区块链、相关标记化技术与智能合约对企业的信息进行立体化的监控与管理，这样就可以有效对企业非法行为进行及时的惩罚。

三是政府与公民间的问题。在日常的管理中，政府对公民的信息注册、个人税收、社会医保等进行管理和服务，但是这些系统大都是互相独立的信息系统，即无法满足综合管理的需求，也无法避免信息的大量重复记录，这会导致信息之间无法进行交叉验证。未来，数字资产管理可以有效打破"信息孤岛"等壁垒，提升社会整体的信用水平。

四是企业与企业间的问题。数字科技的利用可以有效解决企业间的贸易和结算、制造和分销、物流、供应链管理、数字权利和在线服务，可以极大地提升交易效率与资金周转率，提升社会整体的财富创造效率。[①]

五是零售业与服务业的问题。电商的快速发展证明其对商业的贡献无可厚非，依托于线上数据与线下服务的结合，极大地提升了服务的发展水平，企业利用这些消费者的数据反过来能更好地跟踪服务，优化服务流程，从而实现了数字资产与价值的转化。由于这些数字资产具有底层资产，这将会优化企业金融衍生品的使用与开发，例如，基于数字资产的抵押贷款、数据产权资产证券化等。

六是共享与全球化的问题。近年来共享经济在全球的快速发展对于信息传递与征信提出了更高的要求，区块链中的信息不可逆，数字货币的低成本交易以及智能合约的高效性无论是对于共享经济还是全球化贸易都将起到积极的推动作用。

（二）数字金融平台融合

数字金融以数字为基础实现了价值的移动交换，通过与加密货币的融合使其能较好地适应不同的市场环境与监管形态，这样的特征使其能够服务于"银行征信系统"之外的顾客，让其比传统的银行与金融机构具有更加灵活

---

① 张玉华，张涛．科技金融对生产性服务业与制造业协同集聚的影响研究［J］．中国软科学，2018（03）：47－55.

的市场竞争力。如今面对物联网、数字金融以及分布式基础设施不断发展，货币互联网也开始逐渐被人们讨论和研究。

数字金融领域正在不断地进行系统性整合与融合，在这一过程中，易用性、渠道、稳定性、价值存储、安全性、摩擦系数、可交换性等因素将是用户看中的重点，金融机构研发的数字产品如果能使用户获得较好的服务与使用体验，才能争取到更多的市场份额。可以预见的是，基于数字技术为基础的支付平台将会在这一领域展开激烈的争夺。毫无疑问，该技术的发展将会逐步替代目前以合规为驱动力的支付与结算体系，因为加密数字货币对于支付而言，具有一种非居间化的投资机会，这也就意味着数字金融科技是一种“混合”产物，它集成了分散式分布、集中化平台和支付渠道，这种混合式的融合使数字货币具有低成本支付的优势，这对于消费创新与市场开放性具有重要的影响。也许不久的将来会出现两种支付模式：一种是法币主导的支付体系；一种是数字货币构成的虚拟支付体系。

数字货币平台的融合可以提高平台开发者对价值交换的管理水平，可以最大限度地降低日常交易中的信任成本。由于其强调标准化合同（如微信与支付宝渠道），所以未来可以使整个价值交易链变得高效与便捷。

（三）数字货币与移动交易

随着移动支付与转账的普及，银行营业网点作为传统的主要分销渠道，地位正在日益降低。由于数字货币不依赖于固定的网点给顾客提供金融服务，其因便捷、迅速和便宜的特点，正在被越来越多的顾客使用，但是延迟则是数字货币在及时支付的唯一的劣势，因此，其更适合于国际贸易的跨境结算。①

为了解决这一问题，中国人民银行也进行了相应的研究。例如，中国人民银行即将推出的数字货币 DCEP（Digital Currency Electronic Payment），其实就是数字货币与电子支付工具。它的功能与属性和纸钞完全一样，只是形态是数字化的。简单来说，就是和纸币一样不需要账户就能够实现价值的转移。未来的应用场景也许就是即便没有网络，两个手机只要有 DCEP 钱包并且有电，只要两个手机一碰，就能实现数字货币的交换，这就意味着数字货

① 曾雪云．金融科技在证券市场与数字支付领域的发展与前景［J］．信息通信技术与政策，2019（07）：6－9.

币可以像纸钞一样不需要账户，这与现在的支付宝和微信支付需要绑定银行账户具有本质上的区别。中国人民银行此次将要发行的 DCEP 除了具有法币的效力外，也有效避免了像比特币等纯数字货币支付延迟的问题。未来，随着央行数字货币的发展，双支付体系将是一种长期的状态。①

经过上述分析，人们不禁要问，在支付宝、微信等电子支付如此发达的现代，中国人民银行为什么还要大力发展数字货币呢？第一是为了保护人民币的货币主权与法币的地位，从而应对未来的数字货币竞争；第二是现在的纸钞与硬币不论是发行还是防伪都需要较高的成本，并且携带也越来越不方便；第三是匿名支付的需求，电子商务支付虽然方便，但是会留下支付的记录，而 DCEP 就可以很好地满足个体或者企业匿名支付的需求。

（四）数字货币：整合中的挑战与机遇

数字货币还没法普遍流通的关键问题在于传统金融机构的不信任。但是从趋势来看，新兴的金融科技公司已经开始与传统的金融机构进行探索式的战略合作，很快人们就会看到数字金融公司与支付平台的大规模整合，甚至是互相融合，再结合云技术与分布式方案的应用，将极大地降低社会交易的信任与时间成本。

未来中国人民银行发布的具有法币功能的数字货币与数字金融公司发行的数字货币将会面临更多的竞争与摩擦。这样的摩擦好处在于金融机构可以不断扩大服务的区域与阶层，未来在偏远落后地区的贫穷人士也将能获得数字货币的金融支持，而这对于普惠金融的发展也将是一个利好的消息。例如，站在低端客户角度来看，数字金融的发展对于低净值客户来说具有了更好的包容性，因为借助于云计算和区块链技术，降低了其征信成本与时间成本，提升了金融市场的效率与质量。未来在数字金融的帮助下，金融将是一个灵活、低摩擦且几乎是免费服务的新业态形式。

三、金融服务业未来变革的方向

金融科技的发展不仅提升了金融业的效率与利润，同时也极大地拓展了金融业的应用场景，金融与顾客之间的联系也越加紧密。技术、顾客体验、

① 郝毅．法定数字货币发展的国别经验及我国商业银行应对之策［J］．国际金融，2019（02）：73－80.

数字化等特征将是未来金融服务业的核心特征，据此可以初步推断，用户体验、数字货币化、加密技术、区块链与科技监管将成为未来决定金融服务业的核心竞争力。

（一）用户体验

随着互联网、移动设备、社区网络和拼价网站（如拼多多）在过去十几年中迭代发展，已经逐步改变了传统金融业的规则。移动支付的发展改变了银行的柜台服务，互联网金融的发展对银行利润也产生了不小的冲击，因为互联网金融能够为顾客带来更为快捷、方便的服务体验。与传统以金融机构为核心的商业模式不同，金融科技的发展正在推动金融机构向以顾客为核心的商业模式转变，从而给顾客提供更加多元化的服务节点以及体验，从目前的发展情况来看，金融业正在依托科技不断强化其前端多渠道服务的能力，进而提升自身售卖金融产品的能力和服务价值。这种转变不仅可以提升自身的业务发展，同时也能更加高效地传播金融产品的价值观点，准确定位顾客的财务管理需求，提高业务的附加值水平。

开放网络与应用程序接口之间的互联互通不仅可以增强业务发展的灵活性，同时，也有利于形成一个多样化的金融服务环境，这就需要金融机构对现有的商业模式与 IT 设备进行调整，适应未来金融业新的竞争格局。①

（二）数据的货币化

金融机构积累的大量数据将日益成为未来的“金矿”，随着金融科技不断的发展与融合，这些数据“金矿”的价值将会被逐步被发掘，通过强大的数据分析与挖掘能力，金融机构可以分析潜在的新兴业务需求，提出相应的业务发展规划，及时且更加明智的对业务进行决策分析，推动金融产品的创新，发展市场潜在的需求服务，提升机构自身的影响力。

数据价值化虽然能为金融机构带来潜在竞争优势与利润，但是也面临着相应的社会责任，例如，如何保护顾客的数据隐私等伦理与法律问题。当面对这些尖锐的问题时，金融机构如何获得顾客的信任将是至关重要的变量，如果工业时代的金融依靠的是信用扩张的话，那么在数据时代，数据保护与开发将是金融信用扩张的关键影响因素。

---

① 赵志宏．重塑银行实体经济客户体验：以银行科技为核心纽带，构建“智能金融价值网”［J］．银行家，2017（12）：129－132.

（三）区块链与加密技术

对于未来能真正起到颠覆性创新的金融科技一定是加密技术和区块链技术。这两项科技的运用不仅仅是改变人们日常的支付方式，核心在于它将改变人们贸易结算方式。这两项技术的运用可以及时地验证交易的真实性，从而能最大限度地保证交易双方的信用风险，尤其是在证券结算与跨境支付等方面具有先天的优势，其快捷高效的流程能极大地降低交易的时间与资金成本。

与此同时，区块链与加密技术的运用也有利于降低洗钱、网络欺诈等风险概率，简化了金融机构审批与风控的流程，最后在智能合约的帮助下，系统会在既有规则和风控体系下执行合约与清算，因此，其在金融领域的运用将会更加广泛。

（四）监管变革

金融科技的发展提升了金融服务的效率与市场应用前景，但是，其没有从本质上改变金融的风险属性，与技术相关的数据安全风险反而变得更加突出。第一，金融科技跨界、混业、跨境经营与结算的特征使风险的扩散速度变得更快，溢出效应更强。第二，被服务的客户由于对金融科技风险识别能力不强，其实际的损失承受能力是有限的。一旦出现风险，其影响的空间与范围反而比传统金融业更大，风险防范与化解反而更难。

由于金融科技具有“跨界化、去媒介化、去中心化、智能化”四个特征，监管机构也面临着挑战。第一，面对跨界问题，会导致监管边界的模糊与重叠，容易产生监管的真空地带，会给整个金融体系带来深远的影响。第二，面对去媒介化问题，会造成机构监管与功能监管的分化，导致对金融消费者保护力的弱化，因此，需要改变现在以机构监管为核心的监管体系。第三，面对去中心化的问题，会造成分布式运营模式与中心化监管体系的错位，这种制度性的错位会使金融风险在空间上更易传染，导致更大的系统性风险，因此对于技术监管提出了更高的要求。第四，面对智能化问题，由于算法与模型自身的偏差，会迫使金融监管对金融机构与从业人员监管转向对人工智能技术的监管（即被监管对象的虚拟化），但监管是否有效，主要取决于技术风险的控制，而非传统的监管标准与规则（如以监管资本为核心）。

四、区块链与信托应用场景

区块链技术本质上是一个点对点的分布式记账体系，有利于打破信息垄断，实现数据的共享，提升协作的效率。与此同时，数据的不可篡改性也保证了信息的真实性，有利于组织和个体的增信，这点对于信托公司等金融机构而言，具有较大的吸引力。

（一）区块链与公益/慈善信托

区块链上的数据具有不可篡改性，在公益慈善领域具有较大的应用空间。对于公益活动中关于捐赠项目、资金明细、资金投向、受助人反馈等，均可以真实有效地存储在区块链上。此外，信托公司在进行慈善信托活动时，也可以将整个流程放在区块链上，由于信息放在区块链后数据不可篡改，那么，所有慈善信托的过程都可以被追踪，这将极大地提升慈善信托的公信力。

（二）区块链与家族信托

信托公司可以利用区块链技术实现家族信托从设立到管理的全流程数据跟踪，追踪信托资金的用途，进而实现信托财产的存证以及受托人进行事务管理全流程的存证，这种存证方式将使家族信托业务变得更加安全与可靠。例如，万向信托落地“区块链+DNA生物技术”在信托领域的应用，解决了传统信托合同的安全性保障问题，为合同签订时间点的有效性进行了确认。同时，可以使家族信托业务降低线上与线下的存储成本。

（三）区块链与供应链金融

信用是金融的核心问题，供应链金融则是多主体参与、信息不对称的典型代表。而区块链作为一种分布式账本可以为供应链上下游企业提供一个协作平台，降低了企业之间的信用成本。信托公司如果采用区块链技术不仅可以整合供应链上的核心企业、融资企业、担保企业和物流企业等多方资源，也能较好地了解企业的实际生产经营情况，降低企业的信用成本，提升融资效率。

（四）区块链与资产证券化

依托区块链技术可以实现资产证券化的底层资产在生成、打包、评级、出售、投后管理的全生命周期的真实性，可追溯、可追责，实现整个业务流程的规范化与透明化。与此同时，将还可以将原始权益人、投资人、券商、会计、监管等众多参与方形成一个联盟链，从而实现资产端与资金端的高效衔接。

（五）区块链与财富管理

区块链技术在财富管理领域的应用一方面能够实现资产的数字化，实现数字信任机制，另一方面也能够承载数字资产，实现资产的优化配置，链接不同金融机构、不同金融产品，为顾客提供一个立体化的财富管理平台。因此，在财富管理方面，信托公司可以打造一个基于区块链技术的财富管理线上超市，满足不同投资者的需求。①

中国信托业协会专题研究课题《区块链在信托中的应用研究》指出，信托公司可以应用区块链技术重构多种业务发展模式，如数字资产信托管理、知识产权信托、电子签约模式、信托受益权流转等。展望未来，金融科技将是未来的战略核心，移动支付是提升顾客体验的关键，网络协作是金融机构间优势互补的手段，科技生态体系是核心竞争力。

① 李凡．区块链技术对传统金融业的影响［J］．合作经济与科技，2018（15）：42－43.